校企合作优秀教材
精品课程配套教材
21世纪应用型人才培养"十三五"规划教材

中级财务会计

主　编　于淑娟　刘建国
副主编　王琳琳　陶传彪
　　　　谢广霞　杨丽艳

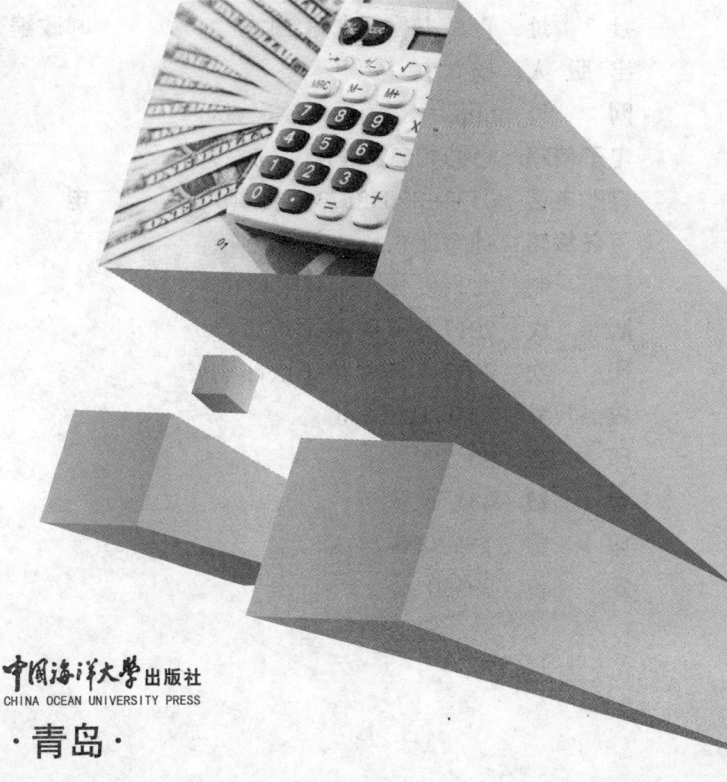

中国海洋大学出版社
CHINA OCEAN UNIVERSITY PRESS
·青岛·

图书在版编目（CIP）数据

中级财务会计/于淑娟，刘建国主编. —青岛：
中国海洋大学出版社，2017.1
ISBN 978-7-5670-1312-4

Ⅰ.①中… Ⅱ.①于…②刘… Ⅲ.①财务会计—高等学校-教材 Ⅳ.①F234.4

中国版本图书馆 CIP 数据核字（2016）第 307772 号

出版发行	中国海洋大学出版社
社　　址	青岛市香港东路 23 号　　　邮政编码　266071
出 版 人	杨立敏
网　　址	http//www.ouc-press.com
电子信箱	1193406329@qq.com
订购电话	0532-82032573（传真）　　电　话　0532-82032573
责任编辑	孙宇菲
印　　制	北京俊林印刷有限公司
版　　次	2017 年 1 月第 1 次版
印　　次	2017 年 1 月第 1 次印刷
成品尺寸	185m×260mm
印　　张	20.75
字　　数	431 千
印　　数	1-10000
定　　价	39.50 元

精品课程配套教材 编审委员会
双创型人才培养优秀教材

主　任： 王汝志

副主任：
张俊竹	鲁春燕	倪元相	黄　电	姜　庆	郝德鸿	徐顺志	黄群瑛	刘仁芬
杜海玲	黄　芸	崔　芸	刘　晖	胡建	张敏杰	陈柏明	宋国顺	唐　靖
孙新国	李奇志	宠朝辉	李　奇	陈　娟	李晓青	田　莉	毕春晖	隋　兵
杜春雷	田富阳	田　华	魏晓娅	钱晓芳	舒　安	唐克岩	曾华林	何春梅

委　员：（名次不分先后顺序）

马超平	胡延华	唐志刚	伍建海	冯光明	曾庆良	吴倍贝	杨　希	曾昭江
兰长明	赵蓓蕾	姜炳春	杨云兰	邱州鹏	谭洪溢	刘平胜	王金良	刘妙玲
周　冲	王德礼	陈　明	朱超才	汪洪斌	钱黎春	陈起风	张　璐	汪　丽
张治俊	张春来	李琚陈	王国体	夏　松	王　强	杨世河	杨勇军	丁　辰
周　宇	杨智良	高立峰	凌烈锋	申永刚	汪作琳	邓光明	阳玉秀	李　杰
黎利辉	文　竹	曾利明	黄汝广	梁满朝	蒙　敏	温任平	秦　艳	潘　军
庞江峰	孙永霞	高启明	王建立	吴剑锋	王久霞	王志新	赵　静	黄爱科
林秀芝	王永芳	殷永生	江　毅	陈　芳	陈金山	周金羊	孔　丽	方　煜
郑小平	姜　楠	高明华	宛　燕	陈淑萍	刘德华	郭明德	萨其尔	吴丽娜
刘　军	程宝鑫	王艳丽	运乃通	朱卫娟	李占仓	格　桑	苏迅帆	达娃次仁
杨丽君	田荣燕	秦国华	刘　云	王子国	魏洪超	刘兆军	魏玉芝	徐　军
李　阳	杨　亮	李　伟	李丽艳	于善波	付广敏	常　虹	吴彦文	蔡玉云
郑　玲	姜　健	王　钧	毛用春	马　毅	席俊生	陈　微	王志强	梁双升
曹其英	林金澜	杨　迪	毛爱云	彭佑元	宁晓青	孙润霞	高文伟	马妙娟
苏少虹	张艳英	李建清	林俊卿	陈俊峰	贾　檀	汪琴	王玉林	陈　科
何阳英	陈晓川	马春晓	吕镇洋	司丽娟	张惠芳	江　彬	张建春	李元杰
吴章土	吉玲峰	王红记	何　伟	谢晓杰	王军	李元杰	任　丽	高　双
魏　宁	熊　林	范学谦	毛洪涛	许立强	黄孝斌	罗勇	胡郑重	高双喜
徐斌华	熊晓亮	周　军	董　惠	刘婷婷	蔡改成	汪峰	汪中华	徐兰东
余红珍	徐晓晗	李春侠	田正佳	吴小伟	张薇力	仲崇高	包耀东	高国生
王湘蓉	梁月飞	徐明川	郑道东	张元越	朱　蓓	芦书荣	袁　鸿	包佃清
陈存英	蒋秀莲	胡海婧	王金国	张　晶	周刘蔚倩	徐　艟	李　宁	顾海华
谢鑫建	赵彩虹	罗　杰	涂春莲	欧蔓丽	郑明望	谭德喜	王继良	唐启涛
邓　杰	陈丽佳	刘坤城	于肖飞	康永平	张　涛	彭　杰	李凯贤	石梅兰
刘　慧	刘怡然	李金伟	杨春旺	刘卫东	王艳芹	靖麦玲	岳士凯
王　玲	薛亚卓	张秀芳	耿禧则	王永照	王长青	付坤伟	孙宁宁	常　苏
刘　峰	刘玉国	田海生	李付忠	宋珊珊	丛　颖	封　岚	安永红	杜　垚
张　华	黎维红	潘宏斌	王　磊	陈劲松	林秋实	万　福	蔡昭君
杨　决	李奇巨	李　芳	袁　新	余龙江	郑　峰	韩　勇	卫玉成
千　彦	郑　涛	牛荣建	颜　伟	姜百瑞	刘建国	向洪谭	张红波	田航周
何朝良	刘　洋	卜长明	吴建荣	蒲　冰	成志平	玲波	谢晓明	黎付兵

前　言

随着教育事业的发展，我国培养具有实践应用能力的高水平"应用型"人才、建设高水平"应用型"科技大学的步伐也在加快，社会对"基础实、素质高、实践应用能力强"的人才需求也在不断地提高。

所谓"应用型"人才，就是指大学生走出校门，即能适应企业岗位技能需求，能直接"上岗"、"实践动手能力强"，避免企业对岗位人员的"二次"培训，降低企业培训成本的同时，也缩短学生的"岗位适应期"。

本书正是本着这一原则，通过对企业会计理论与实践比重的有效分配，秉承"理实一体、重在应用"的理念进行编写的。以企业真实案例作为资料，全方位模拟企业财务会计岗位的实际操作。达到通过本书的学习，快速了解企业财务会计管理核算各岗位的主要职责、工作内容，掌握企业财务会计管理、核算岗位的工作方法，了解与财务会计管理核算相衔接的其他管理岗位状态的目的。

本书适合于在校学生学习会计之用，也适合有志于从事财务会计岗位工作的社会人员学习企业财务会计管理与核算，或在职人员培训的教材或自学之用，也可以作为各类学校财务会计教学参考书籍。

由于编者的水平、经验有限，难免会存在不足，期待您的批评指正。

本书在编写过程中得到了重庆大学城市科技学院教材编写委员会的悉心指导，以及各企事业单位财务人员的大力支持，在此表示衷心的感谢。

编　者

2017 年 1 月

目　录

项目一　出纳岗位业务的核算 ………………………………………………… 1

　　任务 1-1　出纳岗位 …………………………………………………………… 2

　　任务 1-2　库存现金的管理与核算 …………………………………………… 5

　　任务 1-3　银行存款的管理与核算 …………………………………………… 13

　　任务 1-4　其他货币资金的核算 ……………………………………………… 21

项目二　存货管理会计岗位的业务核算 ……………………………………… 27

　　任务 2-1　存货管理岗位 ……………………………………………………… 28

　　任务 2-2　实际成本计价的材料核算 ………………………………………… 29

　　任务 2-3　计划成本计价的材料核算 ………………………………………… 43

　　任务 2-4　库存商品的核算 …………………………………………………… 53

　　任务 2-5　周转材料的核算 …………………………………………………… 58

　　任务 2-6　委托加工物资的核算 ……………………………………………… 68

　　任务 2-7　存货清查的核算 …………………………………………………… 75

项目三　固定资产管理会计岗位业务的核算 ………………………………… 79

　　任务 3-1　固定资产管理岗位 ………………………………………………… 80

　　任务 3-2　固定资产增加的核算 ……………………………………………… 81

　　任务 3-3　固定资产折旧的核算 ……………………………………………… 101

　　任务 3-4　固定资产处置及清查的核算 ……………………………………… 106

任务 3-5 固定资产后续支出的核算 ………………………………………… 115
  任务 3-6 无形资产的核算 ……………………………………………………… 120

项目四 投资管理会计岗位业务的核算 ……………………………………………… 129
  任务 4-1 投资管理岗位 ………………………………………………………… 130
  任务 4-2 投资概论 ……………………………………………………………… 131
  任务 4-3 交易性金融资产的核算 ……………………………………………… 134
  任务 4-4 持有至到期投资的核算 ……………………………………………… 140
  任务 4-5 可出售金融资产的核算 ……………………………………………… 151
  任务 4-6 长期股权投资的核算 ………………………………………………… 159

项目五 职工薪酬会计岗位业务的核算 ……………………………………………… 171
  任务 5-1 职工薪酬管理岗位 …………………………………………………… 172
  任务 5-2 职工薪酬的核算 ……………………………………………………… 173

项目六 往来会计岗位业务的核算 …………………………………………………… 185
  任务 6-1 往来会计岗位 ………………………………………………………… 186
  任务 6-2 应收款项（债权业务）的核算 ……………………………………… 187
  任务 6-3 应付款项（债务业务）的核算 ……………………………………… 208
  任务 6-4 应交税费的核算 ……………………………………………………… 228
  任务 6-5 借款业务的核算 ……………………………………………………… 241

项目七 收入、费用、利润的核算 …………………………………………………… 247
  任务 7-1 总账会计岗位 ………………………………………………………… 248
  任务 7-2 收入的核算 …………………………………………………………… 248
  任务 7-3 费用的核算 …………………………………………………………… 260
  任务 7-4 利润的核算 …………………………………………………………… 268

项目八 所有者权益的核算 ···················· 281

任务 8-1 所有者权益概述及投入资本的核算 ··············· 282
任务 8-2 资本公积的核算 ························ 286
任务 8-3 盈余公积与未分配利润的核算 ················· 289

项目九 财务报告的编制 ······················ 293

任务 9-1 财务报告概述及资产负债表的编制 ··············· 294
任务 9-2 利润表的编制 ························ 309
任务 9-3 现金流量表的编制 ······················ 312

参考文献 ······························ 321

项目一

出纳岗位业务的核算

学习总目标

（1）明确出纳岗位管理、核算的内容。

（2）熟悉企业的现金管理制度，了解现金的使用范围、库存现金限额的核定。

（3）掌握现金日常收付业务的核算和现金清查的程序及处理方法。

（4）熟悉银行存款管理制度，掌握银行存款账户的设立、银行各种结算方式。

（5）掌握银行存款期末对账程序，了解"银行存款余额调节表"的编制方法。

（6）掌握其他货币资金的种类及核算。

任务 1-1　出纳岗位

◣ 目标定位

（1）熟悉出纳岗位工作职责。
（2）了解出纳岗位工作内容。
（3）掌握出纳岗位工作的基本技能。

◣ 任务设置

【任务设置-1】出纳岗位的含义。
【任务设置-2】出纳管理、核算的内容。
【任务设置-3】支票如何填写。

◣ 基本技能

做好出纳工作,首先要了解什么是出纳,出纳岗位有哪些特点,职责范围有哪些,应该具备哪些基本功。

一、出纳

出纳是企业财务一个管理岗位,该岗位按照有关规定和制度,负责办理企业货币资金收支、结算、核算业务并进行有关账务处理工作,负责保管企业库存现金、有价证券、贵重金属、财务印鉴及有关票据等工作,是会计工作的基础。

出纳员即为企业专门办理出纳业务的财务工作人员。

二、出纳岗位的职责一般包括

（1）办理库存现金、银行存款、其他货币资金的收付、结算业务。
（2）登记现金日记账、银行存款日记账以及其他货币资金明细账。
（3）进行银行存款的对账工作,编制"银行存款余额调节表"。
（4）保管库存现金、有价证券、贵重金属等。
（5）保管有关财务印鉴、空白票据、空白支票等。

三、出纳岗位人员需要具备的基本功

（1）阿拉伯数字小写、大写的标准书写。
（2）熟练点验钞票,具有识别假币的能力。
（3）正确使用各种财务印鉴。

（4）现金支票、银行转账支票等票据的准确填写。
（5）熟练运用包括网络银行在内的各种结算方式。

四、出纳岗位主要工作内容

出纳岗位主要工作包括 3 个方面的内容：货币资金核算、往来结算、应付职工薪酬的核算。

（一）货币资金核算

1. 办理现金收、支业务

出纳应严格按照国家、企业有关现金管理制度的规定，根据稽核、审批的收付款凭证，进行复核，办理款项收、支业务，收、付款后，要在收付款凭证上签章，并加盖"收讫""付讫"戳记；每日终了要进行现金盘点，编制现行盘点表、资金报表，对差错及时上报并按规定程序进行处理。

2. 办理银行结算，规范使用支票

办理各类银行账户的开立、变更和撤销业务；办理银行结算业务时，应正确填写支票；严禁签发空头支票、远期支票；严格控制签发空白支票；签发支票时应及时登记支票使用簿；对于填写错误的支票，必须加盖"作废"戳记，与存根一并保存；支票遗失时要立即向银行办理挂失手续；不准将银行账户出租、出借给任何单位或个人办理结算业务。

3. 认真登日记账，保证日清月结

根据办理完毕的收付款凭证，逐日逐笔按顺序登记现金和银行存款日记账，并结出余额，保证日清月结；每月末要及时与银行对账单核对，如出现未达账项，应编制银行存款余额调节表调整余额相符；对未达账款，要及时查询。

4. 保管库存现金、有价证券、贵重金属

出纳员应确保所保管的库存现金、各种有价证券以及贵重金属等资产安全、完整、无缺，不得以"白条"抵充库存现金，更不得利用职务之便任意挪用现金。如果发现库存现金出现盈、缺，应及时查明原因并上报主管领导予以处理。

5. 保管及正确使用有关财务印鉴，登记注销支票

出纳员需妥善保管并正确使用财务印鉴，严格按照规定用途使用，严格管理空白收据和空白支票，完善领用及注销手续。

出纳员日常使用的印鉴主要有公司的公章、财务专用章、现金收讫章、付讫章等，每个印鉴的作用都不相同，因此出纳员必须熟悉每个印鉴的作用并正确使用。在众多的印鉴中，企业在开户银行预留的印鉴是出纳员应重点掌握的，因为预留印鉴是办理各种银行业务时不可或缺的重要证据。银行预留印鉴是企业在银行开设账户时在银行柜台预先留存的印鉴，包括"财务专用章、法人名章"或"公章、法人名章"，它们常配套作为企业在银行预留的印鉴。

按照《预留印鉴管理暂行办法》规定，银行票据上加盖的预留印鉴必须清晰、易辨别审核，否则银行不予受理。

（1）将印章均匀蘸色，在票据提示盖章的位置盖章；
（2）使用印章后妥善收存，若要将印章带离公司，需办理相关的审批与登记手续。

需要注意的是，财务内部控制制度要求钱账（分类账）分管，票章分管，不得将财务印鉴及空白票据全部交由出纳一人保管，以保证资金的安全。

（二）往来结算

办理与现金、银行存款有关的企业与外部单位的结算业务、缴纳业务，办理企业与内部核算单位、职工之间的款项结算业务。

出纳员不得兼任稽核、会计档案保管和收入、支出、费用、债权债务账目的登记工作。

（三）应付职工薪酬复核及发放工作

复核应付职工薪酬的合规性、真实性、准确性，及时办理应付职工薪酬的发放工作，及时办理包括基本养老保险金、失业保险金在内的保险、个人所得税等代扣代缴款项的缴纳，及时装订职工薪酬支付手续并妥善保管，以及企业规定的其他有关工作。

实务中，工资发放有两种方式：现金发放与银行代发。

1. 现金发放

现金发放的流程一般如下图所示。

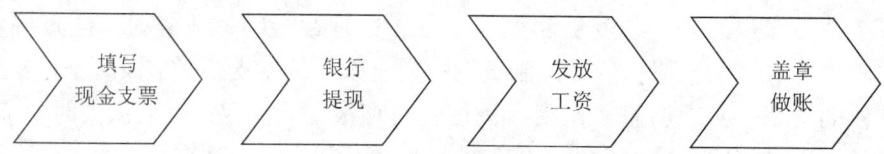

出纳员根据审核后的"薪酬表"所显示的"实发工资"金额，填写现金支票到银行办理提现，提现后办理薪酬的发放工作；发放薪酬时，出纳员与领款人应在现场确认领取金额的真伪，确认无误后领款人应在"薪酬表"本人名字下签字确认；薪酬发放完毕后，出纳员应该在"薪酬表"上加盖"现金付讫章"，同时将"薪酬表"交给薪酬会计办理记账业务。

2. 银行代发

银行代发的流程一般如下图所示。

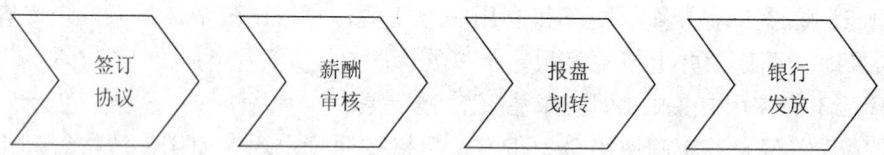

通过银行代发薪酬，需要企业第一次办理银行代发薪酬业务之前，与开户银行签订代发薪酬协议，明确双方责任、义务等事项，并开立企业薪酬专户；薪酬发放时，出纳员根据审核无误的"实发工资"金额总额向在代发银行开立的薪酬专户划转薪酬款，同时报送代发"薪酬明细表"给代发银行；代发银行按照代发协议以及企业提供的"薪酬明细表"，按时将应发给员工个人的薪酬转入该员工在该银行开立的储蓄账户。

任务1-2 库存现金的管理与核算

目标定位

（1）熟悉企业现金管理制度，了解现金的使用范围、库存现金限额的核定。
（2）掌握企业现金日常收付业务的核算和现金清查的核算。
（3）及时登记现金日记账，编制现金盘点表及现金报表。

任务设置

【任务设置-1】2015年8月8日，中天公司企划部王强出差归来，报销差旅费800元，余款200元交回现金，根据以上业务资料编制相应的记账凭证。

【任务设置-2】2015年8月10日，中天公司从工商银行提取现金5 000元备用，根据以上业务资料编制相应的记账凭证。

【任务设置-3】2015年8月12日，中天公司购买办公用品300元，以现金支付，根据以上业务资料编制相应的记账凭证。

【任务设置-4】2015年8月31日，中天公司在现金清查中发现现金溢余200元，经查有100元为多收胜利公司货款，其余100元无法查明原因，经批准转作营业外收入，根据以上业务资料编制相应的记账凭证。

【任务设置-5】2015年9月1日，中天公司进行现金清查时，发现现金盘亏300元。核查后，应由出纳人员赔偿200元，其余100元无法查明原因，根据以上业务资料编制相应的记账凭证。

基本技能

要正确处理上述任务，必须熟悉现金管理的有关规定，掌握现金日常收付的核算和现金清查的核算；能够熟练填写现金日记账，掌握现金盘点的基本技能，编制现金盘点表及现金报表。

一、现金

现金是企业的一种资产，且直接表现为货币形态存在的资产，是企业流动性最强的一种货币性资产。

现金有广义和狭义之分，狭义的现金即是库存现金，广义的现金包含库存现金、银行存款，以及其他以货币形态存在的资产。

库存现金是指存放在企业财务部门，由出纳员保管用于日常零星开支的货币。

我国会计上所说的现金是指企业库存的现金，包括库存的人民币和外币。

现金具有流动性大、收支频繁、普遍可接受等特点。

二、现金管理的规定

(一) 现金的使用范围

根据《现金管理暂行条例实施细则》《现金管理实施办法》规定,开户单位可在下列范围内使用现金。

(1) 职工工资、津贴。
(2) 个人劳务报酬。
(3) 发给个人的科技、文化、艺术、体育等各项奖金。
(4) 各种劳保、福利费用以及国家规定的对个人的其他支出。
(5) 向个人收购农副产品和其他物资的价款。
(6) 出差人员随身携带的差旅费。
(7) 结算起点 1 000 元以下的零星支出。
(8) 其他支出。

(二) 现金管理的有关规定

(1) 不准从本企业的收入中直接开支现金,即不能"坐支"。
(2) 不得用不符合制度规定的凭证顶替库存现金,即不得"白条抵库"。
(3) 不准出租出借账户。
(4) 不设小金库、公款私存。
(5) 不得编造用途套取现金。

(三) 库存现金限额的核定

现金的库存限额是指为了保证企业日常零星开支的需要,允许企业留存的最高限额。一般按 3~5 天的需用量核定,远离银行、交通不便的可适当放宽,但最高不超过 15 天的日常需用量。

三、现金收付业务的核算

为了加强企业现金的管理,及时反映企业库存现金的收支和结存情况,企业一般应设置"库存现金日记账"以及"库存现金"总账科目进行核算。

"库存现金日记账"为序时账,即按照库存现金业务发生的先后顺序逐日、逐笔序时登记该账簿,并结出余额。每日结出的余额应与库存现金实存数进行核对,若发现不符,应及时查找原因予以处理。

"库存现金"账户属于资产类账户,借方登记现金的增加,贷方登记现金的减少,余额在借方,表示期末库存的现金。企业收入现金时,根据审核无误的原始凭证,借记"库存现金"账户,贷记有关账户;在允许的范围内支付现金时,应根据审核无误的原始凭证,借记有关账户,贷记"库存现金"账户。

针对现金与银行存款之间,从银行提取现金业务,一般只编制银行付款凭证;将现金存入银行,一般只编制现金付款凭证。

四、现金清查的核算

为了保证现金的安全,出纳员每日终了都必须按规定对库存现金进行自查。月末出纳员必须对所保管的库存现金进行一次盘点。盘点库存现金是证实账面现金是否存在的一项重要工作程序,是审查库存现金的一种必不可少的方法。

库存现金的盘点一般采用实地盘点的方法,以确定库存现金的实有数。在进行现金清查盘点时,为了明确经济责任,一般由出纳员亲自盘点,会计或财务经理监盘,现金盘点后应根据盘点的结果及与现金日记账核对的情况,填写"库存现金盘点表"(基本格式见下表);填写完毕后,出纳及监盘人要在盘点表上签字。现金盘点表至少是一式两份,出纳员与监盘人员各保留一份。

库存现金盘点表的主要内容包括以下几项。

(1) 表头信息:表头信息要根据实际情况填写。
(2) 部门:一般为财务部。
(3) 会计期间:月末盘点当月的期间。
(4) 现金账面余额:现金日记账所记录的当月最后一笔业务的余额。
(5) 收入凭证未记账:收到现金和收到的收入凭证,在盘点时尚未登记现金日记账,或在盘点当日已经盘点过后方才收到的现金或现金收入凭证,尚未登记现金日记账。
(6) 付出凭证未记账:付出现金和收到的付出现金凭证,在盘点时尚未登记现金日记账,或在盘点当日已经盘点过后方才收到的现金付出凭证,尚未登记现金日记账。
(7) 调整后现金余额:现金账面余额+收入凭证未记账-付出凭证未记账。
(8) 实点现金:保险柜实际保存的、清点后的现金。
(9) 说明:需注明账实是否相符。

库存现金盘点表

单位名称:中天纺织公司　　日期:2015 年 10 月 31 日　　人民币:元

部　门		财务部
会计期间		2015 年 10 月 01 日至 2015 年 10 月 31 日
项目	行次	金额
现金账面金额(盘点日)	1	13 586.30
加:收入凭证未记账	2	1 636.24
减:付出凭证未记账	3	2 976.40
调整后现金余额	4	12 246.14
实点现金金额	5	12 246.14
说明: 账实相符		

会计主管:×××　　　　　　　　出纳员:×××

"库存现金盘点表"虽然是一张很普通的表格,但是它的内容却非常重要,真实地反映了库存现金的账存与实存情况。出纳员必须掌握。

如果盘点后发现现金短缺或溢余,应及时填制"库存现金清查盘点处理申请表"向企业主管财务的领导报告,请示处理意见,同时通过"待处理财产损溢"科目核算。

发生时:

(1)若为现金短缺,借记"待处理财产损溢——待处理流动资产损溢",贷记"库存现金"。

(2)若为现金溢余,借记"库存现金",贷记"待处理财产损溢——待处理流动资产损溢"。

待处理财产损溢(资产)

财产的盘亏数	财产的盘盈数
盘盈的转销数	盘亏的转销数
处理后无余额	

批准后:

(1)若为现金短缺,属于应由责任人或保险公司赔偿的部分,借记"其他应收款"科目;无法查明原因的部分,借记"管理费用"科目,同时贷记"待处理财产损溢——待处理流动资产损溢"科目。

(2)若为现金溢余,属于应支付给有关人员或单位的,记入"其他应付款"科目;无法查明原因的,批准后,转作"营业外收入"。

现金报表是企业自身设计的,便于内部管理者进行现金管理,了解支出情况的一张报表,出纳员根据企业管理者要求,应及时编制"现金报表"报送管理者,为管理者提供管理依据。

▶ 任务解答

【任务设置-1】属于现金日常收付业务核算,应做如下业务处理(见记字第【08001】号凭证)。

借:管理费用——差旅费　　　　　　　　　　　　　　800
　　库存现金　　　　　　　　　　　　　　　　　　200
　　贷:其他应收款——王强　　　　　　　　　　　　　　1 000

【任务设置-2】属于现金日常收付业务核算,应做如下业务处理(见记字第【08002】号凭证)。

借:库存现金　　　　　　　　　　　　　　　　　　5 000
　　贷:银行存款　　　　　　　　　　　　　　　　　　5 000

【任务设置-3】属于现金日常收付业务核算,应做如下业务处理(见记字第【08003】号凭证)。

借:管理费用　　　　　　　　　　　　　　　　　　300
　　贷:库存现金　　　　　　　　　　　　　　　　　　300

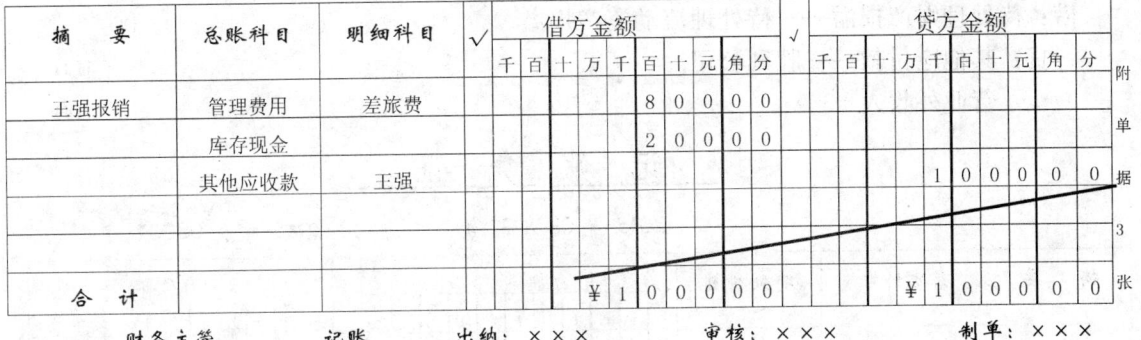

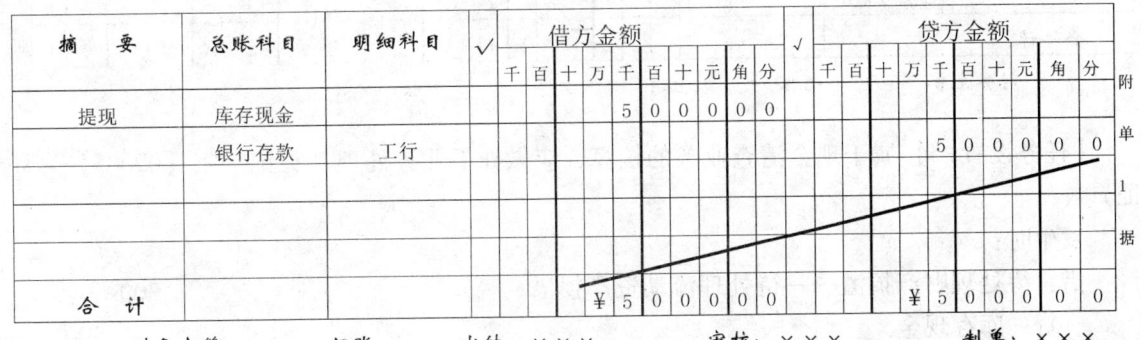

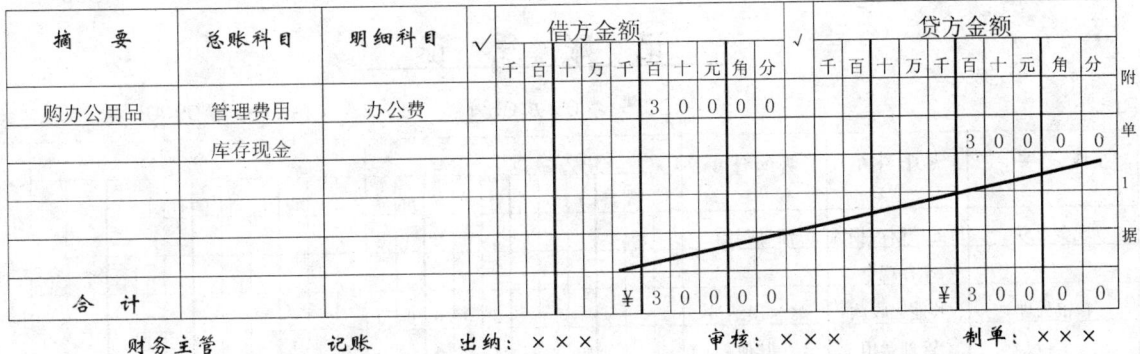

【任务设置-4】属于现金清查业务的核算，应做如下业务处理（见记字第【08004】号凭证）。

发生时：

借：库存现金 200
　　贷：待处理财产损溢——待处理流动资产损溢 200

批准后：
借：待处理财产损溢——待处理流动资产损溢 200
　　贷：其他应付款——胜利公司 100
　　　　营业外收入 100

记 账 凭 证

2015 年 08 月 31 日　　　　（记）字第 08004 号

摘要	总账科目	明细科目	√	借方金额									√	贷方金额								
				千	百	十	万	千	百	十	元	角	分		千	百	十	万	千	百	十	元	角	分
现金溢余	库存现金							2	0	0	0	0											
	待处理财产损溢	流动损溢																	2	0	0	0	0
核准处理	待处理财产损溢	流动损溢						2	0	0	0	0											
	其他应付款	胜利公司																	1	0	0	0	0
	营业外收入																		1	0	0	0	0
合　计							¥	4	0	0	0	0						¥	4	0	0	0	0

财务主管　　　记账　　　出纳：×××　　　审核：×××　　　制单：×××

附单据 2 张

【任务设置-5】属于现金清查业务的核算，应做如下业务处理（见记字第【09005】号凭证）。

发生时：
借：待处理财产损溢——待处理流动资产损溢 300
　　贷：库存现金 300

批准后：
借：其他应收款——××出纳员 200
　　管理费用 100
　　贷：待处理财产损溢——待处理流动资产损溢 300

记 账 凭 证

2015 年 09 月 01 日　　　　（记）字第 09005 号

摘要	总账科目	明细科目	√	借方金额									√	贷方金额								
				千	百	十	万	千	百	十	元	角	分		千	百	十	万	千	百	十	元	角	分
现金盘亏	待处理财产损溢	流动损溢						3	0	0	0	0											
	库存现金																		3	0	0	0	0
核准处理	其他应收款	××出纳员						2	0	0	0	0											
	管理费用	其他						1	0	0	0	0											
	待处理财产损溢	流动损溢																	3	0	0	0	0
合　计							¥	6	0	0	0	0						¥	6	0	0	0	0

财务主管　　　记账　　　出纳：×××　　　审核：×××　　　制单：×××

附单据 2 张

技能训练

【技能训练-1】 根据某企业库存现金盘点的原始凭证编制记账凭证。

库存现金清查盘点处理申请表

2015 年 10 月 31 日

账面金额	实际金额			清查结果		存在问题
	实存数	未入账单据	合计	盘盈	盘亏	
10 028.00	10 005.00	--	10 005.00		23.00	工作粗心，多付 23.00 元
清查人签字	张晓华、陈丽、李芳					
单位负责人处理意见	盘亏 23.00 元系出纳员工作失误，决定由陈东赔偿。 刘波 2015 年 11 月 02 日					备注

会计机构负责人：×××　　　制表人：×××　　　出纳员：×××

【技能训练-2】 根据某企业库存现金盘点的原始凭证编制记账凭证。

库存现金清查盘点处理申请表

2015 年 10 月 31 日

账面金额	实际金额			清查结果		存在问题
	实存数	未入账单据	合计	盘盈	盘亏	
10 000.00	10 050.00	--	10 050.00	50.00		
清查人签字	张晓华、陈丽、李芳					
单位负责人处理意见	盘盈 50.00 元原因无法查明，按有关财务制度处理。 刘波 2015 年 11 月 02 日					备注

会计机构负责人：×××　　　制表人：×××　　　出纳员：×××

【技能训练-3】 根据下列原始凭证编制记账凭证。

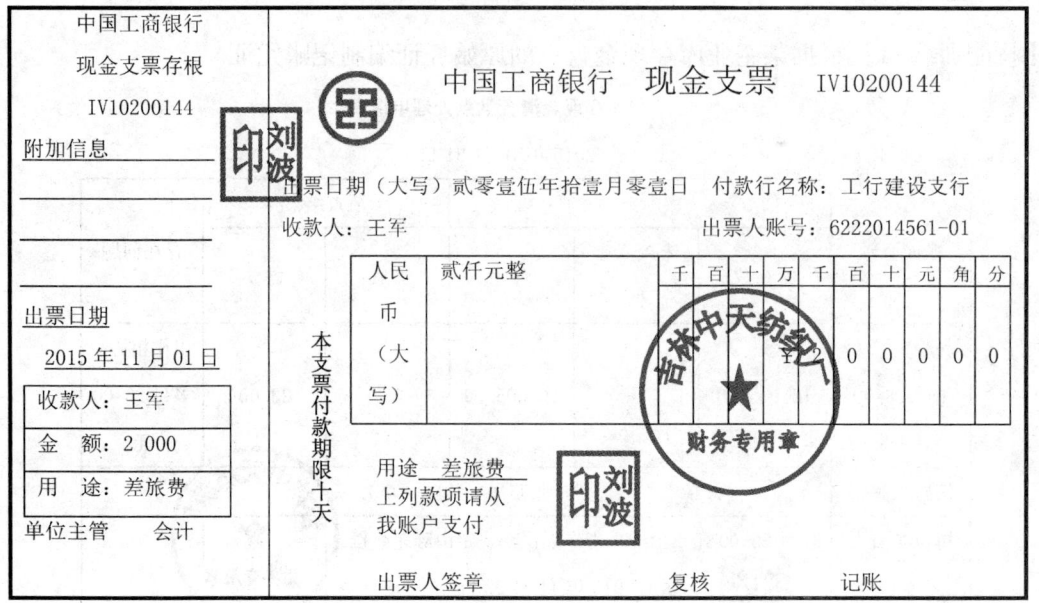

借 款 单

2015 年 11 月 01 日

借款部门	销售科	职别	科员	出差人姓名	王军
借款事由	联系业务		现金付讫	出差地点	武汉
预借款金额人民币(大写):	贰仟元整				￥2 000
部门负责人审批意见:	同意	吴浩	主管部门负责人审批意见:	同意	于丹

主管：×××   会计：×××   收款人：×××

差 旅 费 报 销 单

2015 年 11 月 16 日   单据张数 5 张

姓名：王军   部门：销售科   出差事由：联系业务

起止日期				起止地点	火车费	市内车费	住宿费	途中伙食补助			住勤费		其他
月	日	月	日					标准	天数	金额	天数	金额	
11	1	11	9	长春—武汉	126.00	140.00	457.00	25.00	16	400.00	1	410.00	
11	10	11	10	武汉—长春	126.00								
		合 计			252.00	140.00	457.00	25.00	16	400.00	1	410.00	

人民币(大写)：壹仟柒佰元整   应退(补)：/叁佰元整

审核：   部门主管：吴浩   财务主管：于丹

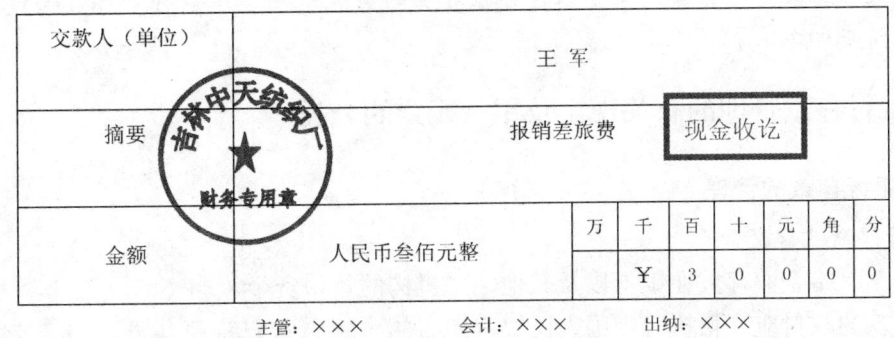

任务 1-3 银行存款的管理与核算

目标定位

(1) 熟悉银行存款管理制度，了解银行账户的分类和转账结算方式。
(2) 掌握银行存款日常收付业务的核算和银行存款的核对方法。
(3) 熟练掌握网络银行的安全操作，及时打印收付凭证。
(4) 熟练进行月末对账，编制"银行存款余额调节表"。

任务设置

【任务设置-1】中天公司2015年12月25日签发转账支票一张，支付前欠长运公司的购货款16 000元，根据以上业务资料编制相应的记账凭证。

【任务设置-2】中天公司2015年12月30日接到开户行通知，收到大合公司支付的货款50 000元，根据以上业务资料编制相应的记账凭证。

【任务设置-3】2015年12月31日，中天公司银行存款日记账的余额为32 225元，银行对账单的余额为33 832元，经逐笔核对，查明有以下未达账项。

(1) 企业于12月31日送存银行的转账支票1 768元收入，银行尚未入账。
(2) 企业于12月28日开出的转账支票478元，持票人尚未到银行办理转账手续。
(3) 12月31日向购货单位收取的销货款3 955元，银行已收妥入账，企业尚未收到银行收账通知。
(4) 12月31日电信局委托银行代收企业应付电话费1 083元，银行已从企业存款户中支付，但企业尚未收到银行的付款通知，根据以上业务资料编制"银行存款余额调节表"。

基本技能

要正确处理上述任务,必须熟悉银行存款管理的有关规定、银行存款日常收付核算方法和银行存款清查的方法。

一、银行存款管理的有关规定及银行账户的分类

(一) 银行存款的管理

1. 银行存款的含义

银行存款是指企业存放在银行以及其他金融机构的货币资金。

银行存款的收付应严格执行中国人民银行颁布的《银行账户管理办法》和《支付结算办法》等有关制度规定,凡是独立核算的企事业单位均需在当地银行开设银行账户,除规定范围内可以使用现金进行支付的款项外,经营过程中所发生的一切货币性收支业务,都必须通过银行存款账户进行结算。

2. 银行存款管理的有关规定

(1) 企业一般只能在一家银行的一个营业机构开立一个基本存款账户,不得在多家银行机构开立基本存款账户,不得在同一银行的几个分支机构开立一般存款账户。

(2) 除留存范围内限额的现金,其余的都必须送存银行。

(3) 不准签发空头支票和远期支票。

(4) 不准出租、出借银行账户。

3. 银行存款的网络支付业务

网络支付业务是付款人通过网络与银行之间的支付接口进行款项交易的一种即时支付方式。

随着现代网络技术的发展,网上支付系统的安全性日益增高,越来越多的企事业单位开始使用网上支付业务进行银行存款的结算,因此作为现代企业的财务会计人员,尤其是出纳员更应该掌握并熟练使用网络进行收支业务,特别是网络支付业务的处理,这是出纳员必须掌握的一项基本技能。

企业要进行网上支付业务,必须向开户银行申请开通网上支付。开通后,银行会给企业几个不同权限的u-key(即"优盾"),并且每个u-key根据企业财务管理权限的不同分别设置相应的密码,这样既能减少网络交易给企业带来的资金风险,又符合企业内控管理制度,防止企业内部员工挪用资金,以保证资金的安全。一般情况下,u-key的使用者主要划分为3个角色:出纳员、财务经理、总经理。

出纳员的主要工作是支付款项时,负责录入相关的交易信息,如收款人账号、名称、收款银行、交易金额等信息。财务经理的主要工作是支付款项时,对出纳员提交的付款信息进行复核与审核。总经理作为最高权限是对出纳员、财务经理等的权限进行控制与审批。

通过交易权限复核与审批之后,出纳员就可以通过网上银行进行支付业务的处理了。业务处理完毕之后,出纳员应该在网上银行界面打印加盖银行印章的回单,作为重要的原始凭证单据进行管理及核算业务。

(二) 银行账户的分类

银行存款是企业存放在银行或其他金融机构的货币资金,《银行账户管理办法》将企事

业单位的存款账户分为基本存款账户、一般存款账户、临时存款账户和专用存款账户。

1. 基本存款账户

是企业日常办理转账结算和现金收付的账户。企业的工资、奖金等现金的支取，只能通过该账户办理。

2. 一般存款账户

是企业在基本存款账户以外的用于银行转存的经常性账户，与企业基本存款账户不在同一地点的附属非独立核算单位开立的账户，该账户可办理转账结算和现金缴存，但不能办理现金支取。

3. 临时存款账户

是企业因临时经营活动需要开立的账户，该账户可以办理转账结算，也可以根据国家现金管理的有关规定办理现金收付，期限最长不超过两年。

4. 专用存款账户

是企业因特定用途需要开立的账户，如基本建设项目专项资金等。

二、银行结算方式

银行结算方式包括银行汇票、银行本票、支票、商业汇票、汇兑、委托收款、托收承付和信用卡等。各种结算方式的概念、适用范围及主要特点如表 1-3-1 所示。

表 1-3-1　资金报表

编制单位：　　　　　期间：　　　　　元

	银行存款	库存现金	资金使用合计	备注
上期结余金额				
收入项目				
其中：销售收入				
借款归还				
银行贷款				
其他收入				
本期收入合计				
支出项目				
其中：原料支出				
薪酬支出				
费用支出				
偿还贷款				
工程支出				
预付支出				
其他支出				
本期支出合计				
本期资金结余				

复核人：　　　　　编制人：　　　　　编制日期：

三、银行存款收付业务的核算

为了核算、反映和监督银行存款的收支和结存情况，企业一般应设置"银行存款日记账"进行核算。"银行存款日记账"与"现金日记账"一样，均属于序时账。

"银行存款"账户属于资产类账户，借方登记银行存款的增加，贷方登记银行存款的减少，余额在借方，表示企业存放在银行或其他金融机构的款项。

银行存款应按银行和金融机构的名称和存款种类进行明细核算，有外币业务的企业，还应当分别按人民币和外币进行明细核算。

《企业会计制度》规定：会计核算以人民币为记账本位币，业务收支以外币为主的企业，可以选择某种外币作为记账本位币，但编制的财务报表应当折算为人民币反映。

企业进行银行存款明细核算的同时，还应进行银行存款总分类核算。

总账会计进行银行存款的总分类核算，出纳进行银行存款的明细分类核算。

四、编制"银行存款报表"

"银行存款报表"与"现金报表"一样，都属于企业内部管理使用的资金报表。资金报表的重要作用就是反映一定时期内企业资金的收支、结余情况，为管理层提供决策依据。资金报表一般分为日报表、月报表、季报表等，根据企业的具体管理方式确定。

五、银行存款的清查

企业出纳员在月末应根据记账凭证认真核对银行存款日记账，检查是否存在错、漏、多以及未记账情况。在确认记账无误的前提下，应将银行存款日记账的余额与银行对账单的余额进行核对，企业至少每月与银行核对一次。在现代网络支付时代，银行对账单完全可以在网络银行界面直接下载打印。

银行存款日记账与银行对账单核对的具体做法如下。

（1）出纳员需对凭证的种类、编号、摘要、记账方向、金额、记账日期等内容按业务发生的先后顺序逐笔进行核对。

（2）凡是对账单与银行日记账记录内容相同的可用"√"在银行对账单和银行存款日记账上分别标示，表示该笔业务核对一致。

（3）对未标示的项目通过编制"银行存款余额调节表"来判断是否属于未达账项；如果"调节表"显示平衡，则说明不一致的原因，属于未达账项影响；如果不平衡，则需要进一步查找是否账簿登记错误。

两者不符其原因有：一是记账错漏，二是出现未达账项。

未达账项是指企业与银行之间由于凭证传递上的时间差，一方已登记入账，而另一方尚未入账的款项。

未达账项产生的原因一般有以下4种。

（1）企业已经收款入账，银行尚未收款入账的款项。

（2）企业已经付款入账，银行尚未付款入账的款项。

（3）银行已经收款入账，企业尚未收款入账的款项。

(4) 银行已经付款入账，企业尚未付款入账的款项。

> **小贴示**：调节后的余额表明企业可动用的银行存款数，不能据此调整企业和银行的账面记录。

对记账错误造成双方记录不符的，应查明原因进行更正，并编制正确的会计分录；对未达账项造成的双方记录不符，应逐笔核对，一般是通过编制"银行存款余额调节表"来调整（表 1-3-3）。

目前，传统的结算方式主要包括银行汇票、银行本票、支票、商业汇票、汇兑、委托收款等，各种结算方式的对比见表 1-3-2。

※ 注意事项："银行存款余额调节表"只是为了核对账目，并不能作为调整银行存款账面余额的记账依据，只有等结算凭证到达后方可据以入账。

表 1-3-2　各种结算方式的主要特点

结算方式	概念	分类	适用范围	付款期限	特点
银行汇票	是出票银行签发的，由其在见票时按照实际结算金额无条件支付给收款人或者持票人的票据		同城、异地各种款项的结算	自出票日起一个月	一律记名，允许背书转让
银行本票	是申请人将款项交存银行，由银行签发给申请人凭以办理转账结算或支取现金的票据	定额本票（有1 000元、5 000元、10 000元和50 000元）、非定额本票	同城范围内各种款项的结算	自出票日起两个月	一律记名，允许背书转让
支票	是银行的存款人签发给收款人办理结算或委托开户银行将款项支付给收款人的票据	现金支票 转账支票	同城范围内各种款项的结算	自出票日起10日内	可背书转让，但用于支取现金的支票不得背书转让
商业汇票	是收款人或付款人签发，由承兑人承兑，并于到期日向收款人或持票人支付款项的票据	商业承兑汇票 银行承兑汇票	同城、异地真实的交易关系，真实的债权债务关系的结算	承兑期限由交易双方商定，最长不得超过6个月	一律记名，允许背书转让
汇兑	是汇款人委托银行将款项汇给外地收款人的结算方式	信汇、电汇	异地各种款项的结算		
委托收款	是收款人委托银行向付款人收取款项的结算方式	邮寄、电报	同城、异地各种款项的结算		
托收承付	根据购销合同由收款人发货后，委托银行向异地付款人收取款项，由付款单位向银行承付款项的结算方式	邮寄、电报	异地各种款项的结算	验单付款的承付期3天，验货付款的承付期10天	每笔金额起点10 000元，新华书店系统每笔金额起点1 000元

结算方式	概念	分类	适用范围	付款期限	特点
信用卡	是商业银行向个人或单位发行的凭卡向特约单位购物、消费和向银行存取现金,且具有消费信用的特制载体卡片	金卡、普通卡单位卡、个人卡	同城、异地各种款项的结算		信用卡允许透支,金卡最高不超过10 000元,普通卡最多不超过5 000元

表1-3-3 银行存款余额调节表

编制单位： 年 月 日 单位：元

项目	金额	项目	金额
企业银行存款日记账		银行对账单	
加：银行已收,企业未收		加：企业已收,银行未收	
减：银行已付,企业未付		减：企业已付,银行未付	
调节后金额		调节后金额	

任务解答

针对上述设置的3个任务,做如下分析、处理。

【任务设置-1】属于银行存款日常收付的核算,应做如下业务处理(见记字第【12006】号凭证)。

借：应付账款——长运公司　　　　　　　　　　　　　　16 000
　　贷：银行存款　　　　　　　　　　　　　　　　　　　　16 000

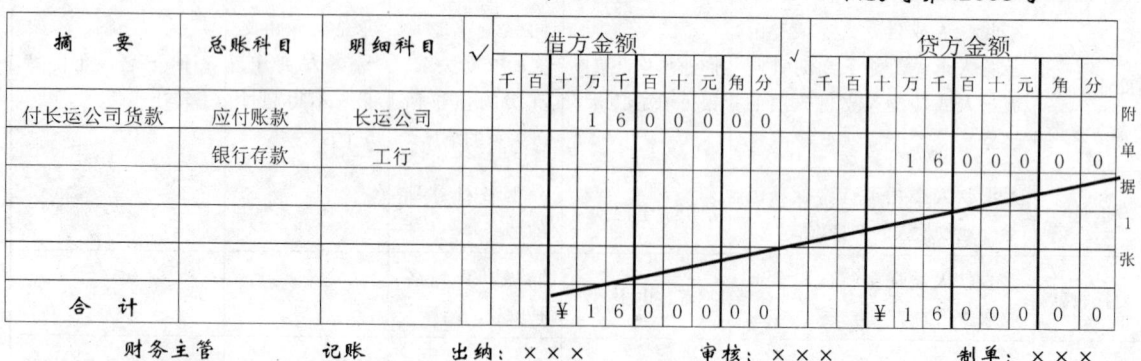

【任务设置-2】属于银行存款日常收付的核算,应做如下业务处理(见记字第【12007】号凭证)。

借：银行存款　　　　　　　　　　　　　　　　　　　　50 000
　　贷：应收账款——大合公司　　　　　　　　　　　　　　50 000

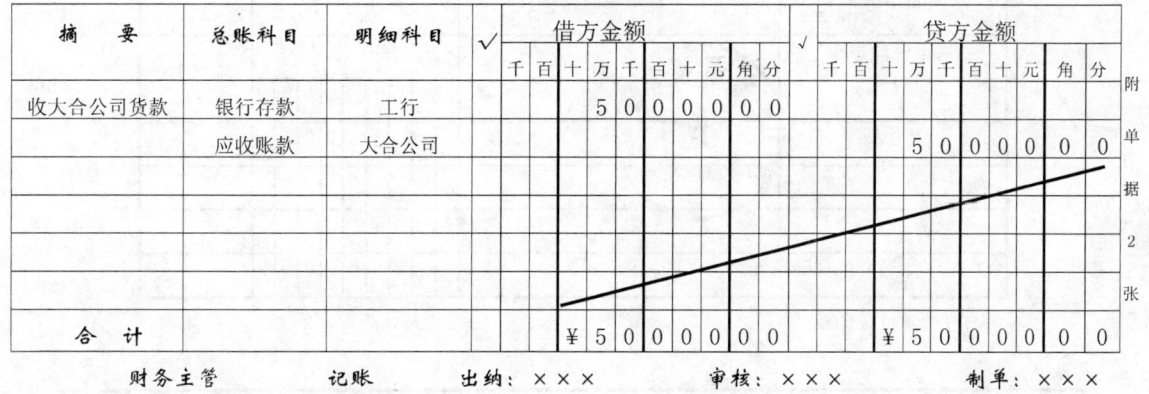

【任务设置-3】属于银行存款的核对,应编制"银行存款余额调节表"(表1-3-4)。

表1-3-4 银行存款余额调节表

编制单位：中天公司　　　　　2015年12月31日　　　　　单位：元

项目	金额	项目	金额
银行存款日记账余额	32 225	银行对账单余额	33 832
加：银行已收，企业未收	3 955	加：企业已收，银行未收	1 768
减：银行已付，企业未付	1 083	减：企业已付，银行未付	478
调节后余额	35 097	调节后余额	35 122

会计主管：×××　　　　会计：×××　　　　出纳：×××

技能训练

【技能训练-1】根据业务资料编制"银行存款余额调节表"。

中天公司2015年11月30日银行存款日记账的余额128 500元，银行对账单上的余额137 800元，经逐笔核对，查明有以下未达账项：

（1）该企业送存转账支票21 600元，银行没有入账；

（2）企业开出转账支票8 400元，持票人尚未到银行办理转账手续，银行没有入账；

（3）银行代企业收到大华公司款项37 000元，银行已收妥入账，而企业尚未收到收账通知；

（4）银行代企业支付水电费14 500元，已从企业存款户划出，但付款通知未送达企业，企业没有入账。

【技能训练-2】根据原始凭证编制记账凭证。

【技能训练-3】根据下列有关业务的原始凭证编制记账凭证。

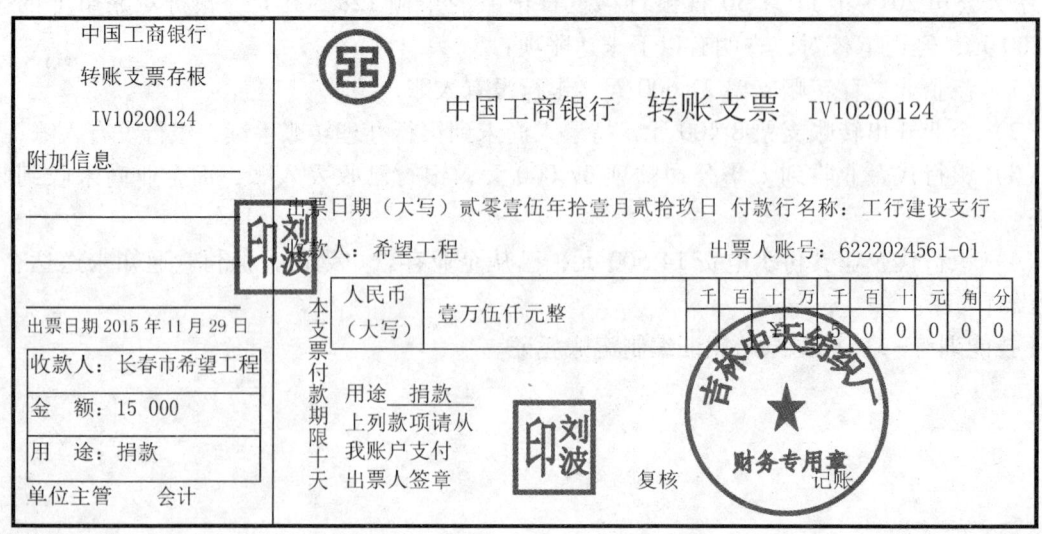

吉林省公益事业捐赠票据

捐赠者	吉林中天纺织厂		货币种类	人民币
捐赠项目		希望工程		
项目	单位	规格	数量	单价	金额
合计					¥15 000.00
人民币（大写）	壹万伍仟元整				¥: 15 000.00

制单：××× 收款人：××× 记账：××× 复核：××× 单位（盖章）

第二联：收据联

任务1-4 其他货币资金的核算

目标定位

（1）了解其他货币资金的含义。
（2）掌握其他货币资金的内容及核算方法。

任务设置

【任务设置-1】中天公司11月25日委托银行将7 000元汇往外地开立采购专户。11月28日中天公司收到采购员交来供应单位增值税专用发票账单等报销凭证，注明采购材料价款5 000元，增值税850元，采购工作结束，多余的外埠存款1 150元已转回开户行，根据以上业务资料编制相应的记账凭证。

【任务设置-2】中天公司11月26日委托银行办理12 000元银行汇票，企业填送"银行汇票申请书"并将款项交存银行，取得银行汇票回单。根据12月3日收到的增值税专用发票账单，其中材料价款10 000元，税款1 700元，多余款300元已转回开户行，根据以上业务资料编制相应的记账凭证。

基本技能

要处理上述两个任务，必须了解什么是其他货币资金。其他货币资金包含哪些内容以及它们的核算方法。

企业的生产经营资金中，有些货币资金的存款地点和用途与库存现金和银行存款不同，我们把这些除库存现金和银行存款以外的货币资金称为其他货币资金。

一、其他货币资金的核算内容

其他货币资金主要包括的内容如下：

其他货币资金 ⎧ 外埠存款 → 到外地临时采购开立的采购专户
　　　　　　⎪ 银行汇票存款 → 为取得银行汇票存入银行的款项
　　　　　　⎨ 银行本票存款 → 为取得银行本票存入银行的款项
　　　　　　⎪ 信用卡存款 → 为取得银行信用卡存入银行的款项
　　　　　　⎪ 存出投资款 → 已存入证券公司但尚未进行短期投资的款项
　　　　　　⎩ 信用证保证金 → 为取得信用证而支付的保证金

二、其他货币资金的账务处理

企业其他货币资金的收支和结算情况，应设置"其他货币资金"账户进行核算。该账户的借方登记其他货币资金的增加数，贷方登记其他货币资金的减少数，期末余额在借方，反映企业持有的其他货币资金。该账户按其他货币资金的种类设置明细账进行明细核算。

（一）外埠存款的账务处理

企业到外地采购物资，如果供应单位分散，采购次数零星，时间较长，可将资金汇往采购地银行开立采购专户进行结算。采购完毕，外地银行应将多余存款退回企业开户银行。

（1）汇出款项开立采购专户时。

借：其他货币资金——外埠存款
　　贷：银行存款

（2）收到所购入材料时。

借：原材料
　　应交税费——应交增值税（进项税额）
　　贷：其他货币资金——外埠存款

（3）收到退回的余额时。

借：银行存款
　　贷：其他货币资金——外埠存款

（二）银行汇票存款和银行本票存款的账务处理

企业申请签发的银行汇票和银行本票，应从存款户中予以划转，应根据从银行取得的加盖银行印章的"银行汇票委托书"或"银行本票申请书"存根联等有关凭证，借记"其他货币资金——银行汇票存款（或银行本票存款）"账户，贷记"银行存款"账户。企业使用银行汇票或银行本票办理款项结算时，应根据票据结账联和有关账单，借记有关账户，贷记"其他货币资金——银行汇票存款（或银行本票存款）"账户。

（1）申请取得银行汇票时。

借：其他货币资金——银行汇票存款
　　贷：银行存款

（2）企业持银行汇票购入相关资产时。

借：固定资产（原材料）

应交税费——应交增值税（进项税额）
　　　　贷：其他货币资金——银行汇票存款
　　借：银行存款
　　　　贷：其他货币资金——银行汇票存款

（三）信用卡存款的账务处理

　　企业按规定填制信用卡申请表，并从结算存款户划款取得信用卡时，借记"其他货币资金——信用卡存款"账户，贷记"银行存款"账户。企业持卡购货或支付有关费用时，根据付款凭据及购货票据，借记有关账户，贷记"其他货币资金——信用卡存款"账户。

　　（1）申请取得信用卡时。
　　借：其他货币资金——信用卡存款
　　　　贷：银行存款
　　（2）购买办公用品，持信用卡结算款项时。
　　借：管理费用
　　　　贷：其他货币资金——信用卡存款

（四）存出投资款的账务处理

　　企业从存款户划款至证券公司准备用于金融方面的投资时，借记"其他货币资金——存出投资款"账户，贷记"银行存款"账户。企业用存入证券公司转款购买股票、债券等进行投资时，根据交易凭证等借记"交易性金融资产"，"持有至到期投资"等账户，贷记"其他货币资金——存出投资款"账户。

　　（1）从存款户划款至证券公司时。
　　借：其他货币资金——存出投资款
　　　　贷：银行存款
　　（2）公司用存入金通证券公司的款项购入股票，准备随时用于出售时。
　　借：交易性金融资产——股票投资
　　　　贷：其他货币资金——存出投资款

▎任务解答

　　【任务设置-1】属于外埠存款的核算，应做如下处理（见记字第【11010】【11014】号凭证）。

　　开户汇款：
　　借：其他货币资金——外埠存款　　　　　　　　　　　　　　　　7 000
　　　　贷：银行存款　　　　　　　　　　　　　　　　　　　　　　　　　　　7 000
　　收到增值税专用发票：
　　借：在途物资　　　　　　　　　　　　　　　　　　　　　　　　5 000
　　　　应交税费——应交增值税（进项税额）　　　　　　　　　　　　850
　　　　贷：其他货币资金——外埠存款　　　　　　　　　　　　　　　　　5 850
　　收回款项：
　　借：银行存款　　　　　　　　　　　　　　　　　　　　　　　　1 150
　　　　贷：其他货币资金——外埠存款　　　　　　　　　　　　　　　　　1 150

记 账 凭 证

2015 年 11 月 25 日　　　　　　（记）字第 11010 号

摘要	总账科目	明细科目	√	借方金额 千百十万千百十元角分	√	贷方金额 千百十万千百十元角分	
开立专户	其他货币资金	外埠存款		7 0 0 0 0 0			附单据1张
	银行存款	工行				7 0 0 0 0 0	
合　计				¥ 7 0 0 0 0 0		¥ 7 0 0 0 0 0	

财务主管　　　记账　　　出纳：×××　　　审核：×××　　　制单：×××

记 账 凭 证

2015 年 11 月 28 日　　　　　　（记）字第 11014 号

摘要	总账科目	明细科目	√	借方金额 千百十万千百十元角分	√	贷方金额 千百十万千百十元角分	
收到增值税专用发票	在途物资			5 0 0 0 0 0			附单据3张
	应缴税费	增值税（进）		8 5 0 0 0			
	其他货币资金	外埠存款				5 8 5 0 0 0	
退回专户款	银行存款	工行		1 1 5 0 0 0			
	其他货币资金	外埠存款				1 1 5 0 0 0	
合　计				¥ 7 0 0 0 0 0		¥ 7 0 0 0 0 0	

财务主管　　　记账　　　出纳：×××　　　审核：×××　　　制单：×××

【任务设置-2】属于银行汇票存款的核算，应做如下处理（见记字第【11011】【12006】号凭证）。

申请汇票：

借：其他货币资金——银行汇票存款　　　　　　　　　　　　　　　　12 000

　　贷：银行存款　　　　　　　　　　　　　　　　　　　　　　　　12 000

收到增值税专用发票：

借：在途物资　　　　　　　　　　　　　　　　　　　　　　　　　　10 000

　　应交税费——应交增值税（进项税额）　　　　　　　　　　　　　 1 700

　　贷：其他货币资金——银行汇票存款　　　　　　　　　　　　　　11 700

收回款项：

借：银行存款　　　　　　　　　　　　　　　　　　　　　　　　　　 300

　　贷：其他货币资金——银行汇票存款　　　　　　　　　　　　　　 300

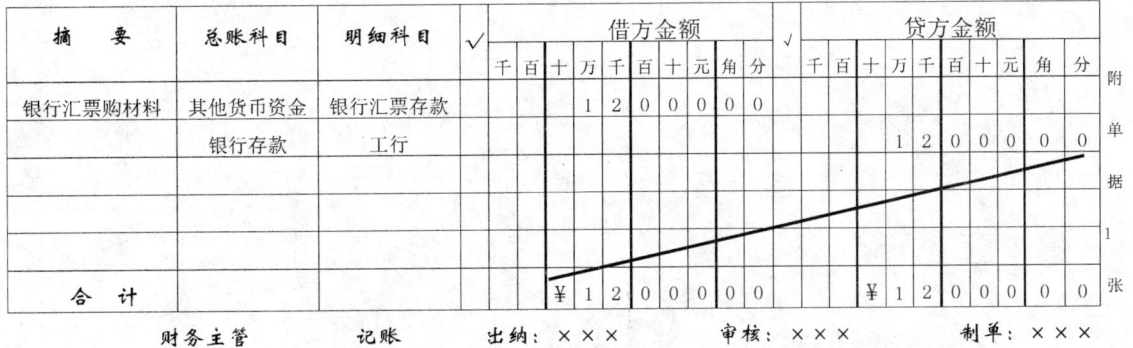

技能训练

【技能训练-1】 根据业务编制记账凭证。

中天公司11月24日填制信用卡申请表，连同5 000元转账支票和有关资料一并交于发卡银行，申请单位信用卡，取得信用卡后，用信用卡购买办公用品1 000元并取得增值税专用发票，请编制相应的记账凭证。

【技能训练-2】 根据业务编制记账凭证。

中天公司11月25日通过工商银行解放大路支行8559账户，网上银行支付前期设备款50 000元，请编制相应的记账凭证。

项目二

存货管理会计岗位的业务核算

学习总目标
(1) 了解存货岗位包含哪些，其工作内容和职责。
(2) 理解存货的含义、包括的内容以及计量。
(3) 掌握实际成本、计划成本计价的核算。
(4) 了解各种存货的收、发核算，以及存货的清查及处理方法。

任务 2-1　存货管理岗位

◤ 目标定位

（1）了解存货管理岗位有哪些，工作内容和职责。
（2）存货会计岗位的主要职责。

◤ 任务设置

（1）企业有哪些与存货管理有关的岗位，主要职责？
（2）存货的核算由哪个岗位来实施？

◤ 基本技能

为了更好地进行存货的管理，熟悉企业与存货管理相关的岗位有哪些、主要工作内容及职责则显得非常重要。

一、存货管理相关的岗位

一般来讲，企业与存货管理有关的岗位主要包括采购部门、质检部门、库房管理员、财务部门的存货会计。

（1）采购部门：主要负责存货的请购审批，制定存货的采购计划并执行经批准的采购计划进行存货的采购，控制采购成本，负责配合财务核对采购存货的批次、数量、质量、金额以及核对供应商往来账款，负责监督所购存货的入库。采购部门一般要设置、登记"存货采购登记簿"，简称采购台账，并设专人管理，根据采购业务及时办理登记工作，并及时与财务进行账目核对。

（2）质检部门：主要负责存货的数量、质量的监督、检测，对购入存货通过质检向有关部门提供质检报告，确保存货质检合格方可办理入库手续，杜绝不合格品入库，预防损失。

（3）库管员：库管员即为仓库保管员的简称，顾名思义库管员负责管理仓库中所有保管资产的安全、完整。库管员在收、发时，应认真核对、检验"入库单"和"请领单"所标注的内容，按照规范办理入库和出库手续；同时及时登记"库存保管账"并结出余额；及时根据"库存保管账"与实物进行核对，确保账实相符，发现短缺、损毁、变质等情况应及时上报；协助财务部门存货会计进行库存资产的核查。

（4）财务部门：财务部门一般设置存货会计岗位，建立"数量金额式"存货明细账，对企业存货的收、发、结存等情况进行财务核算，负责存货清查的组织工作、核查工作、申报审批工作、清查结果的财务处理工作等。财务部门应根据企业实际情况，及时与采购部门进行账账核对，与库管员进行账账核对、账实核对，以确保资产的安全、完整。

二、存货的核算岗位

存货会计是财务部门设置的专门对存货进行核算管理的财务岗位。

其主要职责包括以下几个方面：

(1) 负责拟定企业"存货核算管理办法"并监督实施。

(2) 负责建立存货核算的财务账簿，正确计价，定期对账，保证账账相符、账实相符。

(3) 定期核查因存货采购产生的往来款项，审核支付计划。

(4) 检查各项存货计划执行情况，及时掌握、反映结存情况及相关问题。

(5) 拟定存货收发、计量制度，并监督执行。

(6) 健全实地盘存制，定期进行存货的清查盘点，保证账账相符、账实相符（财务存货明细账与库存保管账之间、实物之间），并编制存货盘点表，查明盘盈、盘亏原因。

(7) 监督存货管理，积极实施存货的保险制度，加强财务对各项存货的管理、控制。财务上存货的核算即指存货会计岗位对存货的监督、控制、管理、核算及清查等工作。

任务 2-2　实际成本计价的材料核算

▎目标定位

(1) 理解存货的概念、内容和计量。

(2) 掌握材料按实际成本计价的核算。

▎任务设置

【任务设置-1】2015 年 12 月 25 日，中天公司从外地购入一批 A 材料，价款 100 000 元，增值税 17 000 元，运杂费 400 元（不考虑运费的税金），全部款项用银行存款支付，材料验收入库，根据以上业务资料编制相应的记账凭证。

【任务设置-2】2015 年 12 月 26 日，中天公司从胜利公司购入材料一批，价款 20 000 元，增值税 3 400 元，全部款项用银行存款支付，材料尚未到达，根据以上业务资料编制相应的记账凭证。

【任务设置-3】2015 年 12 月 27 日，中天公司从胜利公司购入材料一批，价款 20 000 元，增值税 3 400 元，材料验收入库，由于企业银行存款不足货款暂未支付，根据以上业务资料编制相应的记账凭证。

【任务设置-4】2015 年 12 月 26 日，中天公司从外地购入 10 000 千克材料，每千克 2 元，货款通过银行支付，增值税专用发票到达，材料尚未到达，12 月 29 日入库时发现短缺 100 千克，属于运输单位丢失，根据以上业务资料编制相应的记账凭证。

▎基本技能

要正确处理上述任务，必须掌握存货的有关概念及材料按实际成本计价的核算方法。

一、存货的概念、内容

我国《企业会计准则——存货》规定，存货是指企业在日常生产经营过程中持有的以备出售的产成品、处在生产过程中的在产品、在生产过程中或提供劳务过程中消耗的材料和物料等，主要包括各种原材料、在产品、半成品、产成品、商品、周转材料和委托加工物资等。

二、存货的确认、分类、计量

（一）确认条件

必须同时满足以下两个条件时，方可确认为存货。

（1）由企业拥有或控制，且与该存货有关的经济利益很可能流入企业。

（2）该存货的成本能够可靠的计量。

不能同时满足以上两个条件，即使存放于企业，也不应该确认为企业的存货。

企业存货的确认，一般是以企业是否拥有所有权为前提，凡是所有权归属企业，无论存放何处，均确认为企业的存货。

（二）存货的分类

针对存货的分类，不同企业由于性质、经营范围、经营模式以及存货的用途不同，对存货的划分标准也不同。

以工业企业为例，企业的存货按经济用途一般划分为原材料及主要材料、在产品、半成品、产成品、包装物、低值易耗品、商品、委托加工物资、委托代销商品等，但是受托加工物资不属于企业的存货。

（1）原材料，是指企业通过购买或其他方式取得的用于企业产品生产制造并构成产品主要实体的各种原料及主要材料，以及生产过程耗用但不构成产品主体的辅助材料、燃料、修理用备件等。

（2）在产品及自制半成品，是指正在制造尚未完工或某一生产步骤完工但就整个生产过程尚未全部完工的中间成品或正在加工的产品等。

（3）产成品，是指完成全部生产过程且验收入库，可以满足对外销售条件的产品。

（4）委托加工物资，是指企业委托外单位加工成新的材料或包装物、低值易耗品等物资。

（5）委托代销商品，是指企业委托其他营销机构代理销售的商品。

（三）存货的计量

1. 存货的初始计量

由于存货的取得方式很多，包括购进、自制、委托加工以及投资者投入或捐赠，取得方式不同决定着取得成本的不同。存货的基本计价方法是按照取得成本进行初始计量，存货的初始计量主要是确定取得存货的实际成本。

（1）外购存货，其实际成本包括买价、运杂费、运输途中的合理损耗、入库前的整理挑选费用、有关税金和其他费用。其中税金不包括增值税企业的进项税金。

（2）自制存货，其实际成本包括与存货直接相关的制造过程中的一切支出。

(3) 委托加工物资，其实际成本包括发出存货的成本、加工费和应负担的运杂费以及相关的税金等。

(4) 投资者投入的存货，按双方确认的价值或法定资产评估机构的评估价值确定。

(5) 接受捐赠的存货，捐赠方提供了有关凭据的，按凭据上标明的金额加上应支付的相关税费；捐赠方没有提供有关凭据的，若同类或类似存货存在活跃市场的，按市价加上相关税费；若同类或类似存货不存在活跃市场的，按预计未来现金流量现值作为其实际成本，也可以按法定评估机构评估价值经股东共同确认后的价值确定。

2. 存货的后续计量

存货的后续计量主要是确定发出存货的实际成本及期末存货的实际成本。由于企业每次购入存货的实际成本可能不等，因而对存货发出时必须按照一定的方法确定发出存货的实际成本，主要有以下3种方法。

(1) 先进先出法。

假定先购入的存货最先发出，在这种方法下，每次购入存货时，应按时间的先后顺序逐笔登记其数量、单价和金额，每次发出存货时，按照先购入存货的单价计算发出存货的实际成本。

【例2-2-1】系采用"先进先出法"核算存货的发出成本情况，如表2-2-1所示。

本期发出存货=4 500.00+1 600.00+1 600.00+1 700.00=9 400.00（元）

期末存货成本=3 400.00（元）

这种方法使期末存货成本比较接近市价，能及时准确地反映存货的资金占用情况，但当物价变动幅度大时，发出存货成本低、收入高，影响利润的准确性。

(2) 加权平均法。

这种方法是根据本期期初结存存货的数量和金额与本期收入存货的数量和金额，在期末一次计算本期存货的加权平均单价，从而确定本期发出存货的实际成本和期末结存存货成本。

加权平均单价

=（期初结存存货成本+本期收入存货成本）/（期初结存存货数量+本期收入存货数量）

本期发出存货的实际成本=本期发出存货数量×加权平均单价

期末结存存货成本=期末结存存货数量×加权平均单价

【例2-2-2】系采用"加权平均法"计算发出存货成本情况，如表2-2-2所示。

本月加权平均单价=（4 500.00+8 300.00）÷（300.00+200.00+300.00）=16.00（元）

本月发出存货的实际成本=600.00×16.00=9 600.00（元）

期末存货的实际成本=200.00×16.00=3 200.00（元）

或者=4 500.00+8 300.00-9 600.00=3 200.00（元）

这种方法核算工作量小，但发出存货成本只能在月末计算出来，平时只知道库存数量，无法随时了解存货资金的占用情况。

(3) 个别计价法。

这种方法是以每批存货的实际单位成本作为该批存货发出的单价来计算发出存货的成本。这种方法一般适用于能够明显区分的大件贵重商品，以及分批次计算发出存货成本的单位。

【例2-2-3】系采用"个别计价法"计算发出存货成本情况，如表2-2-3所示。

本月发出存货总成本=300.00×15.00+100.00×16.00+200.00×17.00=9 500.00（元）

本月结存存货总成本=100.00×16.00+100.00×17.00=3 300.00（元）

个别计价法的成本计算准确，但在存货收发频繁的情况下，其发出成本分辨的工作量大。在实际工作中，对实行信息化的企业可广泛采用。

三、存货按实际成本计价的核算

存货按实际成本计价是指确定取得存货成本、发出存货成本均按实际发生的金额核算成本。

（一）账户的设置

存货按实际成本计价情况下，应设置"原材料"及"在途物资"等科目进行核算，主要核算内容如下表所示。

原材料（资产类）	
入库材料的实际成本	发出材料的实际成本
企业库存材料的实际成本	

在途物资（资产类）	
购入在途物资的实际成本	验收入库的在途物资的实际成本
企业在途物资的实际采购成本	

表 2-2-1　12 月份存货收发统计表

编制单位：　　　　　　　　　　　　2015 年 12 月 31 日

2015 年		摘要	收入			发出			结存		
月	日		数量	单价	金额	数量	单价	金额	数量	单价	金额
12	1	期初结存							300	15	4 500
	5	购入	200	16	3 200				300 200	15 16	4 500 3 200
	10	发出				300 100	15 16	4 500 1 600	100	16	1 600
	15	购入	300	17	5 100				100 300	16 17	1 600 5 100
	25	发出				100 100	16 17	1 600 1 700	200	17	3 400
	31	期末结存	500		8 300	600		9 400	200	17	3 400

表 2-2-2　12 月份存货收发统计表

编制单位：　　　　　　　　　　　2015 年 12 月 31 日

2015 年		摘要	收入			发出			结存		
月	日		数量	单价	金额	数量	单价	金额	数量	单价	金额
12	1	期初结存							300	15	4 500
	5	购入	200	16	3 200				500		
	10	发出				400			100		
	15	购入	300	17	5 100				400		
	25	发出				200			200		
	31	期末结存	500		8 300	600	16	9 600	200	16	3 200

表 2-2-3　12 月份存货收发统计表

编制单位：　　　　　　　　　　　2015 年 12 月 31 日

2015 年		摘要	收入			发出			结存		
月	日		数量	单价	金额	数量	单价	金额	数量	单价	金额
12	1	期初结存							300	15	4 500
	5	购入	200	16	3 200				300 200	15 16	4 500 3 200
	10	发出				300 100	15 16	4 500 1 600	100	16	1 600
	15	购入	300	17	5 100				100 300	16 17	1 600 5 100
	25	发出				100 200	16 17	1 600 3 400	100 100	16 17	1 600 1 700
	31	期末结存	500		8 300	600		9 500	100 100	16 17	1 600 1 700

（二）外购原材料的核算

外购原材料业务，由于到货、付款、收票时间经常不一致，使得采购原材料的业务处理方式也不同，主要有以下几种情况。

1. 货款付清同时收料

企业应根据增值税专用发票账单和收料单等确定的材料实际成本，借记"原材料"账户，根据取得的增值税专用发票上注明的税额，借记"应交税费——应交增值税（进项税额）"账户，根据实际付款金额贷记"银行存款""其他货币资金"等账户，或根据已开出商业汇票的票面价值，贷记"应付票据"账户。

借：原材料
　　应交税费——应交增值税（进项税额）
　贷：银行存款（应付票据等）

2. 付款在前收料在后

发生时，企业应根据有关凭证中记载的已付款材料的价值借记"在途物资"账户，根据已付款材料的增值税专用发票所显示的增值税额借记"应交税费—应交增值税（进项税额）"账户，根据实际付款金额贷记"银行存款""其他货币资金"等账户。

发生时：

借：在途物资
　　应交税费——应交增值税（进项税额）
　贷：银行存款（其他货币资金等）

入库后：

借：原材料
　贷：在途物资

3. 收料在前付款在后

这类业务，具体应分为两种情况处理。

第一种情况，材料已验收入库，增值税专用发票账单也已到达，由于企业银行存款不足而暂未付款，企业应在收到材料和增值税专用发票账单时进行账务处理。

借：原材料
　　应交税费——应交增值税（进项税额）
　贷：应付账款

第二种情况，材料验收入库时，因为增值税专用发票账单未到，所以未付款。为了简化核算手续，在月份内发生的，可以暂不进行总分类核算，只将收到的材料登记明细账，待收到增值税专用发票账单时，再进行总分类核算。月末，对于那些结算凭证和增值税专用发票账单尚未到达入库的材料，可以按合同价暂估入账。

借：原材料
　贷：应付账款——暂估应付账款

下月初用红字冲销原金额，收到增值税专用发票账单后再按实际成本入账。

4. 短缺和毁损的处理

（1）在货款未付的情况下，短缺部分拒付，按实际支付的金额。

借：原材料
　　应交税费——应交增值税（进项税额）
　贷：银行存款

（2）在货款已付并已计入在途物资的情况下，应根据造成短缺和毁损的原因，分情况处理。

第一，途中合理损耗，计入材料采购成本。

第二，应由供应单位、运输单位、保险公司或其他过失人负责的赔偿，应向有关单位或责任人索赔，从"在途物资"账户转入"应付账款"或"其他应收款"账户，同时将已经计入"应交税费——应交增值税（进行税额）"部分的进项税额转出。

第三，属于自然灾害造成的损失，应按扣除残料价值和保险公司赔偿后的净损失，计入"营业外支出——非常损失"账户；属于无法收回的其他损失，报经批准后，计入"管理费用"账户。

※注：如果发现毁损或短缺当时并未查明原因，应该计入"待处理财产损溢"等待处理结果，有结果后冲减"待处理财产损溢"；如果发现损毁或短缺当时即查明原因，直接计入责任方，可不必通过"待处理财产损溢"。

实收数入库：
借：原材料
　　贷：在途物资

遭受意外灾害和尚待查明原因的途中损耗：
借：待处理财产损溢——待处理流动资产损溢
　　贷：在途物资
　　　　应交税费——增值税（进项税额转出）

查明原因后，区分不同情况：
借：其他应收款
　　营业外支出
　　管理费用
　　应付账款
　　贷：待处理财产损溢——待处理流动资产损溢

（三）自制材料入库的核算

企业生产车间自制材料完工验收入库时，应填制材料交库单，并按实际成本核算。
借：原材料
　　贷：生产成本

（四）发出材料的核算

发出材料应根据"出库单"或"领料单"，贷记"原材料"账户，针对不同用途借记有关账户。

（1）生产产品领用的材料应计入"生产成本——基本生产成本"账户；
（2）用于辅助生产的材料应计入"生产成本——辅助生产成本"账户；
（3）车间管理及一般消耗领用的材料应计入"制造费用"账户；
（4）厂部管理部门耗用的材料应计入"管理费用"账户；
（5）专设销售机构领用的材料应计入"销售费用"账户。

借：生产成本——基本生产成本
　　　　　　——辅助生产成本
　　制造费用
　　管理费用
　　销售费用
　　贷：原材料

※企业将购入的材料发出用于在建工程或生活福利的，属于购进材料改变用途，应将进项税额转出。
借：在建工程（或应付职工薪酬）
　　贷：原材料
　　　　应交税费——增值税（进项税额转出）

任务解答

根据我们已经掌握的知识，对设置的 4 个任务做分析处理。

【任务设置-1】 属于货款付清同时收料，应做如下处理（见记字第【1230】号凭证）。

借：原材料　　　　　　　　　　　　　　　　　　　　　　100 400.00
　　应交税费——增值税（进项税额）　　　　　　　　　　17 000.00
　　贷：银行存款　　　　　　　　　　　　　　　　　　　　117 400.00

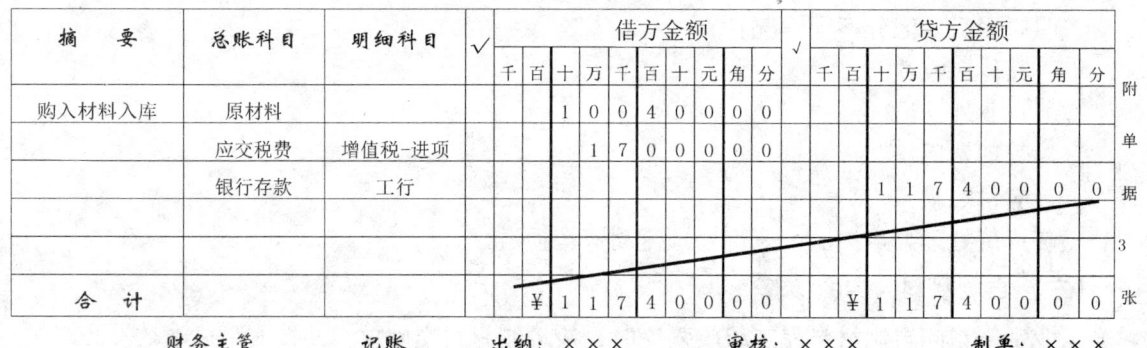

【任务设置-2】 属于付款在前，收料在后，应做如下处理（见记字第【1231】号凭证）。

借：在途物资　　　　　　　　　　　　　　　　　　　　　20 000.00
　　应交税费——增值税（进项税额）　　　　　　　　　　3 400.00
　　贷：银行存款　　　　　　　　　　　　　　　　　　　　23 400.00

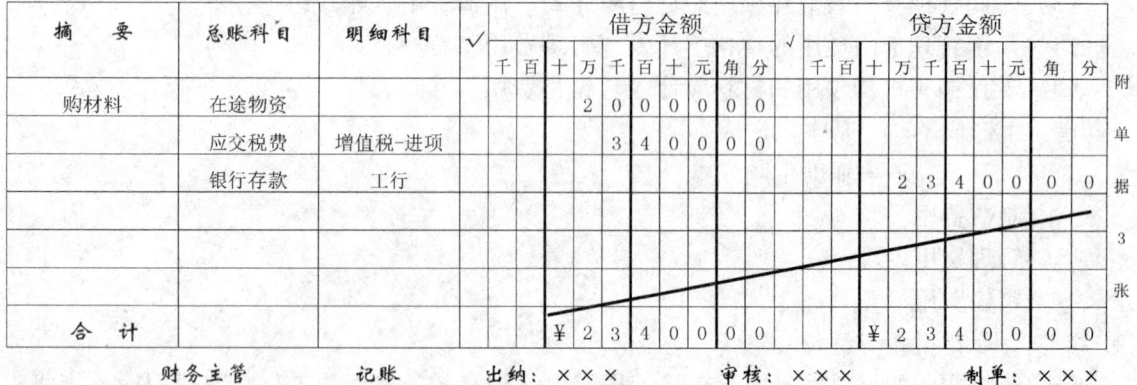

【任务设置-3】 属于收料在前，付款在后，应做如下处理（见记字第【1232】号凭证）。

借：原材料　　　　　　　　　　　　　　　　　　　　　　20 000.00
　　应交税费——增值税（进项税额）　　　　　　　　　　3 400.00

贷：应付账款——胜利公司　　　　　　　　　　　　　　　　　　23 400.00

记 账 凭 证

2015 年 12 月 27 日　　　　　　　（记）字第 1232 号

摘　要	总账科目	明细科目	√	借方金额 千百十万千百十元角分	√	贷方金额 千百十万千百十元角分	
购材料入库	原材料			2 0 0 0 0 0 0			附单据3张
	应交税费	增值税-进项		3 4 0 0 0 0			
	应付账款	胜利公司				2 3 4 0 0 0 0	
合　计				¥ 2 3 4 0 0 0 0		¥ 2 3 4 0 0 0 0	

财务主管　　　记账　　　出纳：×××　　　审核：×××　　　制单：×××

【任务设置-4】属于按实际成本计价短缺的处理，应做如下处理（见记字第【12033】【12038】号凭证）。

借：在途物资　　　　　　　　　　　　　　　　　　20 000.00
　　应交税费——增值税（进项税额）　　　　　　　3 400.00
　贷：银行存款　　　　　　　　　　　　　　　　　23 400.00

实收数入库：
借：原材料　　　　　　　　　　　　　　　　　　　19 800.00
　贷：在途物资　　　　　　　　　　　　　　　　　19 800.00

短缺部分：
借：其他应收款　　　　　　　　　　　　　　　　　234.00
　贷：在途物资　　　　　　　　　　　　　　　　　200.00
　　　应交税费——增值税（进项税额转出）　　　　34.00

记 账 凭 证

2015 年 12 月 26 日　　　　　　　（记）字第 12033 号

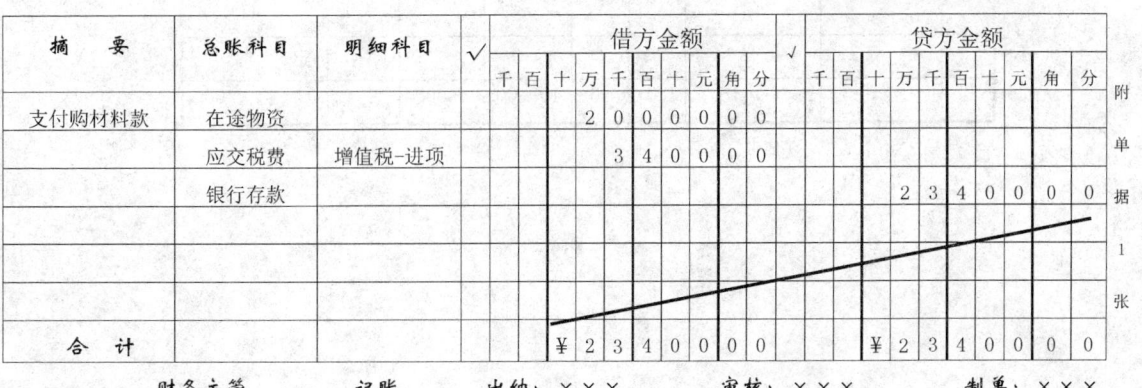

摘　要	总账科目	明细科目	√	借方金额 千百十万千百十元角分	√	贷方金额 千百十万千百十元角分	
支付购材料款	在途物资			2 0 0 0 0 0 0			附单据1张
	应交税费	增值税-进项		3 4 0 0 0 0			
	银行存款					2 3 4 0 0 0 0	
合　计				¥ 2 3 4 0 0 0 0		¥ 2 3 4 0 0 0 0	

财务主管　　　记账　　　出纳：×××　　　审核：×××　　　制单：×××

记 账 凭 证

2015 年 12 月 29 日　　　　　　　　（记）字第 12038 号

摘　要	总账科目	明细科目	√	借方金额	√	贷方金额
				千百十万千百十元角分		千百十万千百十元角分
购材料入库	原材料			1 9 8 0 0 0 0		
	在途物资					1 9 8 0 0 0 0
短缺处理	其他应收款	运输公司		2 3 4 0 0		
	在途物资					2 0 0 0 0
	应交税费	增值税-转出				3 4 0 0
合　计				￥2 0 0 3 4 0 0		￥2 0 0 3 4 0 0

附单据 2 张

财务主管　　记账　　出纳：×××　　审核：×××　　制单：×××

技能训练

【技能训练-1】 根据下列业务的原始凭证编制记账凭证。

供应单位：省包装材料厂　　**原材料入库单**　　编　号：151216

增值税专用发票号码：　　2015 年 12 月 16 日　　材料类别：辅助材料

材料编号	名　称	规格	计量单位	数量		实际成本				
				应收	实收	买价		运杂费	其他	合计
						单价	金额			
01	包装材料	L3.0	件	20	20	100.00	2 000			2 000
02	包装材料	L3.1	件	20	20	100.00	2 000			2 000
	合计		件	40	40	100.00	4 000			4 000

第二联 记账

收料人：×××　　供应部门负责人：×××　　保管：×××　　经手人：×××

吉林省增值税专用发票

开票日期：2015 年 12 月 16 日

	名　　称：吉林中天纺织厂						密码区	4 7 <+6+14//295/81-283/ *<81*+0736788/>06059> 807<813266*44<6+61-> + 3<1>*-<9+5/6>1 3/>>29
购货单位	纳税人识别号：220104641245610							
	地址、电话：建设街290号							
	开户行及账号：工行建设支行 6222024561-01							
货物或应税劳务名称	规格型号	单位	数量	单价	金额	税率	税额
包装材料		件	40	100.00	4 000.00	17%	680.00
合计					￥4 000.00		￥680.00
价税合计（大写）	肆仟陆佰捌拾元整				（小写）￥4 680.00		
	名　　称：吉林省包装材料厂					备注	
销货单位	纳税人识别号：22011023158710						
	地址、电话：净月大街399号						
	开户行及账号：工行净月支行 6222011023-55						

收款人：×××　　复核：×××　　开票人：×××　　销货单位：(章)

中国工商银行 转账支票 IV10200125

中国工商银行 转账支票存根 IV10200125	出票日期（大写）贰零壹伍年壹拾贰月壹拾陆日　付款行名称：工行建设支行
附加信息	收款人：吉林省包装材料厂　　出票人账号：6222024561-01
出票日期 2015 年 12 月 16 日	人民币（大写）肆仟陆佰捌拾元整　￥4 680.00
收款人：吉林省包装材料厂	用途 购料
金　额：4 680.00	上列款项请从我账户支付
用　途：购料	出票人签章　　　　　复核　　　　记账
单位主管　　会计	本支票付款期限十天

吉林省增值税专用发票

开票日期：2015年12月16日

第三联：增值税专用发票联　购货方记账凭证

购货单位	名　　称：吉林中天纺织厂
	纳税人识别号：220104641245610
	地址、电　话：建设街290号
	开户行及账号：工行建设支行 6222024561-01

密码区：
4 7<+6+14//295/81-283/
<81+0736788/>06059>
807<813266*44<6+61->+
3<1>*-<9+5/6>1 3/>>29

货物或应税劳务名称	规格型号	单位	数量	单价	金额	税率	税额
包装材料		件	40	100.00	4 000.00	17%	680.00
合计					￥4 000.00		￥680.00

价税合计（大写）：肆仟陆佰捌拾元整　　（小写）￥4 680.00

销货单位	名　　称：吉林省包装材料厂
	纳税人识别号：22011023158710
	地址、电　话：净月大街399号
	开户行及账号：工行净月支行 6222011023-55

备注：（吉林省包装材料厂 发票专用章 22011023158710）

收款人：××× 复核：××× 开票人：××× 销货单位：（章）

【技能训练-2】根据下列业务的原始凭证编制记账凭证

辽宁省增值税专用发票

开票日期：2015年12月23日

抵扣联

第二联：抵扣联　购货方扣税凭证

购货单位	名　　称：吉林中天纺织厂
	纳税人识别号：220104641245610
	地址、电　话：建设街290号
	开户行及账号：工行建设支行 6222024561-01

密码区：
40<+6+14//295/81-283/
<81+0736025/>06059>
907<813266*26<6+61-> +
3<1>*-<9+5/6>1 3/>>29

加密版本：01
4100054170

货物或应税劳务名称	规格型号	单位	数量	单价	金额	税率	税额
涤棉纱		吨	50	2 950	147 500	17%	25 075
合计					147 500		25 075

价税合计（大写）：壹拾柒万贰仟伍佰柒拾伍元整　　（小写）￥172 575.00

销货单位	名　　称：辽宁鞍山棉纺织厂
	纳税人识别号：32107896541
	地址、电　话：鞍山市上海路
	开户行及账号：工行朝阳支行 6632107896541

备注：小写

收款人：××× 复核：××× 开票人：××× 销货单位：（章）

辽宁省增值税专用发票

发票联

开票日期：2015 年 12 月 23 日

名 称	吉林中天纺织厂			密码区	40<+6+14//295/81-283/ *<81*+0736025/>06059> 907<813266*26<6+61->+ 3<1>*-<9+5/6>1>3/>>29	加密版本：01 4100054170 00792147	
纳税人识别号	220104641245610						
地址、电话	建设街 290 号						
开户行及账号	工行建设支行 6222024561-01						

货物或应税劳务名称	规格型号	单位	数量	单价	金额	税率	税额
涤棉纱		吨	50	2 950	147 500	17%	25 075
合计					147 500		25 075

价税合计（大写）	壹拾柒万贰仟伍佰柒拾伍元整	（小写）¥172 575.00

销货单位	名 称：辽宁鞍山棉纺织厂	备注	（发票专用章）
	纳税人识别号：32107896541		
	地址、电话：鞍山市上海路		
	开户行及账号：工行朝阳支行 6632107896541		

收款人：××× 　　复核：××× 　　开票人：××× 　　销货单位：（章）

公路、内河货物运输业统一增值税专用发票

发 票 联

开票日期：2015 年 12 月 23 日　　增值税专用发票号码 10024561

机打代码	023706875337	税控区	20-183/76<1-84153>20/463+/92/// *481-8390+9636-6+81-565>310+/-28>63 56496928/-11469/78/6>>06/23-3 <84483>20/463<88443>20/4639/79/5
机打号码	09970578		
机器编号	210168836100		

收货人及纳税人识别号	吉林中天纺织厂 220104641245610	承运人及纳税人识别号	辽宁省远洋运输公司 32106541233
发货人及纳税人识别号	辽宁鞍山棉纺织厂 32107896541	主管税务机关 代码	鞍山市地方税务局朝阳分局 2012012

运输项目及金额	货物名称	数量	运价	里程	金额	税率及税额	税率	税额	备注
	涤棉纱	50 吨			8 000.00		11%	880.00	起运地：鞍山 到达地：长春 运输类型：汽运

运费小计	¥8 000.00	税额	¥880.00
合计（大写）	捌仟捌佰捌拾元整	（小写）	¥8 880.00

承运人盖章　　　　　　　　　　　　　　　　开票人：×××

公路、内河货物运输业统一增值税专用发票

抵　扣　联

开票日期：2015 年 12 月 23 日　　增值税专用发票号码 10024561

机打代码	023706875337	税控区	20-163->6<21<94153>20/463+/92///
机打号码	09970578		*481-8390+9636-6+81-565>310+/-28>63
机器编号	210168836100		56496928/-11469/78/6>>06/23-3
			<84483>20/463<88443>20/4639/79/5
收货人及	吉林中天纺织厂	承运人及	辽宁省远洋运输公司
纳税人识别号	220104641245610	纳税人识别号	32106541233
发货人及	辽宁鞍山棉纺织厂	主管税务机关	鞍山市地方税务局朝阳分局
纳税人识别号	32107896541		2012012

运输项目及金额	货物名称	数量	运价	里程	金额	项目	税率	税额	备注
	涤棉纱	50吨			8 000	税额	11%	880.00	起运地：鞍山 到达地：长春 运输类型：汽运
运费小计	￥8 000.00					税额		￥880.00	
合计（大写）	捌仟捌佰捌拾元整							（小写）￥8 880.00	

承运人盖章　　　　　　　　　　　　　　　　开票人：×××

第二联：抵扣联　付款方抵扣凭证（手写无效）

【技能训练-3】根据下列业务的原始凭证编制记账凭证。

交料部门：辅助生产车间　　　　**材料入库单（记账联）**　　　编号：ZT00123

交料原因：自制完成　　　2015 年 12 月 25 日　　　收料仓库：3 号库

材料编号	材料名称及规格	计量单位	数量		单位成本	金额	备注
			交库	实收			
001	染料（红色）	kg	2 500	2 500	25.00	62 500.00	自制材料
002	染料（绿色）	kg	2 000	2 000	20.00	40 000.00	自制材料
003	染料（蓝色）	kg	3 000	3 000	22.00	66 000.00	自制材料
	合　计	kg	7 500	7 500		168 500.00	

记账：×××　　交料人：×××　　收料：×××　　制单：×××

【技能训练-4】根据下列业务的原始凭证编制记账凭证。

领 料 单 （记账联）

领料部门：生产车间—咔叽布　　　2015 年 12 月 26 日　　　编号：No.001226

材料名称及规格	单位	数量	单价	金额	备注
细绒棉	kg	6 500	10.00	65 000.00	
涤棉纱	kg	7 000	2.95	20 650.00	
合计	kg			85 650.00	

记账：×××　　　交料人：×××　　　收料：×××　　　制单：×××

领 料 单 （记账联）

领料部门：生产车间—休闲布　　　2015 年 12 月 26 日　　　编号：No.001227

材料名称及规格	单位	数量	单价	金额	备注
再生棉纱	kg	5 000	4.50	22 500.00	
涤棉纱	kg	6 000	2.95	17 700.00	
合计	kg			40 200.00	

记账：×××　　　交料人：×××　　　收料：×××　　　制单：×××

【技能训练-5】中天公司于 2015 年 12 月 24 日向长江公司购入 A 材料 900 千克，每千克 20 元，货款已经通过银行支付，材料尚未到达。12 月 28 日材料入库时发现短缺 100 千克，经查系运输不当，应向运输单位——长江物流公司索赔。请根据所发生的业务，做出相应的账务处理。

任务 2-3　计划成本计价的材料核算

目标定位

（1）熟悉计划成本法核算材料所设置的账户。
（2）理解材料成本差异、材料成本差异率的概念，掌握材料成本差异率的计算。
（3）掌握材料按计划成本计价的核算。

任务设置

【任务设置-1】 中天公司12月25日从外地购入一批材料,价款100 000元,增值税17 000元,运杂费400元(不考虑运费的增值税),全部款项用银行存款支付,增值税专用发票已到,材料入库,该批材料的计划成本101 000元,根据以上业务资料编制相应的记账凭证。

【任务设置-2】 中天公司12月26日从胜利公司购入材料一批价款20 000元,增值税3 400元,全部款项用银行存款支付,材料尚未到达。3天后,该批材料到达验收入库,增值税专用发票随材料一同到达,计划成本19 800元,根据以上业务资料编制相应的记账凭证。

【任务设置-3】 中天公司12月30日从宏远公司购入材料一批价款20 000元,增值税3 400元,材料验收入库,由于企业银行存款不足货款暂未支付,该批材料计划成本20 500元,根据以上业务资料编制相应的记账凭证。

【任务设置-4】 中天公司12月27日从志鸿公司购入10 000千克材料,每千克2元,货款通过银行支付,材料尚未到达。12月31日材料到达办理入库时发现短缺100千克,属于运输单位联合物流公司运输途中丢失,该批材料计划单价每千克2.1元,根据以上业务资料编制相应的记账凭证。

【任务设置-5】 中天公司根据12月发料凭证汇总表,发出材料的计划成本50 000元,其中用于甲产品生产44 000元,车间零星消耗5 000元,管理部门耗用1 000元,本月材料成本差异率3%,做发出材料的处理,同时结转发出材料应负担的成本差异。

【任务设置-6】 中天公司12月初结存材料的计划成本25 000元,本月收入材料的计划成本75 000元,月初结存材料的成本差异为超支差异500元,本月收入材料的成本差异为节约差异2 500元,计算本月材料成本差异率。

基本技能

要正确处理上述任务,必须掌握材料成本差异和材料成本差异率的概念,掌握材料按计划成本计价的核算方法等基本技能。

材料按计划成本核算的特点是所有材料收发凭证按预先确定计划成本计价,总账及明细分类账按计划成本登记;材料的实际成本与计划成本的差额,即为"差异",通过"材料成本差异"账户核算;月份终了,通过分配材料成本差异,将发出材料的计划成本调整为实际成本。

一、计划成本计价核算材料所设置的账户

按计划成本进行材料的核算,需要设置"原材料""材料采购"等账户进行核算,同时需要设置"材料成本差异"账户对实际成本与计划成本的差异进行核算。

"原材料"账户核算企业采用计划成本核算时企业库存材料的计划成本。

原材料(资产类)

入库材料的计划成本	发出材料的计划成本
企业库存材料的计划成本	

"材料采购"账户核算企业计划成本法进行材料日常核算而购入材料的实际采购成本。

材料采购（资产类）	
采购材料的实际成本 结转购入材料的节约差异	采购材料的计划成本 结转购入材料的超支差异
企业在途材料的采购成本	

"材料成本差异"账户，是原材料账户的调整账户，核算企业采用计划成本进行日常核算时实际成本与材料计划成本的差额，按材料或商品的类别或品种设置明细账进行明细核算。

材料成本差异（资产类）	
入库材料超支差异 发出材料应负担的节约差异	入库材料节约差异 发出材料应负担的超支差异
库存材料的超支差异	库存材料的节约差异

二、原材料按计划成本计价的核算

（一）外购材料的核算

原材料按计划成本计价核算时，也应对采购过程中出现的情况进行不同的处理。

1. 货款付清，同时收料

企业购入材料支付价、税款时，先借记"材料采购""应交税费——应交增值税（进项税额）"账户，贷记"银行存款"等账户，然后根据验收入库材料的计划成本，借记"原材料"账户，贷记"材料采购"账户，同时结转入库材料实际成本与计划成本的差异。

若为实际成本大于计划成本的超支差异，则借记"材料成本差异"账户，贷记"材料采购"账户；若实际成本小于计划成本的节约差异，则借记"材料采购"账户，贷记"材料成本差异"账户。

（1）按实际成本反映价款。

借：材料采购
　　应交税费——应交增值税（进项税额）
　贷：银行存款

（2）按计划成本入库。

借：原材料
　贷：材料采购

（3）结转差异。

若超支：

借：材料成本差异
　贷：材料采购

若节约：
借：材料采购
　　贷：材料成本差异

2. 付款在前，收料在后

在这种情况下，企业购入材料支付价、税款时，应借记"材料采购""应交税费——增值税（进项税额）"，贷记"银行存款"等账户。待以后材料验收入库时，再做按计划成本验收入库及结转材料成本差异的账务处理，若到月末材料仍未验收入库，表现为在途材料的实际成本。

（1）按实际成本反映价款。
借：材料采购
　　　应交税费——应交增值税（进项税额）
　　贷：银行存款

（2）收料后，再按计划成本入库。
借：原材料
　　贷：材料采购

（3）入库时，结转差异。
若超支：
借：材料成本差异
　　贷：材料采购

若节约：
借：材料采购
　　贷：材料成本差异

3. 收料在前，付款在后

这类业务包括两种情况。

第一种情况，增值税专用发票账单已到，材料验收入库，由于企业银行存款不足，尚未支付价款而形成企业的负债。

（1）按实际成本反映价款。
借：材料采购
　　　应交税费——应交增值税（进项税额）
　　贷：应付账款

（2）计划成本入库。
借：原材料
　　贷：材料采购

（3）结转差异。
若超支：
借：材料成本差异
　　贷：材料采购

若节约：
借：材料采购

贷：材料成本差异

　　第二种情况，购入材料验收入库，由于增值税专用发票账单未到，因而尚未支付价款。对于增值税专用发票账单尚未收到，月份内暂不进行总分类核算，待收到增值税专用发票账单时，再根据情况进行账务处理。至月末仍未收到增值税专用发票账单，月末按计划成本估价入账。

（1）按计划成本暂估入账。
借：原材料
　　贷：应付账款——暂估应付账款
（2）下月初，用红字冲销原金额，待收到增值税专用发票账单后，再按正常程序处理。

4. 短缺和毁损的处理
（1）货款未付的情况下，按实收数支付价款、计划成本入库同时结转差异；
（2）在货款已付的情况下，入库后发现的短缺和毁损，其账务处理与实际成本基本相同。

　　对于运输途中的合理损耗，应计入材料的实际采购成本；对于应由外部运输机构、供应单位或有关责任人负责赔偿的短缺和毁损，应按照材料的实际成本及负担的增值税，借记"应付账款""其他应收款"等账户，贷记"材料采购""应交税费——增值税（进项税额转出）"等账户；尚待查明原因的短缺和毁损，先计入"待处理财产损溢"，查明原因后再做处理。具体处理方法如下。

实收数按计划成本入库：
借：原材料
　　贷：材料采购
同时结转差异，"超支差异记借方，节约差异记贷方"。
①如果短缺属于供货单位少发或铁路运输部门造成。
借：其他应收款/应付账款
　　贷：材料采购
　　　　应交税费——应交增值税（进项税额转出）
②如果短缺属于遭受意外灾害的损失和尚待查明原因的途中损耗。
借：待处理财产损溢——待处理流动资产损溢
　　贷：材料采购
　　　　应交税费——应交增值税（进项税额转出）
查明原因后：
借：其他应收款（应付账款、管理费用、营业外支出）
　　贷：待处理财产损溢——待处理流动资产损溢

（二）自制材料和废料入库的核算

　　企业收到自制材料和废料，应按计划成本借记"原材料"账户，按其实际成本贷记"生产成本"账户，同时结转材料成本差异，借记或贷记"材料成本差异"账户。

借：原材料
　　贷：生产成本
同时结转差异：

若超支：
借：材料成本差异
　　贷：生产成本
若节约：
借：生产成本
　　贷：材料成本差异

（三）材料发出的核算

按计划成本核算发出材料，应于月末编制发料凭证汇总表结转发出材料的计划成本，同时结转差异。

发出材料的成本差异，是根据发出材料的计划成本和材料成本差异率计算确定的，分配的去向与材料计划成本的去向一致，如为节约差异，应借记"材料成本差异"账户，如为超支差异，应贷记"材料成本差异"账户。

$$材料成本差异率 = \frac{月初结存材料的成本差异 + 本月收入材料的成本差异}{月初结存材料的计划成本 + 本月收入材料的计划成本} \times 100\%$$

发出材料应负担的成本差异＝发出材料的计划成本×材料成本差异率

发出材料的实际成本＝发出材料的计划成本±材料成本差异

发出材料时：
借：生产成本
　　制造费用
　　管理费用
　　销售费用
　　贷：原材料

同时结转成本差异：

若超支：
借：生产成本
　　制造费用
　　管理费用
　　销售费用
　　贷：材料成本差异

若节约：
借：材料成本差异
　　贷：生产成本
　　　　制造费用
　　　　管理费用
　　　　销售费用

还有一种做法，结转发出材料的成本差异，一般都计入"材料成本差异"账户的贷方，节约差异金额用红字登记，超支用蓝字登记。

任务解答

通过上述有关知识的学习，针对任务设置的4个任务做分析处理。

【任务设置-1】属于货款付清同时收料类型业务,应做如下处理。
按实际成本反映价款:
借:材料采购   100 400.00
    应交税费——应交增值税(进项税额)   17 000.00
  贷:银行存款   117 400.00
计划成本入库:
借:原材料   101 000.00
  贷:材料采购   101 000.00
结转差异:
借:材料采购   600.00
  贷:材料成本差异   600.00

【任务设置-2】属于付款在前,收料在后类型业务,应做如下处理。
借:材料采购   20 000.00
    应交税费——应交增值税(进项税额)   3 400.00
  贷:银行存款   23 400.00
收料后,再按计划成本入库:
借:原材料   19 800.00
  贷:材料采购   19 800.00
同时结转差异:
借:材料成本差异   200.00
  贷:材料采购   200.00

【任务设置-3】属于收料在前,付款在后类型业务,应做如下处理。
借:材料采购   20 000.00
    应交税费——应交增值税(进项税额)   3 400.00
  贷:应付账款   23 400.00
借:原材料   20 500.00
  贷:材料采购   20 500.00
借:材料采购   500.00
  贷:材料成本差异   500.00

【任务设置-4】属于计划成本下发生短缺和毁损业务,应做如下处理。
实收数按计划成本入库:
借:原材料   20 790.00
  贷:材料采购   20 790.00
同时结转差异:
借:材料采购   990.00
  贷:材料成本差异   990.00
短缺属于运输单位丢失:
借:其他应收款/应付账款   234.00
  贷:材料采购   200.00

应交税费——应交增值税（进项税额转出）　　　　　　　　　　　　　　34.00

【任务设置-5】属于计划成本法下材料的发出类型业务，应做如下处理。

借：生产成本　　　　　　　　　　　　　　　　　　　　　　　44 000.00
　　制造费用　　　　　　　　　　　　　　　　　　　　　　　 5 000.00
　　管理费用　　　　　　　　　　　　　　　　　　　　　　　 1 000.00
　贷：原材料　　　　　　　　　　　　　　　　　　　　　　　50 000.00

同时结转材料成本差异：

借：生产成本　　　　　　　　　　　　　　　　　　　　　　　 1 320.00
　　制造费用　　　　　　　　　　　　　　　　　　　　　　　　 150.00
　　管理费用　　　　　　　　　　　　　　　　　　　　　　　　　30.00
　贷：材料成本差异　　　　　　　　　　　　　　　　　　　　 1 500.00

【任务设置-6】主要练习材料成本差异率的计算，应做如下运算。

材料成本差异率=（500.00-2 500.00）/（25 000.00+75 000.00）×100%=-2%

发出材料应负担的成本差异=50 000.00×(-2%)=-1 000.00（元）

发出材料的实际成本=50 000.00-1 000.00=49 000.00（元）

技能训练

【技能训练-1】根据下列业务的原始凭证编制记账凭证。

天津增值税专用发票

开票日期：2015年12月26日

购货单位	名　　称：吉林中天纺织厂	密码区	40<+6+14//295/81-283/ *<81*+0736025/>06059> 907<813266*26<6+61->+ 3<1>*-<9+5/6>1>3/>>29	加密版本：01 4100054170 00792147
	纳税人识别号：220104641245610			
	地址、电话：建设街290号			
	开户行及账号：工行建设支行 6222024561-01			

货物或应税劳务名称	规格型号	单位	数量	单价	金额	税率	税额
纯棉纱		千克	500	60.00	30 000	17%	5 100
合计					30 000		5 100

价税合计（大写）	叁万伍仟壹佰元整		（小写）¥35 100.00

销货单位	名　　称：天津市棉纺织股份有限公司	备注	
	纳税人识别号：10114587932011		
	地址、电话：天津市沿河大街109号		
	开户行及账号：工行朝阳支行 6101145879-32		

收款人：×××　　复核：×××　　开票人：×××　　销货单位：（章）

天津增值税专用发票

抵扣联

开票日期：2015年12月26日

购货单位	名称	吉林中天纺织厂	密码区	40<+6+14//295/81-283/ *<81*+0736025/>06059> 907<813266*26<6+61- 3<1>*-<9+5/6>1>3/>>29	加密版本：01 4100054170 00792147	购货方扣税凭证
	纳税人识别号	220104641245610				
	地址、电话	建设街290号				
	开户行及账号	工行建设支行 6222024561-01				

货物或应税劳务名称	规格型号	单位	数量	单价	金额	税率	税额
纯棉纱		千克	500	60.00	30 000	17%	5 100
合计					30 000		5 100

价税合计（大写）	叁万伍仟壹佰元整	（小写）￥35 100.00

销货单位	名称	天津市棉纺织股份有限公司	备注	天津市棉纺织股份有限公司 发票专用章 税号：10114587932011
	纳税人识别号	10114587932011		
	地址、电话	天津市沿河大街109号		
	开户行及账号	工行朝阳支行 6101145879-32		

收款人：××× 　　复核：××× 　　开票人：××× 　　销货单位：(章)

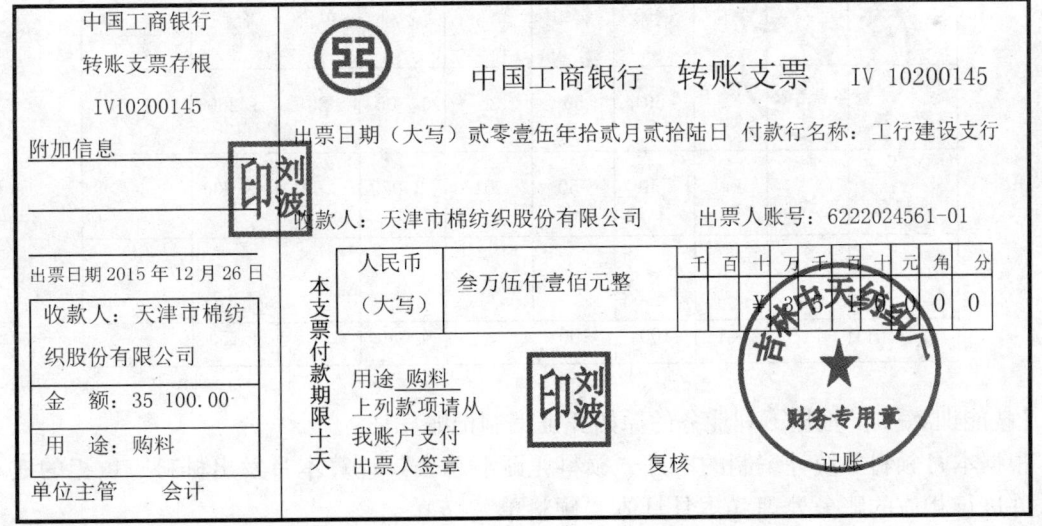

收 料 单

供应单位：天津市棉纺织股份有限公司　　2015 年 12 月 28 日　　编号：ZT1004568

增值税专用发票号码：　　　　　　　　　　　　　　　　仓库：

材料编号	名称	规格	计量单位	数量		实际成本					计划成本		差异
				应收	实收	买价		运杂费	其他	合计	单位成本	金额	
						单价	金额						
	纯棉纱		kg	500	500	60	30 000			30 000	61	30 060	-60

备注：

记账：×××　　采购员：×××　　收料：×××　　制单：×××

【技能训练-2】根据下列业务的原始凭证编制记账凭证。

领 料 单

领料部门：一车间 A 产品　　2015 年 12 月 25 日　　第 1512025 号

材料类别	名称	规格	计量单位	数量		计划成本		实际成本		用途
				请领	实领	单价	金额	单价	金额	
原料及主要材料	合股纱		kg	50	50	26	1 300	25	1 250	生产
原料及主要材料	纯棉纱		kg	50	50	61	3 050	60	3 000	生产
合计			kg	100	100		4 350		4 250	

【技能训练-3】根据下列业务的原始凭证编制记账凭证。

根据本月领料单统计编制的本月"领料凭证汇总表"计算本月发出材料应负担的成本差异，并进行相应的账务处理（本月具体"领料单"略）。

领料凭证汇总表

编制部门：财务部　　　　　　　　2015 年 12 月 31 日

材料种类	领料部门及用途				合计
	A产品	B产品	车间耗用	管理部门	
涤棉纱	30 000	25 000			55 000
合股纱		12 000			12 000
纯棉纱	15 000	23 000	8 000	6 000	52 000
计划成本合计	45 000	60 000	8 000	6 000	119 000
材料成本差异（差异率3%）					

【技能训练-4】中天公司从外地购入 20 000 千克材料，每千克 2 元，货款通过银行支付，材料尚未到达。入库时发现短缺 200 千克，短缺原因未明，该批材料计划单价每千克 2.2 元。以后查明原因，上项短缺属于铁路运输部门造成，应由其赔偿。

任务 2-4　库存商品的核算

▶ 目标定位

（1）理解库存商品的概念，掌握库存商品的范围。
（2）熟悉库存商品的核算及业务处理。

▶ 任务设置

【任务设置-1】中天公司 12 月生产完工甲产品 10 件，实际单位成本 500.00 元，根据以上业务资料编制相应的记账凭证。

【任务设置-2】中天公司 12 月销售甲产品一批，价款 10 000.00 元，增值税 1 700.00 元，款项已存入银行，该批商品的实际成本 8 000.00 元，根据以上业务资料编制相应的记账凭证。

▶ 基本技能

为完成上述任务设置，需要掌握库存商品的概念、范围，熟悉库存商品的核算及处理过程。

一、库存商品的概念、内容

库存商品是指企业已完成全部生产过程并已验收入库，符合标准规格和技术条件，能够按照合同规定的条件送交订货单位，或可以作为商品对外销售的产成品，也包括外购的用于销售的各种商品。

库存商品包括库存产成品，外购商品，存放在门市部、销售点准备出售的商品，发出展览的商品，寄存在外的商品，接受来料加工制造的代制品和为外单位加工修理的代修品等。

二、库存商品的核算

库存商品业务的核算，需通过设置"库存商品"账户来进行，"库存商品"账户属于资产类账户。

库存商品（资产类）	
验收入库的库存商品的成本	发出库存商品的成本
结存库存商品的成本	

企业库存商品的核算也存在入库和发出的核算。

（1）已完工验收入库的产成品，应根据产成品入库单和成本计算资料。

借：库存商品
　　贷：生产成本

（2）对外销售产成品，应根据产成品出库单所列示的出库数量和实际单位成本，计算发出产成品的实际成本。月末，结转发出和销售产成品的成本，对已经实现销售的产成品成本，应结转记入"主营业务成本"账户。

①取得收入：

借：银行存款
　　贷：主营业务收入
　　　　应交税费——应交增值税（销项税额）

②月末结转已售产品成本：

借：主营业务成本
　　贷：库存商品

▶ 任务解答

根据上述已经掌握的库存商品核算知识，对任务设置进行业务处理。

【任务设置-1】属于产品生产完工验收入库业务的核算，应做如下处理（见记字第【12001】号凭证）。

借：库存商品——甲产品　　　　　　　　　　　　　　5 000.00
　　贷：生产成本——甲产品　　　　　　　　　　　　　　　　　　5 000.00

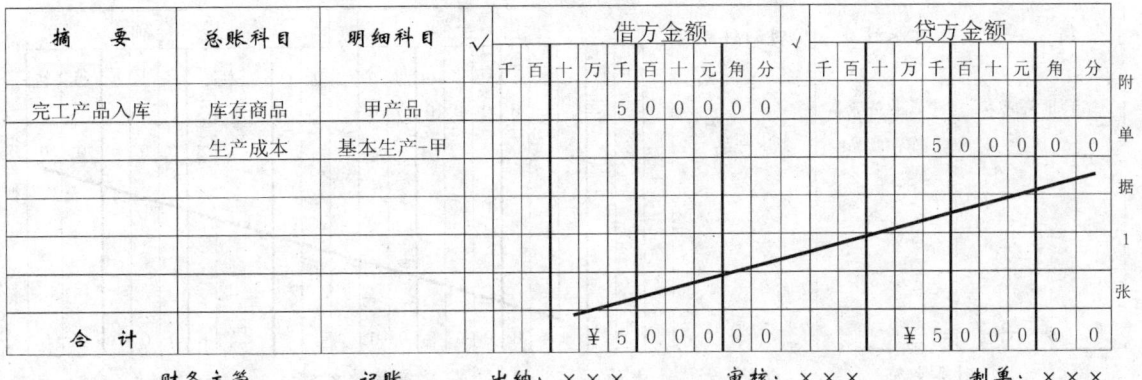

【任务设置-2】属于商品销售业务的核算，应做如下处理（见记字第【12002】【12003】号凭证）。

借：银行存款　　　　　　　　　　　　　　　　　　　　11 700.00
　　贷：主营业务收入　　　　　　　　　　　　　　　　　10 000.00
　　　　应交税费——应交增值税（销项税额）　　　　　　1 700.00

同时，月末结转已销甲产品成本：

借：主营业务成本　　　　　　　　　　　　　　　　　　8 000.00
　　贷：库存商品——甲产品　　　　　　　　　　　　　　8 000.00

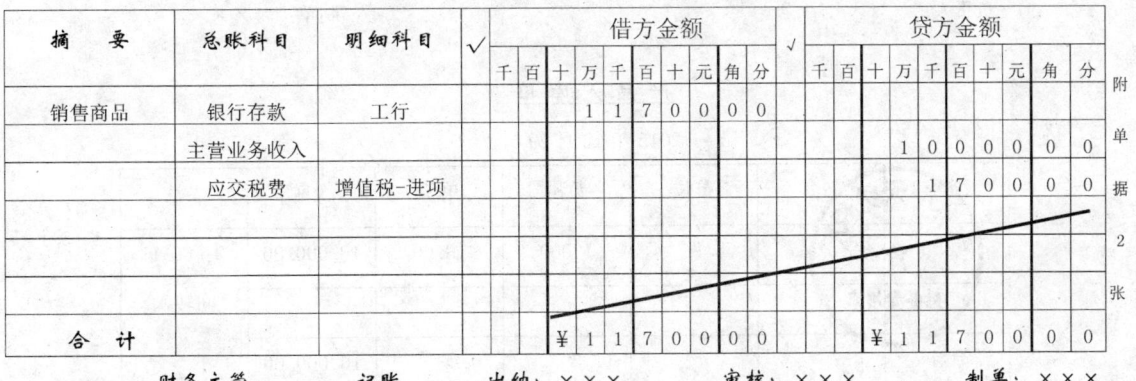

记 账 凭 证

2015 年 12 月 31 日　　　　　　　　　（记）字第 12003 号

摘要	总账科目	明细科目	√	借方金额 千百十万千百十元角分	√	贷方金额 千百十万千百十元角分
结转销售成本	主营业务成本			8 0 0 0 0 0		
	库存商品	甲产品				8 0 0 0 0 0
合　计				¥ 8 0 0 0 0 0		¥ 8 0 0 0 0 0

附单据 1 张

财务主管　　　记账　　　出纳：×××　　　审核：×××　　　制单：×××

技能训练

【技能训练-1】根据原始凭证编制记账凭证。

产　品　入　库　单

2015 年 12 月 28 日　　　　　　　　　第 12028 号

品名	单位	数量	单价	金额	备注
甲产品	件	2 500	25.00	62 500.00	生产一车间转入
合计				62 500.00	

负责人：×××　　　　　　　　　　　　　　制单：×××

产　品　入　库　单

2015 年 12 月 29 日　　　　　　　　　第 12029 号

品名	单位	数量	单价	金额	备注
乙产品	件	1 000	18.00	18 000.00	生产二车间转入
合计				18 000.00	

负责人：×××　　　　　　　　　　　　　　制单：×××

完工产品成本汇总表

2015 年 12 月 30 日　　　　　　　　　　　　　　第 12030 号

产品名称	计量单位	产量	直接材料	直接人工	制造费用	总成本	单位成本
甲产品	件	2 500	32 500.00	20 000.00	10 000.00	62 500.00	25.00
乙产品	件	1 000	10 000.00	5 000.00	3 000.00	18 000.00	18.00
合计			42 500.00	25 000.00	13 000.00	80 500.00	

财务主管：×××　　　　　　　　　　　　　　　　制单：××

【技能训练-2】根据原始凭证编制记账凭证。

产 品 出 库 单

2015 年 12 月 23 日　　　　　　　　　　　　　　第 1223 号

编号	成品名称	规格	单位	数量	单价	金额	备注
	丙产品	一等品	件	100	600.00	60 000.00	销售
合计				100	600.00	60 000.00	

记账：×××　　　　保管：×××　　　　　　制票：×××

产 品 出 库 单

2015 年 12 月 26 日　　　　　　　　　　　　　　第 1226 号

编号	成品名称	规格	单位	数量	单价	金额	备注
	丁产品	一等品	件	500	200.00	100 000.00	销售
合计				500	200.00	100 000.00	

记账：×××　　　　保管：×××　　　　　　制票：×××

产 品 销 售 成 本 计 算 表

编制部门：财务部　　　2015 年 12 月 31 日　　　第 12031 号

品名	计量单位	销售数量	单位生产成本	销售成本总额
丙产品	件	100	600.00	60 000.00
丁产品	件	500	200.00	100 000.00
合计				160 000.00

财务主管：×××　　　　　　　　　　　　　　　　制单：×××

任务 2-5 周转材料的核算

目标定位

（1）理解周转材料的概念、内容。
（2）掌握周转材料的核算方法。

任务设置

【任务设置-1】11 月 8 日中天公司生产车间领用专用工具一批，实际成本为 2 000 元，厂部管理部门领用办公用具一批，实际成本 1 500 元，采用一次摊销法，根据以上业务资料编制相应的记账凭证。

【任务设置-2】中天公司 10 月 10 日生产车间领用工具一批，实际成本 18 000 元，11 月 9 日该批工具全部报废，收回残料 800 元入库，采用五五摊销法，根据以上业务资料编制相应的记账凭证。

【任务设置-3】中天公司 11 月 12 日生产车间为包装产品领用包装物一批，实际成本 3 000 元，根据以上业务资料编制相应的记账凭证。

【任务设置-4】中天公司 11 月 25 日因商品销售领用包装物一批，实际成本 2 500 元，该批包装物随同产品出售，单独计算售价 3 000 元，应收取的增值税 510 元，款项已收到，根据以上业务资料编制相应的记账凭证。

【任务设置-5】中天公司于 10 月 26 日因商品销售，租给购货单位新包装物一批，实际成本 1 800 元，收取押金 2 000 元和租金 468 元（其中增值税 68 元）存入银行，租期 1 个月，11 月 28 日租期期满未收回，没收押金，根据以上业务资料编制相应的记账凭证。

基本技能

为完成上述任务需要了解周转材料的概念、内容，掌握周转材料的核算方法。

一、周转材料的概念

周转材料是指企业能够多次使用逐渐转移其价值，但仍保持原有形态，不作为固定资产核算的包装物和低值易耗品，以及建筑承包企业的钢模板、木模板、脚手架和其他周转使用的材料等。周转材料主要包括低值易耗品和包装物。

二、低值易耗品核算

（一）低值易耗品的概念与内容

低值易耗品是指不能作为固定资产的各种用具物品，如工具、管理用具、玻璃器皿以及在经营过程中周转使用的包装容器。按用途可以分为以下几类。

（1）一般工具，指生产中常用的工具，如刀具、量具、夹具、装配工具等。

（2）专用工具，指专门用于制造某一特定产品，或在某一特定工序上使用的工具、专用模具等。

（3）替换设备，指容易磨损或为制造不同产品需要替换使用的各种设备。

（4）管理用具，指在管理上使用的各种家具、用具，如办公用具等。

（5）劳动保护用品，指为了安全生产而发给工人作为劳动保护用的工作服、工作鞋和各种防护用品。

（6）其他，指不属于上述各类的低值易耗品。

（二）低值易耗品的核算方法

1. 一次摊销法

一次摊销法即在领用低值易耗品时将其价值一次计入相关成本费用中的摊销方法。这种方法手续简便，适用于价值较低、使用期较短、一次领用数量不多的物品。

领用时：

借：制造费用
　　管理费用
　　销售费用
　　贷：周转材料——低值易耗品

低值易耗品报废收回的残料：

借：原材料
　　贷：制造费用
　　　　管理费用
　　　　销售费用

2. 五五摊销法

领用低值易耗品时先摊销其价值的一半，报废时再摊销其价值的另一半，并注销其总成本的一种方法。这种方法适用于各月领用和报废比较均衡、各月摊销额相差不多的低值易耗品。

五五摊销法在"周转材料——低值易耗品"下设"在用低值易耗品""在库低值易耗品""低值易耗品摊销"3个明细账户进行核算。

（1）领用低值易耗品时。

借：周转材料——低值易耗品（在用低值易耗品）
　　贷：周转材料——低值易耗品（在库低值易耗品）

同时摊销其价值的一半：

借：制造费用
　　管理费用
　　贷：周转材料——低值易耗品（低值易耗品摊销）

（2）低值易耗品报废时。

摊销其价值的另一半：

借：制造费用

管理费用
　　　贷：周转材料——低值易耗品（低值易耗品摊销）
回收残料：
借：原材料
　　贷：制造费用
　　　　管理费用
注销低值易耗品总成本：
借：周转材料——低值易耗品（低值易耗品摊销）
　　贷：周转材料——低值易耗品（在用低值易耗品）

三、包装物的核算

（一）包装物的概念、种类

包装物是指为了包装本企业产品而储备的各种包装容器，如桶、箱、瓶、坛、袋等，主要包括以下4种。

（1）生产过程中用于包装产品，成为产品组成部分的包装物。

（2）随同产品出售，不单独计价的包装物。

> **小贴士**
> ①用于储存和保管产品而不对外出售出租的包装物，应按价值大小和使用期限长短分别列作固定资产和低值易耗品；
> ②各种包装材料，如纸、绳、铁丝、铁皮属于一次性使用的包装材料，在"原材料"账户核算。

（3）随同产品出售，单独计价的包装物。

（4）出租、出借的包装物。

（二）包装物的核算

《企业会计准则-存货》将包装物定义为周转材料，包装物的核算，应通过"周转材料——包装物"科目来反映和监督包装物的增减变动、价值损耗及结存情况。

周转材料——包装物（资产类）

入库包装物的实际成本	发出包装物的实际成本
库存包装物的实际成本	

（1）生产过程领用包装物，在包装产品后，就构成产品实体，成为产品的组成部分，因此，应将包装物价值计入产品的生产成本。

借：生产成本
　　贷：周转材料——包装物

（2）随同产品出售不单独计价的包装物，主要是为了销售产品，为客户提供良好的销售服务，同时它也是一种促销手段，因此，应将这部分包装物成本作为企业的销售费用处理。

借：销售费用
　　贷：周转材料——包装物

（3）随同产品出售单独计价的包装物，实际就是出售包装物。因此，出售包装物取得的收入应计入"其他业务收入"账户，出售包装物成本应计入"其他业务成本"。

①取得价款：

借：银行存款
　　贷：其他业务收入
　　　　应交税费——应交增值税（销项税额）

②结转已售包装物成本：

借：其他业务成本
　　贷：周转材料——包装物

（4）出租（出借）的包装物。

出租包装物是企业因销售产品把包装物租给购买单位使用，出租包装物的租金收入及包装物在出租过程中发生的各种费用应作为其他业务收支处理，同时，出租包装物的租金收入按税法规定应缴纳增值税。出借包装物是企业因销售产品把包装物借给购买单位使用，出租和出借包装物的账务处理基本相同。

所不同的是，出借不会取得收入，出借包装物的成本及相关费用应作为销售费用。出租、出借包装物在使用过程中发生的价值损耗，可根据包装物本身价值大小和使用期限的长短，采用"一次摊销法"和"五五摊销法"进行摊销。

以一次摊销法为例：

①出租（出借）时：

借：其他业务成本（销售费用）
　　贷：周转材料——包装物

②收到租金时：

借：银行存款
　　贷：其他业务收入
　　　　应交税费——增值税（销项税额）

③收押金时：

借：银行存款
　　贷：其他应付款——存入保证金

④退押金时：

借：其他应付款——存入保证金
　　贷：银行存款

⑤逾期包装物未退回没收押金时：

借：其他应付款——存入保证金
　　贷：其他业务收入
　　　　应交税费——增值税（销项税额）

⑥出租、出借包装物报废收回废料时：
借：原材料
　　贷：其他业务成本（销售费用）
⑦出租、出借包装物发生的修理费时：
借：其他业务成本（销售费用）
　　贷：银行存款

任务解答

掌握了低值易耗品和包装物的核算方法后，我们来对任务设置进行分析处理。

【任务设置-1】属于一次摊销法下低值易耗品的核算，做如下处理（见记字第【11008】号记账凭证）。

借：制造费用　　　　　　　　　　　　　　　　　　　　2 000
　　管理费用　　　　　　　　　　　　　　　　　　　　1 500
　　贷：周转材料——低值易耗品　　　　　　　　　　　3 500

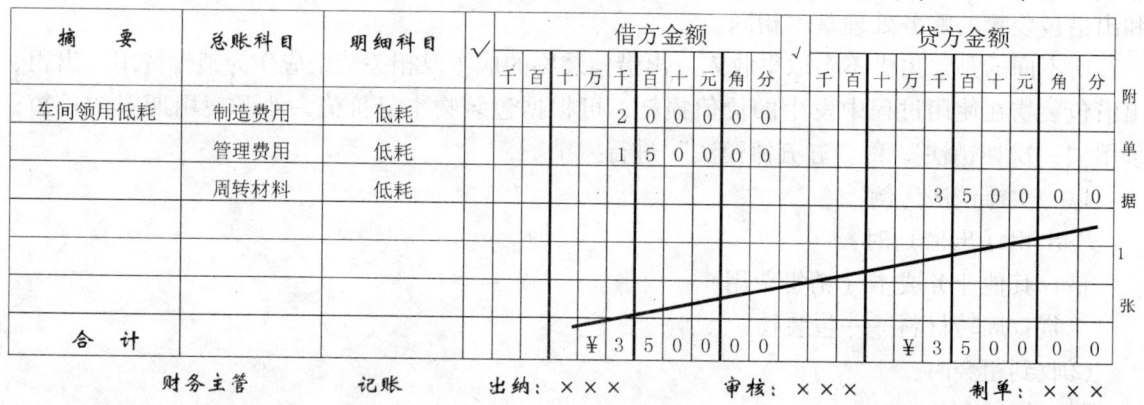

【任务设置-2】属于五五摊销法下低值易耗品的核算，做如下处理（见记字第【10010】【110011】号记账凭证）。

10月10日 领用时：
借：周转材料——低值易耗品（在用低值易耗品）　　　18 000
　　贷：周转材料——低值易耗品（在库低值易耗品）　　18 000
同时摊销其价值的一半：
借：制造费用　　　　　　　　　　　　　　　　　　　9 000
　　贷：周转材料——低值易耗品（低值易耗品摊销）　　9 000
11月9日报废时，摊销其价值的另一半：
借：制造费用　　　　　　　　　　　　　　　　　　　9 000
　　贷：周转材料——低值易耗品（低值易耗品摊销）　　9 000
回收残料时：

借：原材料　　　　　　　　　　　　　　　　　　　　　　　　　800
　　贷：制造费用　　　　　　　　　　　　　　　　　　　　　　　800
同时注销低值易耗品总成本：
借：周转材料——低值易耗品（低值易耗品摊销）　　　　　　　18 000
　　贷：周转材料——低值易耗品（在用低值易耗品）　　　　　　18 000

记 账 凭 证

2015 年 10 月 10 日　　　　　　　（记）字第 10010 号

摘要	总账科目	明细科目	√	借方金额	√	贷方金额
车间领用低耗	周转材料	低耗-在用		18 000 00		
	周转材料	低耗-在库				18 000 00
摊销50%	制造费用	低耗		9 000 00		
	周转材料	低耗摊销				9 000 00
合计				¥27 000 00		¥27 000 00

财务主管　　　　记账　　　　出纳：×××　　　审核：×××　　　制单：×××

记 账 凭 证

2015 年 11 月 09 日　　　　　　　（记）字第 110011 号

摘要	总账科目	明细科目	√	借方金额	√	贷方金额
车间领用低耗报废	制造费用	低耗		9 000 00		
	周转材料	低耗摊销				9 000 00
回收残料	原材料	周转材料		800 00		
	制造费用	低耗				800 00
注销低耗总成本	周转材料	低耗摊销		18 000 00		
	周转材料	低耗-在用				18 000 00
合计				¥27 800 00		¥27 800 00

财务主管　　　　记账　　　　出纳：×××　　　审核：×××　　　制单：×××

【任务设置-3】属于生产过程领用包装物的核算，做如下处理（见记字第【110012】号记账凭证）。

借：生产成本　　　　　　　　　　　　　　　　　　　　　　　3 000
　　贷：周转材料——包装物　　　　　　　　　　　　　　　　　3 000

【任务设置-4】属于随同产品出售单独计价的包装物的核算，做如下处理（见记字第【110025】号记账凭证）。

取得收入时：
借：银行存款　　　　　　　　　　　　　　　　　　　　　　　3 510

贷：其他业务收入　　　　　　　　　　　　　　　　　　　　　　　3 000
　　　　应交税费——增值税（销项税额）　　　　　　　　　　　　　　510
结转已售包装物成本时：
借：其他业务成本　　　　　　　　　　　　　　　　　　　　　　　　2 500
　　贷：周转材料——包装物　　　　　　　　　　　　　　　　　　　2 500

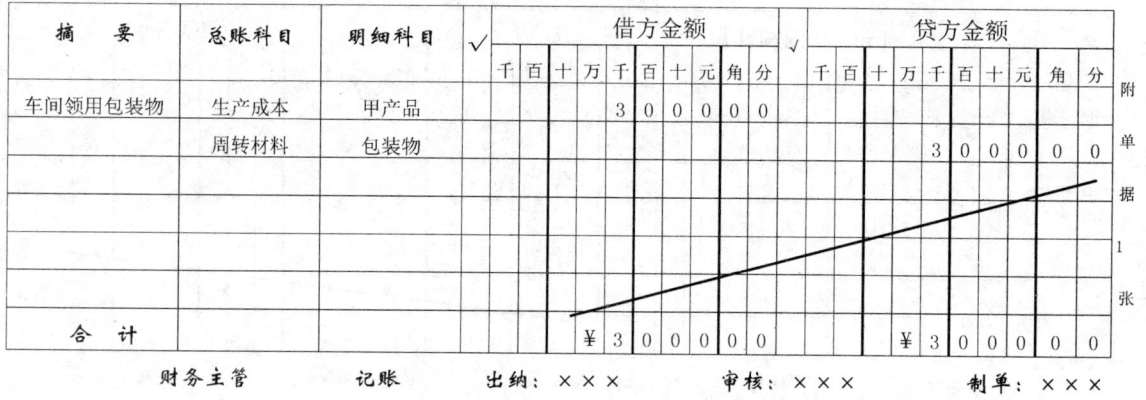

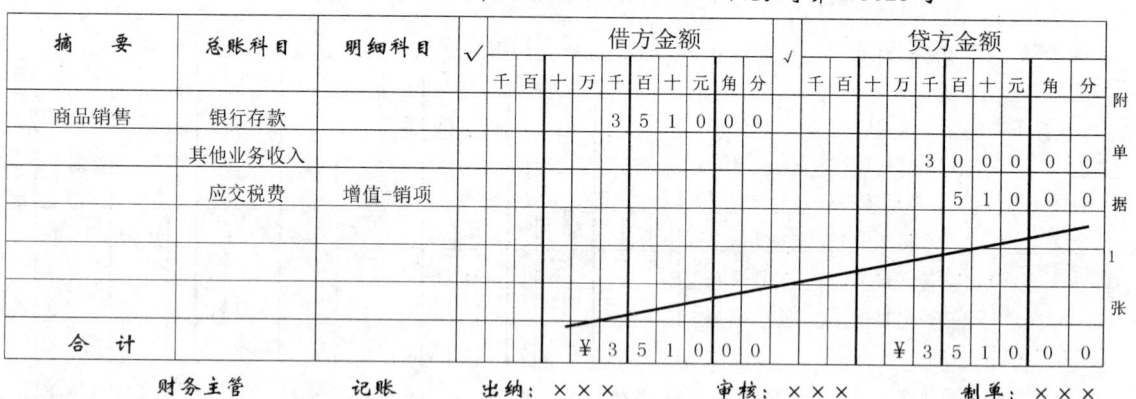

【任务设置-5】属于出租包装物的核算，做如下处理（见记字第【110028】【110029】号记账凭证）。

出租包装物时：
借：其他业务成本　　　　　　　　　　　　　　　　　　　　　　　　1 800
　　贷：周转材料——包装物　　　　　　　　　　　　　　　　　　　1 800
收取押金时：
借：银行存款　　　　　　　　　　　　　　　　　　　　　　　　　　2 000
　　贷：其他应付款——存入保证金　　　　　　　　　　　　　　　　2 000

收取租金时：
借：银行存款　　　　　　　　　　　　　　　　　　　　　468
　　贷：其他业务收入　　　　　　　　　　　　　　　　　　　　　400
　　　　应交税费——增值税（销项税额）　　　　　　　　　　　　68
逾期不能收回包装物，没收押金时：
没收押金应交增值税＝2 000÷（1+17%）×17%＝290.60（元）
借：其他应付款——存入保证金　　　　　　　　　　　　2 000
　　贷：其他业务收入　　　　　　　　　　　　　　　　　　　　1 709.40
　　　　应交税费——增值税（销项税额）　　　　　　　　　　　　290.60

记 账 凭 证

2015 年 11 月 28 日　　　　　　　　（记）字第 110028 号

摘　要	总账科目	明细科目	√	借方金额 千百十万千百十元角分	√	贷方金额 千百十万千百十元角分
出租包装物	其他业务成本			1 8 0 0 0 0		
	周转材料	包装物				1 8 0 0 0 0
收取押金	银行存款			2 0 0 0 0 0		
	其他应付款	存入保证金				2 0 0 0 0 0
合　计				￥3 8 0 0 0 0		￥3 8 0 0 0 0

财务主管　　　记账　　　出纳：×××　　　审核：×××　　　制单：×××

附单据 2 张

记 账 凭 证

2015 年 11 月 28 日　　　　　　　　（记）字第 110029 号

摘　要	总账科目	明细科目	√	借方金额 千百十万千百十元角分	√	贷方金额 千百十万千百十元角分
收取租金	银行存款			4 6 8 0 0		
	其他业务收入					4 0 0 0 0
	应交税费	增值-销项				6 8 0 0
逾期没收押金	其他应付款	存入保证金		2 0 0 0 0 0		
	其他业务收入					1 7 0 9 4 0
	应交税费	增值-销项				2 9 0 6 0
合　计				￥2 4 6 8 0 0		￥2 4 6 8 0 0

财务主管　　　记账　　　出纳：×××　　　审核：×××　　　制单：×××

附单据 2 张

技能训练

【技能训练】根据下列业务的原始凭证编制相应的记账凭证。

领 料 单

领料部门：一车间　　2015 年 11 月 01 日　　第 151101 号

材料名称及规格	单位	数量	单价	金额	备注
小包装箱	个	1 000	2.50	2 500.00	
大包装箱	个	200	5.00	1 000.00	
合计		1 200		3 500.00	

部门负责人：×××　　领料人：×××　　发料人：×××

【技能训练-2】根据下列业务的原始凭证编制记账凭证（领用随同产品出售而不单独计价的包装物）。

包 装 物 出 库 单

领料部门：一车间　　2015 年 11 月 12 日　　第 1511012 号

材料名称	名称及规格	计量单位	数量	单价	金额
包装物	小包装箱	个	100	2.50	250.00
合计					250.00

部门负责人：×××　　领料人：×××　　发料人：×××

【技能训练-3】根据下列业务的原始凭证编制记账凭证（领用随同产品出售、单独计价的包装物）。

项目一　存货管理会计岗位的业务核算

吉林省增值税专用发票

开票日期：2015 年 11 月 13 日

购货单位	名　　　称	长春市银龙集团	密码区	40<+5+14//195/81+283/ *<81*+0716005/>06079> 907<813299*26<6+61-> + 3<1>*-<9+5/6>1>3/>>>1	加密版本：01 61000091320
	纳税人识别号：	22012045876			
	地址、电　话：	长春市春城大街231号			
	开户行及账号：	工行汽车厂分行 622202410-88			

货物或应税劳务名称	规格型号	单位	数量	单价	金额	税率	税额
大包装箱		个	300	5.00	1 500.00	17%	255.00
合计					¥1 500.00		¥255.00

价税合计（大写）	壹仟柒佰伍拾伍元整	（小写）¥1 755.00

销货单位	名　　　称	吉林中天纺织厂	备注	
	纳税人识别号：	220104641245610		
	地址、电　话：	建设街290号		
	开户行及账号：	工行建设支行 6222024561-01		

第一联：记账联 销货方记账凭证

包 装 物 出 库 单

领料部门：一车间　　　　　2015 年 11 月 13 日　　　　　第 11013 号

材料名称	名称及规格	计量单位	数量	单位成本	金额
包装物	大包装箱	个	300	4.00	1 200.00
合计					1 200.00

部门负责人：×××　　　　领料人：×××　　　　发料人：×××

中国工商银行进账单（受理回单）

2015 年 11 月 13 日　　　　　第 085456 号

付款人	全　称	长春市银龙集团	收款人	全　称	吉林中天纺织厂
	账　号	622202410-88		账　号	6222024561-01
	开户银行	工行汽车厂分行		开户银行	工行建设支行

人民币（大写）	壹仟柒佰伍拾伍元整	亿千百十万千百十元角分
		¥ 1 7 5 5 0 0

票据种类	
票据张数	

单位主管　　会计　　复核　　记账

收款人开户行盖章

此联是收款人开户银行交给收款人的回单或收账通知

【技能训练-4】根据下列业务的原始凭证编制记账凭证。

领 料 单

领料部门:一车间　　　2015年11月15日　　　第11015号

材料名称及规格	单位	数量	单价	金额	备注
专用胶具	件	40	10.00	400.00	一次摊销法
合计				400.00	

部门负责人：×××　　　领料人：×××　　　发料人：×××

【技能训练-5】根据下列业务的原始凭证编制记账凭证。

领 料 单

领料部门:管理部门　　　2015年11月16日　　　第11016号

材料名称及规格	单位	数量	单价	金额	备注
办公用具	件	5	800.00	4 000.00	五五摊销法
					报废收回残料200元
合计				4 000.00	

部门负责人：×××　　　领料人：×××　　　发料人：×××

任务2-6　委托加工物资的核算

▶ **目标定位**

（1）理解委托加工物资的概念，掌握委托加工物资实际成本的构成。
（2）掌握委托加工物资的核算方法。

▶ **任务设置**

【任务设置-1】中天公司为一般纳税人，12月10日将一批原材料委托外单位加工成丙产品（属于应税消费品），发出原材料的实际成本100 000元，用银行存款支付加工费10 000元，应缴纳的消费税5 800元和增值税1 700元，12月20日加工完毕验收入库（丙产品收回后直接销售），应如何进行业务处理？

【任务设置-2】假如上述丙产品收回后，用于连续生产应税消费品，应如何进行账务处理？

> 基本技能

为完成设置任务,我们需理解委托加工物资的概念,掌握委托加工物资的核算方法。

一、委托加工物资的概念

企业为满足生产需要发往外单位去加工,以制成另一种性能用途的产成品、半成品所发出的物资就是委托加工物资。

二、委托加工物资的核算

委托加工物资的实际成本包括发出物资的实际成本、支付的加工费和往返运杂费以及计入委托加工物资成本中的税金。委托加工物资的核算需要通过"委托加工物资"科目来核算。

委托加工物资（资产类）	
发出物资的实际成本、加工费、往返运杂费及计入委托加工物资成本中的税金	加工后收回物资和退回剩余物资的实际成本
尚未加工完成物资的实际成本	

（1）发出物资时。
借：委托加工物资
　　贷：原材料
（2）支付的加工费和往返运杂费、增值税费。
借：委托加工物资
　　　应交税费——应交增值税（进项税额）
　　贷：银行存款
（3）退回剩余物资时。
借：原材料
　　贷：委托加工物资
（4）加工后收回时。
借：原材料（周转材料、库存商品）
　　贷：委托加工物资
※ 特别提示：委托加工物资属于应纳消费税的应税消费品,应由受托方代收代缴的消费税,委托方应区别不同情况处理。
①委托加工物资收回后直接用于销售,应将受托方代收代缴的消费税计入"委托加工物资"的成本。

借：委托加工物资
　　贷：银行存款

②委托加工物资收回后用于连续生产应税消费品，应将受托方代收代缴的消费税计入"应交税费"。

借：应交税费——应交消费税
　　贷：银行存款

任务解答

掌握了委托加工物资的核算办法后，我们来对任务设置进行分析处理。

【任务设置-1】属于应纳消费税的委托加工物资的核算，加工物资收回后直接用于销售，应做如下处理。

（1）发出物资时。

借：委托加工物资　　　　　　　　　　　　　　　　　　　　100 000
　　贷：原材料　　　　　　　　　　　　　　　　　　　　　　100 000

（2）支付的加工费。

借：委托加工物资　　　　　　　　　　　　　　　　　　　　 15 800
　　应交税费——增值税（进项税额）　　　　　　　　　　　 1 700
　　贷：银行存款　　　　　　　　　　　　　　　　　　　　 17 500

（3）加工后收回时。

借：库存商品　　　　　　　　　　　　　　　　　　　　　　115 800
　　贷：委托加工物资　　　　　　　　　　　　　　　　　　　115 800

【任务设置-2】属于应纳消费税的委托加工物资的核算，加工物资收回后用于连续生产应税消费品，应做如下处理。

（1）发出物资时。

借：委托加工物资　　　　　　　　　　　　　　　　　　　　100 000
　　贷：原材料　　　　　　　　　　　　　　　　　　　　　　100 000

（2）支付的加工费。

借：委托加工物资　　　　　　　　　　　　　　　　　　　　 10 000
　　应交税费——增值税（进项税额）　　　　　　　　　　　 1 700
　　　　　　——消费税　　　　　　　　　　　　　　　　　 5 800
　　贷：银行存款　　　　　　　　　　　　　　　　　　　　 17 500

（3）加工后收回时。

借：库存商品　　　　　　　　　　　　　　　　　　　　　　110 000
　　贷：委托加工物资　　　　　　　　　　　　　　　　　　　110 000

技能训练

【技能训练-1】根据下列业务的原始凭证编制相应的记账凭证。

委托加工材料出库单

加工单位：天津棉纺织有限公司　　2015 年 12 月 20 日　　第 120020 号

材料类别	名称及规格	计量单位	数量	单价	金额	收回材料名称
原材料	棉花	千克	500	30.00	15 000.00	纯棉纱

仓库主管：×××　　发料人：×××　　领料部门主管：×××　　领料人：×××

【技能训练-2】根据下列业务的原始凭证编制记账凭证（运杂费）。

公路、内河货物运输业统一增值税专用发票

增值税专用发票代码 201235687

开票日期：2015 年 12 月 20 日　　增值税专用发票号码 63542688

机打代码	023706875337	税控区	20-163>>6+>1<84453>20/463+/92///　*481-8390+9636-6+81-565>310+/-28>63　56496928/-11469/78/6>>06/23-3　<84483>20/463<88443>20/4639/79/5		
机打号码	09970578				
机器编号	210168836100				
收货人及纳税人识别号	天津棉纺织有限公司　10114587932011	承运人及纳税人识别号	长春万达运输公司　22016510894220		
发货人及纳税人识别号	吉林中天纺织厂　220104641245610	主管税务机关及代码	长春市地方税务局朝阳分局　20130097		
运输项目及金额	货物名称　数量　运价　里程　金额　　棉纱　505 kg　　　　　　1 000	税率及税额	项目　税率　金额　税　11%　110.00	备注　起运地：长春　到达地：天津　运输类型：汽运	
运费小计	¥1 000.00		税额	¥110.00	
合计（大写）	壹仟壹佰壹拾元整			（小写）¥1 110.00	

承运人盖章　　　　　　　　　　开票人：×××

第三联：增值税专用发票联　付款方记账凭证　（手写无效）

公路、内河货物运输业统一增值税专用发票

增值税专用发票代码 201235687

开票日期：2015 年 12 月 20 日　　增值税专用发票号码 63542688

机打代码 机打号码 机器编号	023706875337 09970578 210168836100	税控区	20-163>>6+>1<84453>20/463+/92/// *481-8390+9636-6+81-565>310+/-28>63 56496928/-11469/78/6>>06/23-3 <84483>20/463<88443>20/4639/79/5
收货人及 纳税人识别号	天津棉纺织有限公司 10114587932011	承运人及 纳税人识别号	长春万达运输公司 22016510894220
发货人及 纳税人识别号	吉林中天纺织厂 220104641245610	主管税务机关 及代码	长春市地方税务局朝阳分局 20130097

运输项目及金额	货物名称 棉纱	数量 505 kg	运价	里程	金额 1 000	税率及税额	项目 税	税率 11%	金额 110.00	备注 起运地：长春 到达地：天津 运输类型：汽运
运费小计	¥1 000.00					税额	¥110.00			
合计（大写）	壹仟壹佰壹拾元整					（小写）¥1 110.00				

承运人盖章　　　　　　　　　　开票人：×××

第二联：抵扣联（手写无效）

中国工商银行

转账支票存根

附加信息

出票日期 2015 年 12 月 20 日
收款人：长春万达运输公司
金　额：1 110.00
用　途：运杂费
单位主管　　会计

项目一　存货管理会计岗位的业务核算

【技能训练-3】根据下列业务的原始凭证编制记账凭证（收回委托加工材料）。

委托加工材料交库单

加工单位：天津棉纺织有限公司　　2015 年 12 月 28 日　　第 1204028 号

材料类别	名称及规格	计量单位	数量	单价	金额	备注
原材料	纯棉纱	kg	500	10.00	5 000.00	
合计		kg	500	10.00	5 000.00	

记账：×××　　质检：×××　　收料人：×××　　制单：×××

【技能训练-4】根据下列业务的原始凭证编制记账凭证（加工费）。

天津增值税专用发票

开票日期：2015 年 12 月 26 日

第三联：增值税专用发票联　购货方记账凭证

购货单位	名　　称：吉林中大纺织厂
	纳税人识别号：220104641245610
	地址、电话：建设街 290 号
	开户行及账号：工行建设支行 6222024561-01

密码区	40<+6+14//295/81-283/ *<81*+0736025/>06059> 907<813266*26<6+61-)+ 3<1>*-<9+5/6>1>3/>>29	加密版本：01 4100054170 00792147

货物或应税劳务名称	规格型号	单位	数量	单价	金额	税率	税额
加工费		千克	500	10.00	5 000	17%	850
合计					5 000		850

价税合计（大写）	伍仟捌佰伍拾元整	（小写）¥5 850.00

销货单位	名　　称：天津市棉纺织股份有限公司	备注
	纳税人识别号：10114587932011	
	地址、电话：天津市沿河大街 109 号	
	开户行及账号：工行朝阳支行 6101145879-32	

天津增值税专用发票

开票日期：2015 年 12 月 26 日

第二联：增值税专用抵扣联 购货方抵扣凭证

购货单位	名　　称：吉林中天纺织厂 纳税人识别号：220104641245610 地址、电　话：建设街 290 号 开户行及账号：工行建设支行 6222024561-01	密码区	40<+6+14//295/81-283/ *<81*+0736025/>06059> 907<813266*26<6+61->+ 3<1*-<9+5/6>1>3/>>29	加密版本：01 4100054170 00792147

货物或应税劳务名称	规格型号	单位	数量	单价	金额	税率	税额
加工费		千克	500	10.00	5 000	17%	850
合计					5 000		850

价税合计（大写）	伍仟捌佰伍拾元整	（小写）¥5 850.00

销货单位	名　　称：天津市棉纺织股份有限公司 纳税人识别号：10114587932011 地址、电　话：天津市沿河大街 109 号 开户行及账号：工行朝阳支行 6101145879-32	备注	

中国工商银行　电汇凭证（回单）　1

委托日期 2015 年 12 月 26 日　　　　第 0120112 号

汇款人	全称	吉林中天纺织厂	收款人	全称	天津棉纺织有限公司
	账号	6222024561-01		账号	6101145879-32
	汇出地点	吉林长春建设街 290 号		汇入地点	天津沿河大街 109 号
	汇出行名称	工行建设支行		汇入行名称	工行朝阳支行

金额	人民币 （大写）	伍仟捌佰伍拾元整	亿	千	百	十万	千	百	十	元	角	分
						¥	5	8	5	0	0	0

汇款用途：加工费　　　　　支付密码

上列款项请在本人的账户内　附加信息及用途：
支付，并按照汇兑结算规定
汇给收款人。

复核　　　　　　　记账

汇出行签章

此联是汇出银行给汇款单位的回单

任务 2-7　存货清查的核算

目标定位

(1) 了解存货清查的概念和清查的方法。
(2) 掌握存货清查的核算方法。

任务设置

【任务设置-1】2015 年 12 月 31 日，中天公司对原材料进行清查，发现盘盈甲材料 100 千克，实际单位成本 2 元。经查，属于收发计量方面的错误所造成，根据以上业务资料进行相应的业务处理。

【任务设置-2】中天公司在 2015 年 12 月 31 日进行存货清查，盘亏乙材料 100 千克，实际单位成本 50 元；盘亏丁材料 2 000 千克，实际单位成本 10 元。经查明，乙材料属于管理不善毁损，应收过失人赔偿 500 元；丁材料属于自然灾害毁损，应收保险公司赔偿款 15 000 元，根据以上业务资料进行相应的业务处理。

基本技能

工业企业的存货具有品种多、数量大等特点，为了能够对这些物资进行较好的控制和管理，需要对其进行定期或不定期的清查。那么，企业在进行存货清查时通常有哪些方法？当出现清查的结果与账面数不一致时，会计上又将如何处理？

为解决上述问题及完成任务设置，我们应掌握存货清查的概念、方法以及核算办法。

一、存货清查的概念

存货的清查指通过对存货的实地盘点，确定存货的实有数量并与账面资料相核对从而确定存货的实存数与账存数是否相符的一种专门方法。

存货的清查是企业准确核实期末存货实物量、价值的重要方法，主要的存货清查方法有"永续盘存制"和"实地盘存制"。

(1) 永续盘存制：也称"账面盘存制"，这种盘存方法主要是通过企业"库存保管账"的日常详细记录来反映存货的收、发、结存情况，确保期末结存存货的准确性，并通过"库存保管账"与财务"存货明细账"进行详细核对，以达到"账账相符"的清查方法。

(2) 实地盘存制：也称"实物盘存制"，这种盘存方法主要是通过对企业所有存货实物进行全面实地盘点，进而核定期末存货结存的真实性、准确性、相符性；并通过实地盘点的详细统计（通常编制"存货盘点明细表"进行）与财务"存货明细账"进行详细核对，确定盘盈、盘亏情况；同时，分析盘盈、盘亏的原因，对盘盈、盘亏的存货进行相应的财务处理，从而达到"账账相符""账实相符"的最终目的。

存货清查的方法一般采用实地盘存法，存货清查按清查的对象和范围不同，分为全面清查和局部清查；按清查的时间分为定期清查和不定期清查。存货清查出现的盘盈、盘亏通过设置"待处理财产损溢——待处理流动资产损溢"账户来进行核算。

二、存货清查的核算

1. 存货盘盈的账务处理

存货的盘盈主要是收发计量或核算上的误差所造成的，经批准后冲减"管理费用"。

盘盈时：

借：库存商品（原材料）
　　贷：待处理财产损溢——待处理流动资产损溢

转销时：

借：待处理财产损溢——待处理流动资产损溢
　　贷：管理费用

2. 存货的盘亏和毁损的账务处理

存货的盘亏原因多种，应根据不同情况处理。

（1）属于自然损耗产生的定额内损耗计入"管理费用"；

（2）属于计量收发差错和管理不善等原因造成的存货的短缺或毁损，应先扣除残料价值和可以收回的过失人赔偿，然后将净损失计入"管理费用"。

3. 属于自然灾害或意外事故造成的存货毁损，应先扣除残料价值和可以收回的保险赔偿，然后将净损失计入"营业外支出"。

盘亏时：

借：待处理财产损溢——待处理流动资产损溢
　　贷：库存商品
　　　　原材料
　　　　应交税费——增值税（进项税额转出）

转销时：

借：原材料
　　其他应收款
　　管理费用
　　营业外支出——非常损失
　　贷：待处理财产损溢——待处理流动资产损溢

任务解答

根据上述业务知识的学习，对任务设置做分析处理。

【任务设置-1】属于存货的盘盈，应做如下业务处理。

盘盈时：

借：原材料——甲材料　　　　　　　　　　　　　　200
　　贷：待处理财产损溢——待处理流动资产损溢　　　　200

转销时：
借：待处理财产损溢——待处理流动资产损溢　　　　　　　　　　200
　　贷：管理费用　　　　　　　　　　　　　　　　　　　　　　　　200

【任务设置-2】属于存货的盘亏业务，应做如下处理。

盘亏时：
借：待处理财产损溢——待处理流动资产损溢　　　　　　　　29 250
　　贷：原材料——乙材料　　　　　　　　　　　　　　　　　　5 000
　　　　原材料——丁材料　　　　　　　　　　　　　　　　　20 000
　　　　应交税费—增值税（进项税额转出）　　　　　　　　　　4 250

转销时：
借：其他应收款——××过失人　　　　　　　　　　　　　　　　500
　　管理费用　　　　　　　　　　　　　　　　　　　　　　　5 350
　　其他应收款——应收保险赔偿　　　　　　　　　　　　　　15 000
　　营业外支出　　　　　　　　　　　　　　　　　　　　　　8 400
　　贷：待处理财产损溢——待处理流动资产损溢　　　　　　　29 250

技能训练

【技能训练-1】根据存货盈亏的原始凭证编制记账凭证。

中天纺织厂存货清查盘点表

编制部门：财务部　　　2015年12月31日

存货编号	名称规格	计量单位	数量		单价	盘盈		盘亏		备注
			账存	实存		数量	金额	数量	金额	
101	纯棉纱	kg	500	480	50.00			20	1 000.00	
102	合股纱	kg	400	350	40.00			50	2 000.00	
103	涤棉纱	kg	300	290	30.00			10	300.00	
104	棉花	kg	500	520	50.00	20	1 000.00			
	合计						1 000.00		3 300.00	

处理意见	清查小组	审批部门
	棉花的盘盈，属于自然升溢，调整管理费用。纯棉纱的盘亏属于保管员的责任，令其赔偿。合股纱和涤棉纱的盘亏属自然灾害（水灾），保险公司同意赔偿70%，其余转销。	按财务制度处理 组长：刘波 2015年12月31日

项目三

固定资产管理会计岗位业务的核算

学习总目标

(1) 了解企业固定资产管理岗位的设置、工作职责。
(2) 了解固定资产的含义、特征、分类。
(3) 掌握固定资产的确认条件与初始计量。
(4) 掌握固定资产增加、减少（处置）、后续支出的核算。
(5) 掌握固定资产折旧的计算、核算方法。
(6) 掌握无形资产的核算方法。

任务 3-1　固定资产管理岗位

目标定位

（1）企业固定资产的管理。
（2）企业固定资产管理岗位的设置。

任务设置

【任务设置-1】企业固定资产管理的重要性？
【任务设置-2】固定资产会计的岗位职责？

基本技能

一、固定资产管理的意义

固定资产是企业生产经营的重要资产，固定资产的管理是企业管理的重要组成部分。主要意义在于以下方面。

（1）固定资产是生产资料，是物质生产的基础。从经济学角度讲，生产资料是劳动者用以影响或改变劳动对象的性能或形态的物质资料，如企业的房屋建筑、生产用机器设备、运输工具等，都属于企业的生产资料。生产资料是物资生产的基础，所有企业的产品，都是劳动者利用机器设备等生产资料通过生产过程来实现的，因此在企业经济活动中固定资产处于十分重要的地位。

（2）固定资产价值高，占据企业资产的重要比重。固定资产与流动资产相比，其购置或取得时通常需要支付较大的成本，其所占用的资金在企业资金总额中占有较大的比重，是企业重要的"家底"。由于经济价值大的特点，固定资产对企业财务状况的反映也有很大影响，任何涉及固定资产计价或记录上的错误，都有可能在较大程度上改变企业真实的财务状况。

（3）固定资产在使用过程中，无论从资产实体，还是从资产的经济价值方面都存在着逐渐的损耗，损耗的价值通过折旧的形式逐渐转移到产品成本或费用中去。由于固定资产的价值较大，使用寿命很长，导致折旧的计提几乎贯穿于资产整个使用期，甚至在某一会计期间计入产品成本或费用中的折旧额依然较大，因此固定资产折旧的计提是否合理、合法、真实、准确，在很大程度上影响当前的成本费用水平及固定资产的净值。

（4）固定资产在生产经营过程中由于购置时限的不同，特别是现代市场经济活动中，科学技术进步导致固定资产经过使用后，可回收价值与固定资产净值产生严重的差异，为了防止这种重大的价值差异，按《会计准则》要求，遵循"谨慎性"的原则，固定资产应该进行"固定资产减值准备"的核算，这是现代企业对固定资产核算与管理的重要部分。

同时，由于企业的固定资产种类繁多、数量大、使用分散等特点，导致在使用和管理过程中出现毁损、丢失、遗漏等现象的概率增加。因此，加强固定资产管理，合理配置资产，提高资产的使用效率，在企业管理工作中有着重要的意义。

二、固定资产管理的岗位设置

企业固定资产管理一般通过制定内部资产管理制度、合理设置资产管理岗位、完善资产管理办法等方面来进行。

企业与固定资产相关的岗位主要设置资产管理部门或资产管理员,对资产的实物进行全方位的监督、管理;同时,财务部门需设置资产管理会计岗位对资产从价值角度进行核算,资产会计岗位是企业财务管理岗位中重要的岗位。

1. 资产管理部门的主要职责

(1) 组织建立、完善企业资产管理规章制度,并组织实施、监督、检查;
(2) 设立固定资产台账,分类、详细统计企业固定资产,并及时对数据进行维护;
(3) 组织、实施资产的购置、验收、调拨、维修维护、清查、处置等工作;
(4) 对固定资产的流动实施动态监控;
(5) 组织对企业资产管理人员的培训等工作。

2. 资产管理会计岗位的主要职责

(1) 参与拟订企业资产管理与核算制度,建立健全固定资产、在建工程、无形资产及其他资产的管理与核算办法,制订固定资产目录;
(2) 设置固定资产登记簿,登记固定资产卡片,按固定资产类别、使用部门、资产名称设置明细账进行资产的明细核算;
(3) 正确计算和确定固定资产、无形资产的原始价值,及时计价并登记账簿;
(4) 选择固定资产折旧方法,及时、准确计提固定资产折旧;
(5) 按照"谨慎性"的原则,监控现行市价变动情况,对比固定资产可回收价值与历史成本价值,正确核算"固定资产减值准备";
(6) 参与企业在建工程的预决算、工程合同的管理,按规定审批预付工程款项及工程款项的结算工作;
(7) 负责包括固定资产、无形资产在内的资产的维护维修、转让、投资、清理、处置等的财务核算工作;
(8) 参与组织资产的清查工作,汇总清查盘点结果,办理固定资产盘盈、盘亏的审批手续,以及批准后办理转销的财务处理核算工作;
(9) 运用有关核算资料进行固定资产状态、状况、使用效果、更新计划等方面的分析工作,为加强与健全固定资产的管理提供会计信息及建议。

任务 3-2 固定资产增加的核算

目标定位

(1) 理解固定资产的概念、特点,了解固定资产的分类。
(2) 掌握固定资产的计价方法,熟悉固定资产取得的核算。

任务设置

【任务设置-1】 中天公司2015年11月18日外购一台需安装的铣床,购置价50 000元,支付的增值税8 500元,支付的运杂费2 000元和安装费7 000元,请问该铣床的入账价值如何确定?

【任务设置-2】 中天公司11月21日购入一台需要安装的设备,取得的增值税专用发票上注明的设备买价为50 000元,增值税额8 500元,支付的运输费为1 000元,安装设备时,领用材料物资价值1 500元,购进该批材料支付的增值税为255元,应支付的工资为2 500元,根据以上业务资料编制相应的记账凭证。

【任务设置-3】 2015年10月,中天公司自行建造冷库一座,购入为建造冷库准备的物资一批,价款300 000元,支付的增值税为51 000元,款项用银行存款支付。工程开工后领用工程物资315 900元,剩余工程物资转为存货;工程还领用生产用原材料一批实际成本20 000元,购进该材料时支付的增值税3 400元;工程领用本企业的产品一批,实际成本90 000元,计税价格100 000元,辅助生产为工程提供劳务30 000元,应支付的工程人员薪酬60 000元,12月底工程完工固定资产达到预定可使用状态,根据以上业务资料编制相应的记账凭证。

【任务设置-4】 中天公司11月25日接受某机床厂投入的一台铣床,增值税专用发票注明价款200 000元,增值税34 000元,根据以上业务资料编制相应的记账凭证。

【任务设置-5】 中天公司11月10日接受外商捐赠的生产用设备,增值税专用发票注明买价是300 000元,增值税51 000元,支付运费2 000元,款项以银行存款支付,根据以上业务资料编制相应的记账凭证。

【任务设置-6】 中天公司于2015年12月15日通过金融机构与乙公司签订一项生产线的融资租赁合同。合同规定:租赁期为3年,自2015年12月31日起至2018年12月30日止,每年12月31日支付年租金2 000 000元,合同利率为6%;租赁期满,生产线预计残值400 000元。其中,中天公司担保余值为300 000元,未担保余值为100 000元,该生产线于2015年12月31日运抵公司,并完成安装投入使用(不考虑安装费),该日该生产线的公允价值为6 000 000元。根据以上业务资料编制相应的记账凭证。

基本技能

为完成上述任务应熟悉固定资产的概念、特点、分类、计价方法,掌握固定资产增加的核算等基本技能。

一、固定资产的概念、特点

固定资产是企业为生产产品、提供劳务、出租或经营管理而持有的,使用寿命超过一个会计年度的有形资产。

固定资产作为有形资产具有以下特点。

(1) 固定资产是有形资产,一般表现为房屋建筑物、机器设备、运输工具以及与生产有关的器具、工具等。

（2）持有固定资产的目的是为生产产品、提供劳务、出租或企业经营管理等经济行为服务，也就是说持有的目的是为了使用而非销售。

（3）固定资产的使用寿命超过一个会计年度，其支出属于资本性支出。

（4）固定资产的价值补偿是分批进行的，且实物补偿与价值补偿是脱节的。

二、固定资产的分类

对固定资产进行合理、科学的分类是完善固定资产管理和核算的前提。常见的分类方法有以下4种。

1. 按经济用途分类

（1）生产经营用固定资产，指直接服务于生产经营过程的各种固定资产，如生产经营用房屋、建筑物、机器设备、运输车辆等。

（2）非生产经营用固定资产，指间接服务于生产经营过程的固定资产，如职工宿舍、食堂、浴室使用的房屋设备等。

2. 按使用情况分类

（1）在用固定资产，指正在使用中的生产经营用和非生产经营用固定资产。

（2）未使用固定资产，指已完工或已购建的尚未交付使用的和正在改扩建的固定资产。

（3）不需用的固定资产，指本企业不适用、需要调配处理的固定资产。

（4）租出的固定资产，指企业以经营性租赁方式租给其他单位使用的固定资产。

3. 按所有权分类

（1）自有固定资产，指企业拥有的可供企业自由支配、长期使用的固定资产。

（2）租入固定资产，指企业采用租赁方式从其他单位租入的固定资产。

4. 固定资产综合分类

（1）生产经营用固定资产。

（2）非生产经营用固定资产。

（3）租出固定资产。

（4）不需用固定资产。

（5）未使用固定资产。

（6）融资租入固定资产，指企业采用融资租赁方式租入的固定资产，按照实质重于形式的原则，应视同自有固定资产进行管理。

（7）土地，指已经估价单独入账的土地。因征地而支付的补偿费，应计入与土地有关房屋、建筑物价值内，不单独作为土地价值入账，企业取得的土地使用权不能作为固定资产而应当作为无形资产。

三、固定资产的确认条件

同时满足下列条件方可予以确认为固定资产。

（1）与该固定资产有关的经济利益很可能流入企业。

（2）该固定资产的成本能够可靠地计量。

固定资产的各组成部分具有不同使用寿命或者以不同方式为企业提供经济利益，适用不同折旧率或折旧方法的，应当分别将各组成部分确认为单项固定资产。

企业由于安全或环保的要求购入的设备等，虽然不能直接给企业带来未来经济利益，但有助于企业从其他相关资产的使用获得未来经济利益或者获得更多的未来经济利益，也应确认为固定资产。

四、固定资产的初始计量

（一）固定资产初始计量原则

固定资产应当按照成本进行初始计量。对于特殊行业的特定固定资产，确定其初始入账成本时还应考虑弃置费用。

固定资产的价值通过固定资产的"原始价值"和"净值"来反映。

固定资产的原始价值也称原值，指企业构建某项固定资产达到预定可使用状态前所发生的一切合理、必要的支出。固定资产的初始计量即为确定"原始价值"。

固定资产净值也称为折余价值，是指固定资产原始价值或重置完全价值减去已提折旧后的净额，它可以反映企业实际占用固定资产的金额和固定资产的新旧程度。

固定资产的新旧程度一般通过固定资产净值率来体现。固定资产净值率又称"固定资产有用系数"，是指企业固定资产净值与固定资产原值的比率，其计算公式为

固定资产净值率＝（期末固定资产净值／期末固定资产原值）×100%

固定资产的来源或取得方式不同，其原始价值的构成内容也不同，确定不同方式取得固定资产的原始价值即为初始计量。

（二）不同方式取得固定资产的初始计量

1. 外购固定资产

企业外购固定资产的成本，包括购买价款、相关税费（不包括允许抵扣的增值税进项税额）、使固定资产达到预定可使用状态前所发生的可归属于该项资产的运输费、装卸费、安装费和专业人员服务费等。

外购固定资产分为购入不需要安装的固定资产和购入需要安装的固定资产两类。

（1）购入不需要安装的固定资产：入账价＝买价＋相关税费＋运杂费

（2）购入需要安装的固定资产：入账价＝买价＋相关税费＋运杂费＋安装费用

以一笔款项购入多项没有单独标价的固定资产，应当按照各项固定资产的公允价值比例对总成本进行分配，分别确定各项固定资产的成本。

购买固定资产的价款超过正常信用条件延期支付，实质上具有融资性质的固定资产的成本以购买价款的现值为基础确定。实际支付的价款与购买价款的现值之间的差额，应当在信用期间内采用实际利率法进行摊销，摊销金额除满足借款费用资本化条件应当计入固定资产成本外，均应当在信用期间内确认为财务费用计入当期损益。

2. 自行建造固定资产

自行建造的固定资产，按建造该项资产达到预定可使用状态前所发生的必要支出作为入账价值。

3. 改建、扩建的固定资产

入账价＝改建、扩建前的价值＋改建、扩建中发生的支出－改建、扩建的变价收入

4. 接受捐赠的固定资产

（1）捐赠方提供了有关凭据：入账价＝凭据上标明的金额＋相关税费

（2）捐赠方没有提供有关凭据：入账价＝同类或类似固定资产的市价＋由企业负担的运输费、保险费和安装费等

5. 投资者投入的固定资产

接受固定资产投资的企业，在办理了固定资产移交手续之后，应按投资合同或协议约定的公允价值加上应支付的相关税费作为固定资产的入账价值。

6. 融资租赁的固定资产

企业在生产经营过程中，由于生产经营的需要或出于融资方面的考虑，也通过"融资租赁"方式取得固定资产。

融资租赁：也称为金融租赁或购买性租赁，是指实质上转移与资产所有权有关的全部或绝大部分风险和报酬的租赁行为。资产的所有权最终可以转移，也可以不转移。

这种交易行为中出租人根据承租人的请求及提供的规格，与第三方（供货商）订立一项供货合同，根据此合同，出租人按照承租人在与其利益有关的范围内所同意的条款取得工厂、资本货物或设备，并且出租人与承租人（用户）订立一项租赁合同，以承租人支付租金为条件授予承租人使用设备的权利。

融资租赁固定资产的入账价值要选择该固定资产在租赁开始日的公允价值（即市场价值）与最低租赁付款额的现值中的较低者。

融资租赁固定资产具有如下特点。

（1）租期较长。

（2）至少涉及三方当事人的交易。

（3）一般情况下，租期内租赁双方无权中止和调整合同。

（4）支付的租金包括设备价款、租赁费和借款利息等。

（5）设备的保险、保养、维护等费用以及报废、毁损、过时的风险均由承租人负担。

（6）租赁期满，承租人对设备拥有留购、续租或退租三种选择权。

7. 盘盈的固定资产

入账价＝同类或类似固定资产的市价－按该项固定资产新旧程度估计的价值损耗

8. 无偿调入的固定资产

入账价＝调出单位的账面原值＋由企业负担的运输费、安装费等

9. 非货币性资产交换、债务重组、企业并购等方式取得的固定资产

非货币性资产交换、债务重组、企业并购等方式取得的固定资产成本，按《企业会计准则》有关规定处理。

对于特殊行业的特定固定资产，确定其初始入账成本时，还应考虑弃置费用。

弃置费用，通常是指根据国家法律和行政法规、国际公约等规定，企业承担的环境保护和生态恢复等义务所确定的支出，如核电站核设施等的弃置和恢复环境等义务。对于这些特殊行业的特定固定资产，企业应当按照弃置费用的现值计入相关固定资产成本，如石油天然气开采企业应当按照油气资产的弃置费用现值计入相关油气资产成本，在固定资产或油气资

产的使用寿命内，按照预计负债的摊余成本和实际利率计算确定的利息费用，应当在发生时计入财务费用。

《企业会计准则》在考虑弃置费用的前提下对这一类固定资产取得时的财务处理为：借记"固定资产"科目，贷记"银行存款"和"预计负债——预计弃置费用"科目。

一般工商企业的固定资产发生的报废清理费用，不属于弃置费用，应当在发生时作为固定资产处置费用处理。

五、固定资产核算所设置的账户

固定资产的核算通常需要设置"固定资产""在建工程""累计折旧""工程物资"等账户。

"固定资产"账户核算固定资产原值增减变动和结存情况。

固定资产（资产类）

增加的固定资产原值	减少的固定资产原值
现有固定资产的原始价值	

"在建工程"账户核算企业固定资产未完工程所发生的一切支出。

在建工程（资产类）

固定资产未完工程所发生的一切支出	完工工程成本
尚未完工的工程成本	

"累计折旧"账户核算企业固定资产的累计折旧数，是"固定资产"的备抵账户。

累计折旧（资产类）

由于固定资产减少转出的折旧	计提的固定资产折旧
	累计折旧数

"工程物资"账户核算企业为建筑工程准备的各种工程物资的实际成本。

工程物资（资产类）

购入工程物资的实际成本	领用工程物资的实际成本
结存的工程物资的实际成本	

六、固定资产增加的账务处理

工业企业固定资产增加的途径一般有外购、自行建造、投资者投入和接受捐赠等，企业应根据不同的来源渠道对增加的固定资产进行相应的账务处理。

（一）外购固定资产的账务处理

外购的固定资产其原值为实际支付的全部价款。其中包括买价、进口关税等相关费用，以及固定资产达到预定可使用状态前所发生的可直接归属于该资产的其他支出。

（1）购入不需要安装的固定资产，可按实际支付的买价、运杂费、包装费等直接记入"固定资产"账户。

借：固定资产
　　应交税费——应交增值税（进项税额）
　贷：银行存款

> **小贴士**
> 我国自2016年5月1日起，在全国范围内全面进行"营改增"，营业税将退出历史舞台。

（2）购入需要安装的固定资产指固定资产需经过安装以后才能交付有关部门使用，在安装工程未达到可使用状态前不能作为固定资产入账。

购入固定资产时：
借：在建工程
　　应交税费——应交增值税（进项税额）
　贷：银行存款

发生的安装费：
借：在建工程
　贷：银行存款
　　　应付职工薪酬
　　　原材料

安装完毕固定资产达到预定可使用状态：
借：固定资产
　贷：在建工程

（二）自行建造固定资产的账务处理

企业自行建造的固定资产，按照建造该项资产达到预定可使用状态以前所发生的必要支出作为入账价值。这部分支出包括：工程用物资成本、人工成本、应予以资本化的固定资产借款费用、交纳的相关税费以及应分摊的其他间接费用等。自行建造的固定资产包括固定资产的改建、扩建、大修理工程，在建工程按组织实施方式的不同分为"自营工程"和"出包工程"。

1. 自营工程的账务处理

自营工程一般由企业的建筑安装部门或机修部门进行。在自营安装时，安装工程发生的包括固定资产的买价、包装费、运杂费以及安装过程中发生的相关支出等全部支出，均计入"在建工程"科目的借方，待安装完毕达到预定可使用状态时，再由"在建工程"账户转入"固定资产"账户。

（1）购入工程物资。
　　借：工程物资
　　　　贷：银行存款
（2）领用工程物资。
　　借：在建工程
　　　　贷：工程物资
（3）工程领用原材料。
　　借：在建工程
　　　　贷：原材料
　　　　　　应交税费——增值税（进项税额转出）
（4）工程人员工资。
　　借：在建工程
　　　　贷：应付职工薪酬
（5）辅助生产为工程提供劳务。
辅助生产为企业提供辅助服务时：
　　借：生产成本——辅助生产成本
　　　　贷：银行存款
　　　　　　原材料
结转为"在建工程"提供的辅助生产服务时：
　　借：在建工程
　　　　贷：生产成本——辅助生产成本
（6）工程完工固定资产达到预定可使用状态。
　　借：固定资产
　　　　贷：在建工程
（7）剩余工程物资转为存货。
　　借：原材料
　　　　应交税费——增值税（进项税额）
　　　　贷：工程物资

2. 出包工程的账务处理

指企业通过招标方式将工程项目发包给建筑商，由建筑商组织施工的建筑工程和安装工程。出包工程的具体支出由建筑商核算，在这种情况下，"在建工程"主要是企业与建筑商办理工程价款的结算账户，企业支付给建筑商的工程价款作为工程成本通过"在建工程"核算。

（1）开工时预付工程款。
　　借：在建工程
　　　　贷：银行存款

（2）按工程进度陆续拨款。

借：在建工程
　　贷：银行存款

（3）工程完工固定资产达到预定可使用状态。

借：固定资产
　　贷：在建工程

（三）投资者投入固定资产的账务处理

按照增值税专用发票上注明的增值税额，借记"应交税费——应交增值税（进项税额）"账户，按照确认的固定资产价值借记"固定资产"账户，按照增值税与固定资产的合计数贷记"实收资本"账户。

借：固定资产
　　　应交税费——增值税（进项税额）
　　贷：实收资本

（四）接受捐赠的固定资产的账务处理

捐赠转入的固定资产，按照增值税专用发票上注明的增值税，借记"应交税费——应交增值税（进项税额）"账户；按照确定的固定资产的价值（已扣除增值税），借记"固定资产"账户；如果捐出方代为支付了固定资产进项税额，则按照增值税进项税额与固定资产价值的合计数，贷记"营业外收入"等账户。

借：固定资产
　　　应交税费——增值税（进项税额）
　　贷：营业外收入

（五）融资租入固定资产的账务处理

融资租入的固定资产应根据相关租赁凭证、税费票据，于租赁开始日选择公允价值和最低租赁付款额现值较低者作为固定资产的入账价值，入账价值中也应包括初始发生的差旅费、印花税、律师费等费用，两者的差额则作为"未确认融资费用"处理。

借：固定资产——融资租入固定资产
　　　未确认融资费用
　　贷：长期应付款

任务解答

根据上述学习的知识，对任务设置做如下分析与处理。

【任务设置-1】购入需安装的固定资产，发生的运杂费和安装费都应计入固定资产的入账价值。该铣床的入账价值＝50 000+2 000+7 000＝59 000（元）

【任务设置-2】购入需安装的固定资产，安装过程中发生的费用通过"在建工程"核算，待安装完毕固定资产达到预定可使用状态，再由"在建工程"科目转入"固定资产"科目，账务处理如下。

①购入时：

借：在建工程　　　　　　　　　　　　　　　　　　　　　　51 000
　　应交税费——增值税（进项税额）　　　　　　　　　　　 8 500
　　贷：银行存款　　　　　　　　　　　　　　　　　　　　　59 500

②工程发生的安装费、工资等费用：

借：在建工程　　　　　　　　　　　　　　　　　　　　　　 4 255
　　贷：原材料　　　　　　　　　　　　　　　　　　　　　　1 500
　　　　应交税费——增值税（进项税额转出）　　　　　　　　 255
　　　　应付职工薪酬　　　　　　　　　　　　　　　　　　　2 500

③工程完工固定资产达到预定可使用状态：

借：固定资产　　　　　　　　　　　　　　　　　　　　　　55 255
　　贷：在建工程　　　　　　　　　　　　　　　　　　　　　55 255

【任务设置-3】自营工程中发生的材料成本、人工成本及其他相关税费应计入工程成本，通过"在建工程"核算，待工程完工，固定资产达到预定可使用状态，再由"在建工程"科目转入"固定资产"科目，账务处理如下。

①购入工程物资：

借：工程物资　　　　　　　　　　　　　　　　　　　　　 351 000
　　贷：银行存款　　　　　　　　　　　　　　　　　　　　351 000

②领用工程物资：

借：在建工程　　　　　　　　　　　　　　　　　　　　　 315 900
　　贷：工程物资　　　　　　　　　　　　　　　　　　　　315 900

③工程领用原材料：

借：在建工程　　　　　　　　　　　　　　　　　　　　　　23 400
　　贷：原材料　　　　　　　　　　　　　　　　　　　　　 20 000
　　　　应交税费——增值税（进项税额转出）　　　　　　　 3 400

④工程人员工资：

借：在建工程　　　　　　　　　　　　　　　　　　　　　　60 000
　　贷：应付职工薪酬　　　　　　　　　　　　　　　　　　 60 000

⑤工程领用库存商品：

借：在建工程　　　　　　　　　　　　　　　　　　　　　 107 000
　　贷：库存商品　　　　　　　　　　　　　　　　　　　　 90 000
　　　　应交税费——增值税（销项税额）　　　　　　　　　17 000

⑥辅助生产为工程提供劳务：

借：在建工程　　　　　　　　　　　　　　　　　　　　　　30 000
　　贷：生产成本——辅助生产成本　　　　　　　　　　　　 30 000

⑦工程完工固定资产达到预定可使用状态：

借：固定资产　　　　　　　　　　　　　　　　　　　　　 536 300
　　贷：在建工程　　　　　　　　　　　　　　　　　　　　536 300

⑧剩余工程物资转为存货：
借：原材料   30 000
    应交税费——增值税（进项税额）   5 100
  贷：工程物资   35 100

【任务设置-4】投资转入的固定资产应按照双方确认的价值入账，账务处理如下。
借：固定资产   200 000
    应交税费——增值税（进项税额）   34 000
  贷：实收资本   234 000

【任务设置-5】接受捐赠的固定资产，捐赠方提供了有关凭据的，按凭据上标明的金额加上应支付的相关税费作为入账价值，财务处理如下。
借：固定资产   302 000
    应交税费——增值税（进项税额）   51 000
  贷：营业外收入   351 000
      银行存款   2 000

【任务设置-6】为融资租赁固定资产业务，应计算租入日的固定资产公允价值与最低租赁付款额现值进行比较，取两者较低值确定为入账价值，财务处理如下。

（1）计算融资租赁最低付款额。

选择合同利率6%作为折现率，

计算年金现值系数为（P/A，6%，3）= 2.673 0

计算复利现值系数为（P/F，6%，3）= 0.839 6

则最低付款额现值 = 2 000 000×（P/A 6^3）+ 300 000×（P/F，6%，3）
              = 2 000 000×2.673 0+300 000×0.839 6 = 5 597 880（元）

公允价值为 6 000 000+300 000 = 6 300 000（元）

则固定资产入账价值为 5 597 880（元）；

未确认融资费用为 6 300 000−5 597 880 = 702 120（元）

（2）初始入账。
借：固定资产——融资租入固定资产   5 597 880
    未确认融资费用   702 120
  贷：长期应付款   6 300 000

（3）支付第一笔租金。
借：长期应付款——支付融资租赁款   2 100 000.00
  贷：银行存款   2 100 000.00

同时计算、分摊未确认的融资费用：

未确认融资费用分摊表（合同利率6%）

编制部门：财务部　　　　　　2015年12月30日　　　　　　　　单位：元

日期 ①	租金 ②	确认的融资费用 ③=⑤×6%	应付本金减少 ④=②-③	应付本金余额 ⑤=期初⑤-④
2015.12.31				5 597 880
2016.12.31	2 100 000	335 872.80	1 764 127.20	3 833 752.80
2017.12.31	2 100 000	230 025.17	1 769 974.83	2 063 777.97
2018.12.31	2 100 000	36 222.03	2 063 777.97	0.00
	6 300 000	602 120.00	5 597 880.00	

注：第三年时应直接扣除剩余的应付本金余额确认为融资费用。即
2 100 000-2 063 777.97=36 222.03元

财务主管：×××　　　　　会计：×××　　　　　制表：×××

（4）每月分摊融资费用。

2016年1月~12月，每月分摊未确认融资费用为335 872.80÷12=27 989.40（元）

　　借：财务费用——融资费用　　　　　　　　　　　　27 989.40
　　　　贷：未确认融资费用　　　　　　　　　　　　　　27 989.40

2017年1~12月每月应分摊的未确认融资费用同2016年。

技能训练

【技能训练-1】根据原始凭证编制记账凭证。

北京增值税专用发票　　开票日期 2015 年 05 月 14 日

第三联：增值税专用发票联 购货方记账

购货单位	名　　称：吉林中天纺织厂	密码区	+*81/27>13<18473-4<5>
	纳税人识别号：220104641245610		+->**7<-8+*->74)14723
	地址、电话：长春建设街290号		06>18373/++522*<88901
	开户行及账号：工行建设支行 6222024561-01		-2+/<3*>>0<91*100>>41

货物或应税劳务名称	规格型号	单位	数量	单价	金额	税率	税额
织布机		台	1	200 000	200 000	17%	34 000
合计					￥200 000		￥34 000

价税合计（大写）	贰拾叁万肆仟元整	（小写）￥234 000.00

销货单位	名　　称：北京长城机械厂	备注
	纳税人识别号：600124100048	
	地址、电话：北京市文明路88号	
	开户行及账号：工行文明路支行 6220351-65	

收款人：×××　　复核：×××　　开票人：×××　　销货单位：（章）

北京市建筑安装服务业统一发票

开票日期：2015年12月20日　　　地税　NO.150520

工程名称	织布机安装		合同字号	1502001
结算项目	单位	数量	单价	金额
				5 850.00
合计金额	伍仟捌佰伍拾元整			￥5 850.00
结算方式	转账	开户银行	工行建设支行	
		账号	680394184-89	

收款单位：　　　　　收款人：×××　　　　开票人：×××

中国工商银行　电汇凭证（回单）

委托日期 2015 年 12 月 20 日　　　第 0210520 号

汇款人	全称	吉林中天纺织厂	收款人	全称	北京长城机械厂
	账号	6222024561-01		账号	6220351-65
	汇出地点	吉林长春建设街290号		汇入地点	文明路88号
汇出行名称		工行建设支行	汇入行名称		工行朝阳支行
金额	人民币（大写）	伍仟捌佰伍拾元整	亿千百十万千百十元角分		￥5 8 5 0 0 0
汇款用途：安装费			支付密码		
上列款项请在本人的账户内支付，并按照汇兑结算规定汇给收款人。			附加信息及用途：		
		汇出行签章	复核		记账

【技能训练-2】根据下列业务的原始凭证计算自建固定资产价值，编制记账凭证并填制《固定资产交接验收单》。

(1) 借入基建借款。

中国工商银行借款凭证（回单）

2015 年 01 月 10 日　　　　No.1500101

收款单位	名称	吉林中天纺织厂	借款单位	名称	吉林中天纺织厂
	账号	6222024561-01		贷款账号	6222014001-00
	开户银行	工行建设支行		开户银行	工行建设支行
贷款种类	长期借款	贷款期限	2 年	年利率 3%	
申请借款金额	叁佰万元整	约定偿还日期	2017 年 1 月 9 日		
借款用途	支付基建工程款				
核准借款金额	人民币(大写)：叁佰万元整	￥3 000 000.00			
上列借款已批准发放，转入你单位结算账户。					

复核：×××　　　　　　　　　开票：×××

(2) 中天纺织厂支付设计费。

吉林省建筑安装设计业统一发票

2015 年 02 月 01 日　　　地税　NO.150201

工程名称	中天纺织厂仓库	合同字号	00120456	
结算项目	单位	数量	单价	金额
仓库基建图纸设计				50 000.00
水管设计				10 000.00
电路设计				20 000.00
合计金额	捌万元整		￥80 000.00	
结算方式	转账	开户银行	工行建设支行	
		账　号	6222024561-01	

收款单位：　　　　收款人：×××　　　开票人：×××

```
            中国工商银行
            转账支票存根
            IV0120098


         附加信息 _____
                 _____

         出票日期 2015 年 02 月 01 日
         收款人：长春建筑设计院
         金    额：  80 000.00
         用    途：  设计费

         单位主管        会计
```

（3）中天纺织厂采购建筑材料。

吉林增值税专用发票

开票日期：2015 年 02 月 09 日

购货单位	名称：吉林中天纺织厂 纳税人识别号：220104641245610 地址、电话：建设街 290 号 开户行及账号：工行建设支行 6222024561-01	密码区	+*81/27>13<18473-4<5> +->**7<-8+*->74>14723 06>18373/++522*<88901 -2+/<3*>>0<91*100>>41	加密版本：01 110007314 0 00792147
货物或应税劳务名称	规格型号	单位	数量	单价	金额	税率	税额
钢筋		吨	300	3 000.00	900 000.00	17%	153 000
水泥		吨	200	2 000.00	400 000.00	17%	68 000
合计					¥1 300 000		¥221 000
价税合计（大写）	壹佰伍拾贰万壹仟元整				（小写）¥1 521 000.00		
销货单位	名称：长春团结建筑材料公司 纳税人识别号：2101046541588 地址、电话：团结路 180 号 87621688 开户行及账号：工行团结路支行 62220288-64	备注	转账支票付款	

收款人：×××　　　复核：×××　　　开票人：×××　　　销货单位：（章）

吉林增值税专用发票

开票日期：2015年02月09日

购货单位	名　　称：吉林中天纺织厂					密码区	+*81/27>13<18473-4<5>	加密版本：01
	纳税人识别号：220104641245610						+->**7<-8+*->74>14723	110007314
	地址、电话：建设街290号						06>18373/++522*<88901	0
	开户行及账号：工行建设支行 6222024561-01						-2+/<3*>>0<91*100>>41	00792147

货物或应税劳务名称	规格	单位	数量	单价	金额	税率	税额
钢筋	型号	吨	300	3 000.00	900 000.00	17%	153 000
水泥	型号	吨	200	2 000.00	400 000.00	17%	68 000
合计					¥1 300 000		¥221 000

价税合计（大写）	壹佰伍拾贰万壹仟元整	（小写）¥1 521 000.00

销货单位	名　　称：长春团结建筑材料公司	备注	转账支票付款
	纳税人识别号：2101046541588		
	地址、电话：团结路180号 87621688		
	开户行及账号：工行团结路支行 62220288-64		

第二联：增值税专用抵扣联　购货方抵扣凭证

中国工商银行

转账支票存根

IV01501478

附加信息

出票日期 2015年02月09日

收款人：长春团结建筑材料公司

金　额： 1 521 000.00

用　途： 付建筑材料款

单位主管　　会计

中国工商银行

转账支票存根

IV01501479

附加信息

出票日期 2015年02月09日

收款人：长春联运公司

金　额： 9 990.00

用　途： 付材料运杂费

单位主管　　会计

公路、内河货物运输业统一增值税专用发票

发票联　　　　　增值税专用发票代码 2013012456

开票日期：2015 年 02 月 09 日　　　增值税专用发票号码 321456

机打代码	023706875337	税控区	20-163>>6+>1<84453>20/463+/92/// *481-8390+9636-6+81-565>310+/-28>63 56496928/-11469/78/6>>06/23-3 <84483>20/463<88443>20/4639/79/5
机打号码	09970578		
机器编号	210168836100		

收货人及纳税人识别号	吉林中天纺织厂 220104641245610	承运人及纳税人识别号	长春市联运公司 2201478962
发货人及纳税人识别号	长春团结建筑材料公司 2101046541588	主管税务机关及代码	长春市国家税务局宽城分局 20130097

运输项目及金额	货物名称	数量	运价	里程	金额	税率及税额	项目	税率	金额	备注
	钢筋	300			5 000		增值税	11%	990.00	起运地：长春 到达地：长春 运输类型：汽运
	水泥	200			4 000					
	运费小计	¥9 000				税额	¥990.00			
	合计（大写）	玖仟玖佰玖拾元整				（小写）¥9 990.00				

承运人盖章　　　　　　　　　　　　　开票人：×××

第三联：增值税专用发票联　付款方记账凭证　（手写无效）

基建材料成本计算表

编制部门：财务部　　　　2015 年 02 月 10 日　　　　单位：元

项目	买价	相关税费	总成本	单位成本
钢筋	900 000	159 000	1 059 000	3 530
水泥	400 000	72 000	472 000	2 360
合计	1 300 000	231 000	1 531 000	——

会计：×××　　　复核：×××　　　制单：×××

公路、内河货物运输业统一增值税专用发票

抵扣联

增值税专用发票代码 2013012456
开票日期：2015年02月09日
增值税专用发票号码 321456

机打代码	023706875337	税控区	20-163>>6+>1<84453>20/463+/92///
机打号码	09970578		*481-8390+9636-6+81-565>310+/-28>63
机器编号	210168836100		56496928/-11469/78/6>>06/23-3
			<84483>20/463<88443>20/4639/79/5
收货人及纳税人识别号	吉林中天纺织厂 220104641245610	承运人及纳税人识别号	长春市联运公司 2201478962
发货人及纳税人识别号	长春团结建筑材料公司 2101046541588	主管税务机关及代码	长春市国家税务局宽城分局 20130097

运输项目及金额	货物名称	数量	运价	里程	金额	税率及税额	项目	税率	金额	备注
	钢筋	300			5 000		增值税	11%	990.00	起运地：长春
	水泥	200			4 000					到达地：长春
										运输类型：汽运
	运费小计	¥9 000				税额			¥990.00	
	合计（大写）	玖仟玖佰玖拾元整				（小写）			¥9 990.00	

承运人盖章　　　　　　　　　　　　　　　　开票人：×××

第二联：增值税抵扣联 付款方抵扣凭证（手写无效）

基 建 材 料 入 库 单

编制部门：基建办　　　2015年02月10日　　　编号：015002号

收料单位	吉林中天纺织厂				供货单位	长春团结建筑材料公司			
品名	应收数				实收数				
	单位	数量	单价	金额	单位	数量	单价	金额	
钢筋	吨	300	3 530	1 059 000	吨	300	3 530	1 059 000	
水泥	吨	200	2 360	472 000	吨	200	2 360	472 000	
合计				1 531 000				1 531 000	

库管员：×××　　　　采购员：×××　　　　财务：×××

(4) 工程开工领用建筑材料。

基 建 材 料 领 料 单

领料部门：基建办　　2015 年 02 月 20 日　　编号：0150220 号

材料名称	单位	数量	单价	金额
钢筋	吨	300	3 530	1 059 000
水泥	吨	200	2 360	472 000
合计				1 531 000

库管员：×××　　　　领料人：×××　　　　财务：×××

(5) 工程发生人工费用。

中天纺织厂基建人员 02—12 月份工资结算单

编制部门：人事部　　2015 年 12 月 20 日

项目	岗位工资	地区津贴	职务补贴	采暖津贴	工龄津贴	其他	应发工资
刘伟	9 000	500	1 200	500	300	200	11 700
王红	8 000	400	1 400	500	400	300	11 000
赵岩	10 000	600	1 600	500	500	500	13 700
合计	100 000	20 000	8 000	1 500	1 500	1 800	132 800

财务主管：×××　　　　审核：×××　　　　制单：×××

(6) 中天纺织厂支付工程款。

中国工商银行

转账支票存根

IV01200654

附加信息

出票日期 2015 年 12 月 23 日

收款人：	吉林第四建筑公司
金　额：	5 000 000.00
用　途：	工程款
单位主管	会计

（7）自营工程完工交付使用。

固定资产验收交接清单

编制部门：基建办　　2015 年 12 月 30 日

资产编号	资产名称	型号规格	计量单位	数量	价值	费用	附加费用	合计
	仓库		栋	1				
资产标号			耐用年限	40				
制造厂名		自建	估计年限	40		主要附属设备		
制造日期或编号			基本折旧率	5%				
使用部门		生产部	预计残值					

财务主管：×××　　　　基建主管：×××　　　　　　　　制单：×××

（8）中天纺织厂计提基建借款利息。

2—12 月基建借款利息计算单

编制部门：财务部　　2015 年 12 月 31 日

基建借款	年利率	计算公式	利息额
3 000 000.00	3%	3 000 000×3%×11÷12	82 500

会计：×××　　　　出纳：×××　　　　　　制单：×××

【技能训练-3】出包工程的核算，根据原始凭证编制记账凭证。

（1）中天纺织厂预付工程款。

收　据

2015 年 03 月 01 日　　　　　　　　NO.2345678

付款单位	吉林中天纺织厂	收款方式	转账
人民币（大写）	肆佰万元整		￥4 000 000.00
缴款用途	预付工程款		

收款单位：（盖章）　　收款人：×××　　　　　开票人：×××

```
         中国工商银行
         转账支票存根
         IV01500985

    附加信息 _____
         _____
         _____

    出票日期 2015 年03月01日
    | 收款人： 长春利达建筑公司 |
    | 金  额： 4 000 000.00  |
    | 用  途： 预付工程款    |

    单位主管    会计
```

（2）工程完工补付工程款。

```
         中国工商银行
         转账支票存根
         IV01500986

    附加信息 _____
         _____
         _____

    出票日期 2015 年03月28日
    | 收款人： 长春利达建筑公司 |
    | 金  额： 3 000 000.00  |
    | 用  途： 补付工程款    |

    单位主管    会计
```

任务 3-3　固定资产折旧的核算

目标定位

（1）理解固定资产折旧的概念，了解影响固定资产折旧的因素。
（2）掌握固定资产折旧的计算方法。

任务设置

【任务设置-1】中天公司一台生产用设备原值 1 000 000 元，预计使用 10 年，其预计净残值率5%，采用平均年限法计算该设备的年折旧率、年折旧额、月折旧额。

【任务设置-2】中天公司一台生产经营用设备原值200 000元，预计使用5年，预计净残值5 000元，采用双倍余额递减法计算各年的折旧额。

【任务设置-3】2015年5月，中天公司购入的某项固定资产原值100 000元，预计使用5年，预计净残值5 000元，采用年数总和法计算各年折旧额，并编制固定资产折旧计算表。

基本技能

一、固定资产折旧的概念

企业生产运营中的固定资产，伴随着生产使用必将发生有形损耗和无形损耗，有形损耗是由使用磨损造成的，无形损耗是由经济价值变化产生的，无论是有形损耗还是无形损耗对企业资产的价值都会产生影响，损耗的价值都需要得到相应的补偿。

有形损耗：是指固定资产在使用过程中，由于正常使用所发生的设备磨损以及房屋建筑物的自然侵蚀而导致的使用价值和价值的损失。

无形损耗：是指由于科学技术的进步或劳动生产率的提高而导致的固定资产价值上的损失。

作为在企业中长期参加生产经营而保持其原有实物形态的固定资产，其逐渐损耗而消失的那部分价值是以折旧的形式从商品销售收入中逐步得到补偿。

固定资产折旧是固定资产在使用寿命内按照确定的方法对应计提的折旧额进行系统地分摊。

二、影响固定资产折旧的因素

1. 固定资产原值

一般情况下，计提固定资产折旧应以固定资产的原值作为基数。采用双倍余额递减法计算折旧的企业，是以固定资产的账面净值作为计提折旧的依据。

2. 固定资产的净残值

固定资产净残值是指预计固定资产报废时可以收回的残余价值扣除清理费用后的余额。由于在计算折旧时，对固定资产的残余价值和清理费用只能人为估计，所以净残值的确定有一定的主观性。

3. 固定资产的折旧年限

固定资产的折旧年限是由固定资产使用年限（或称"经济寿命"）来决定的，它直接影响各期应提的折旧额。

《企业会计准则第4号——固定资产》第十六条规定，企业在确定固定资产的使用寿命时，主要应当考虑下列因素：预计生产能力或实物产量、预计有形损耗和无形损耗、法律或者类似规定对资产使用的限制。

4. 固定资产的折旧方法

同一种固定资产，因企业选用的折旧计算方法不同，计算的折旧额也会有所差异。折旧方法一经确定，不得随意变更。

《企业会计准则》对企业计提折旧做出了明确的规定：企业应当根据固定资产的性质和消耗方式，合理确定固定资产的预计使用年限和预计净残值，并根据科技发展、环境及其他因素，选择合理的固定资产折旧方法，按照管理权限，经股东大会或董事会等类似机构批准，作为计提折旧的依据；同时，按照法律、行政法规的规定报送有关各方备案……企业已经确定的预计使用年限和预计净残值、折旧方法等，一经确定不得随意变更，如需变更，仍需按上述程序，经批准后报有关部门备案，并在财务报表附注中予以说明。

三、固定资产折旧的计提范围

除以下情况外，企业应当对所有固定资产计提折旧。
（1）已提足折旧仍可继续使用的固定资产。
（2）单独计价作为固定资产入账的土地。
（3）经营租赁方式租入的固定资产。
※在确定计提固定资产折旧范围时还应注意以下事项。
（1）固定资产按月计提折旧，当月增加的固定资产，当月不提折旧，从下月开始计提折旧；当月减少的固定资产，当月仍计提折旧，从下月起不再计提折旧。
（2）以融资租赁方式租入的固定资产和以经营租赁方式租出的固定资产，应当作企业自有的固定资产来计提折旧；以融资租赁方式租出的固定资产和以经营租赁方式租入的固定资产，不应当作企业自有的固定资产，不应当计提折旧。
（3）已达到预定可使用状态的固定资产，无论是否交付使用，都应计提折旧；尚未办理竣工决算的，应当按照估计价值确认为固定资产，并计提折旧；待办理了竣工决算手续后，再按实际成本调整原来的暂估价值，但不需要调整原已计提的折旧额。
（4）符合准则规定的确认条件的固定资产的装修费用，应当在两次装修期间与固定资产剩余使用寿命两者中较短的期间内计提折旧。
（5）融资租赁方式租入的固定资产发生的装修费用，符合固定资产确认条件的，应当在两次装修期间、剩余租赁期与固定资产剩余使用寿命三者中较短的期间内计提折旧。
（6）处于修理、更新改造过程而停止使用的固定资产，符合固定资产确认条件的，应当转入在建工程，停止计提折旧；不符合固定资产确认条件的，不应转入在建工程，照提折旧。
（7）固定资产提足折旧后，不管能否继续使用，均不再计提折旧；提前报废的固定资产，也不再补提折旧。

四、固定资产折旧的计算方法

可选用的固定资产折旧方法有直线法、工作量法、双倍余额递减法、年数总和法等方法。其中：直线法、工作量法为传统的方法，双倍余额递减法、年数总和法为加速折旧方法。

1. 直线法

直线法，也称"平均年限法"，是按照固定资产的预计使用年限，将固定资产应计折旧额平均分摊到各期的一种计算方法。

采用这种方法，对于某一项固定资产，每期计提的折旧额是相等的，有关计算公式如下：
年折旧额 =（固定资产原值 - 预计残值 + 清理费用）/ 预计使用年限

或：年折旧额=固定资产原值×年折旧率

年折旧率=（1-预计净残值率）/使用年限×100%

月折旧率=年折旧率/12

月折旧额=固定资产原值×月折旧率

2. 工作量法

工作量法是按照固定资产在一定时期完成的工作量计算折旧额的一种方法。这种方法一般适用企业的运输车辆、大型的机械设备等可以确定工作量的固定资产计提折旧。

单位工作量的折旧额=（固定资产原值-预计残值+清理费用）/预计工作总量
=原值×（1-净残值率）/预计工作总量

某期应提折旧额=本期实际工作量×单位工作量的折旧额

3. 双倍余额递减法

是在不考虑固定资产预计残值的情况下，用直线折旧率的双倍乘以每期期初固定资产账面净值计算折旧额的方法。

$$年折旧率 = \frac{2}{使用年限} \times 100\%$$

年折旧额=固定资产账面净值×年折旧率

※由于双倍余额递减法计算年折旧率时没有考虑预计净残值，因此采用这种方法时必须注意不能使固定资产的账面净值低于预计净残值。因此，制度规定采用双倍余额递减法计算折旧，应当在固定资产折旧年限到期的前两年，将固定资产账面净值扣除预计净残值平均摊销。

4. 年数总和法

年数总和法是根据固定资产原值减去预计净残值后的净额和一个逐期递减的折旧率来计算折旧额的一种方法。

$$年折旧率 = \frac{尚可使用年数}{年数总和}$$

年折旧额=（固定资产原值-预计净残值）×年折旧率

"年数总和"的计算方法为 $\frac{n(n+1)}{2}$，这里 n 表示预计使用年限。

五、固定资产折旧的账务处理

在实际工作中，企业计提的固定资产折旧是按月根据固定资产计提折旧的范围和采用的折旧方法，通过编制"固定资产折旧计算表"进行的。

固定资产应当按月计提折旧，计提的折旧通过"累计折旧"账户核算，并根据用途计入相关资产成本或当期损益。

企业生产车间所使用的固定资产，其计提的折旧应计入"制造费用"账户；管理部门所使用的及未使用的固定资产，其计提的折旧应计入"管理费用"账户；销售部门所使用的固定资产，其计提的折旧应计入"销售费用"账户；经营租出的固定资产，其计提的折旧应计入"其他业务成本"账户。

借：制造费用
　　管理费用
　　销售费用

其他业务成本
贷：累计折旧

任务解答

通过上述知识的学习和掌握，对任务设置进行业务分析处理如下。

【任务设置-1】采用平均年限法计算折旧，其运算过程为

年折旧额 = $\dfrac{1\,000\,000 \times (1-5\%)}{10}$ = 95 000（元）

月折旧额 = 95 000÷12 = 7 917（元）

年折旧率 = 95 000÷1 000 000 = 9.5%

【任务设置-2】采用双倍余额递减法计算折旧，其运算过程为

年折旧率 =（2÷5）×100% = 40%

第一年应提折旧额 = 200 000×40% = 80 000（元）

第二年应提折旧额 =（200 000-80 000）×40% = 48 000（元）

第三年应提折旧额 =（120 000-48 000）×40% = 28 800（元）

第四年、第五年应提折旧额 = [（72 000-28 800）-5 000]÷2 = 19 100（元）

固定资产折旧计算表-双倍余额递减法

编制部门：财务部　　　　2015年12月31日　　　　　　　单位：元

时间	年初账面净值	年折旧率	年折旧额	累计折旧额	年末账面净值
1	200 000	40%	80 000	80 000	120 000
2	200 000-80 000=120 000	40%	48 000	128 000	72 000
3	200 000-128 000=72 000	40%	28 800	156 800	43 200
4	200 000-156 800=43 200		(43 200-5 000)÷2=19 100	175 900	24 100
5	200 000-175 900=24 100		19 100	195 000	5 000

【任务设置-3】采用年数总和法计算折旧，其运算过程如下。

固定资产折旧计算表-年数总和法

编制部门：财务部　　　　2015年06月30日　　　　　　　单位：元

年份	尚可使用年数	原值—残值	折旧率	折旧额	累计折旧
1	5	95 000.00	5/15	31 667.00	31 667.00
2	4	95 000.00	4/15	25 333.00	57 000.00
3	3	95 000.00	3/15	19 000.00	76 000.00
4	2	95 000.00	2/15	12 667.00	88 667.00
5	1	95 000.00	1/15	6 333.00	95 000.00

财务主管：×××　　　　会计：×××　　　　制单：×××

技能训练

【技能训练-1】中天公司有一台生产经营用的设备，原值 280 000 元，预计净残值 20 000 元，预计清理费用 2 000 元，预计使用 10 年，请你根据以上条件计算该固定资产的年折旧额、年折旧率、月折旧额、月折旧率。

【技能训练-2】中天公司一台运输用的货车原值 120 000 元，预计报废时净残值 3 000 元，在使用期限内预计行驶里程 400 000 千米，本月行驶 3 000 千米，请求出单位里程的折旧额和本月的折旧额。

【技能训练-3】中天公司 2015 年 5 月购入的某项固定资产原值 1 200 000 元，预计使用 5 年，预计净残值率 4%，采用双倍余额递减法和年数总和法计算各年折旧额。（年数总和法可以列表计算）

任务 3-4　固定资产处置及清查的核算

目标定位

（1）了解固定资产处置的原因，掌握固定资产处置的核算方法。
（2）了解固定资产清查的含义、方法，掌握盘盈、盘亏的账务处理。

任务设置

【任务设置-1】中天公司于 2015 年 1 月出售一台使用过的设备，价格 234 000 元（含税），该项设备于 2012 年 1 月购入，该固定资产取得时，其进项税额 34 000 元已计入"应交税费——增值税（进项税额）"。假定折旧年限为 10 年，采用直线法折旧，不考虑残值。2015 年售价 150 000 元（含税），该设备适用 17% 的税率，根据以上业务资料编制相应的记账凭证。

【任务设置-2】2015 年 2 月，中天公司材料仓库因火灾毁损，其原值 500 000 元，累计折旧 300 000 元。清理过程中发生清理费 10 000 元，残料变价收入 5 000 元，款项通过银行存款收支，经与保险公司协商，保险公司同意赔偿 140 000 元，根据以上业务资料编制相应的记账凭证。

【任务设置-3】2015 年 12 月 25 日，中天公司以一台大型设备向大华公司进行投资，该设备原值 250 000 元，已提折旧 60 000 元。投资时，双方确认价值 200 000 元，企业适用的增值税税率 17%，根据以上业务资料编制相应的记账凭证。

【任务设置-4】中天公司在 2015 年末进行财产清查过程中，盘盈账外设备一台，市场同类产品价格为 100 000 元，预计使用年限为 6 年，已使用 3 年，估计期末净残值为 2 000 元，根据以上资料编制相应的记账凭证。

基本技能

一、固定资产处置的概念

固定资产处置是指由于各种原因使企业固定资产退出生产经营过程所做出的处理活动。

在企业固定资产的使用过程中，有时会出现固定资产退出正常工作状态的情况，如固定资产出售、报废、毁损、对外投资、非货币性资产交换和债务重组等。

《企业会计准则》规定，固定资产满足下列条件之一时，应当予以终止确认。

(1) 固定资产处于处置状态。

(2) 固定资产预期通过使用或处置不能产生经济利益。

二、固定资产处置的核算

固定资产的处置一般通过"固定资产清理"账户进行，该账户核算企业因出售、毁损和报废等原因转入清理的固定资产净值以及在清理中所发生的清理费用和变价收入。

固定资产清理（资产类）

转入清理的固定资产净值、清理的税费、结转固定资产清理的净收益	出售固定资产的价款、清理的变价收入、过失人和保险公司负责的赔偿、结转固定资产清理的净损失
未结转的清理损失	未结转的清理收益

1. 出售的固定资产

企业对闲置不需用的固定资产，可以出售给其他企业，收回资金，避免资源浪费，加速资金周转。按照有关规定，企业出售不动产，还应按照出售收入计算缴纳增值税。

> **小贴士**
>
> 实行增值税改革后，企业销售本企业已用过的设备，如该设备取得时，其增值税已计入应交税费——增值税（进项税额），销售时应按17%税率计算销项税额；如该设备取得时进项税额没有抵扣，则按不含税销售额依照3%征收率减按2%征收增值税（2014年7月1日实施）。

① 注销原值和已提折旧：

借：固定资产清理

　　累计折旧

　贷：固定资产

② 发生清理费：

借：固定资产清理

　贷：银行存款

③产生变价收入:
借:银行存款
　　贷:固定资产清理
　　　　应交税费——应交增值税(销项税额)
④结转固定资产清理的净收益或净损失:
净收益:借:固定资产清理
　　　　　贷:营业外收入——处置固定资产净收益
净损失:借:营业外支出——处置固定资产净损失
　　　　　贷:固定资产清理

2. 对外捐赠转出的固定资产

企业将自制、委托加工或购进的固定资产无偿赠送他人,应视同销售处理,计算应交纳的增值税,借记"营业外支出"科目,贷记"应交税费——应交增值税(销项税额)"等科目。

借:营业外支出
　　累计折旧
　　固定资产减值准备
　　贷:固定资产
　　　　应交税费——应交增值税(销项税额)

3. 报废、毁损的固定资产

固定资产的报废有正常报废和非正常报废两种情况,无论哪种情况,固定资产报废、毁损的账务处理包括冲减固定资产的净值和原值、支付清理费、清理的变价收入、因非正常报废发生的保险理赔及结转固定资产清理的净收益等。

①注销原值和已提折旧:
借:固定资产清理
　　累计折旧
　　固定资产减值准备
　　贷:固定资产
②清理费:
借:固定资产清理
　　贷:银行存款
③收回的残料、变价收入或应收保险公司赔款:
借:银行存款
　　原材料
　　其他应收款——保险公司
　　贷:固定资产清理
　　　　应交税费——应交增值税(销项税额)
④结转固定资产清理的净损失:
借:营业外支出——非常损失
　　　　　　——处置固定资产的净损失
　　贷:固定资产清理

4. 对外投资转出固定资产

固定资产投资转出，应以评估价值作为"长期股权投资"的价值。如评估价大于固定资产的账面净值，其差额计入"资本公积"账户；如评估价小于固定资产的账面净值，其差额计入"营业外支出"账户；对外拥有的股权投资价值通过"长期股权投资"账户核算。

借：长期股权投资
　　累计折旧
　贷：固定资产
　　　应交税费——应交增值税（销项税额）
　　　资本公积

三、固定资产清查的核算

企业在生产经营过程中，形成的固定资产不仅分布于企业内部，也分布于企业的外部。为保证资产的安全、完整，使固定资产能够充分发挥其效用为企业提供服务、创造收益，必须对固定资产进行定期地核查，这是企业固定资产管理的重要环节。

固定资产清查是指从实物管理的角度对单位实际拥有的固定资产进行实物清查，并与固定资产账簿、卡片进行核对，确定盘盈、毁损、报废及盘亏资产。固定资产的清查结果一般通过编制"固定资产盘盈盘亏报告表"反映。

1. 固定资产的清查范围
（1）生产经营用固定资产。
（2）非生产经营用固定资产。
（3）未使用及不需用固定资产。
（4）租赁的固定资产，包括融资租赁及经营性租赁的固定资产。
（5）出租的固定资产。

2. 固定资产盘盈、盘亏的处置

固定资产的盘盈、盘亏通过"待处理财产损溢——待处理非流动资产损溢"账户来核算。

（1）盘盈时：应根据同类或类似固定资产的市场价值，扣除根据该项固定资产新旧程度估计的价值损耗后的余额，对固定资产予以登记卡片及账簿。

发现盘盈时：
借：固定资产
　贷：待处理财产损溢——待处理非流动资产损溢

报经批准后：
借：待处理财产损溢——待处理非流动资产损溢
　贷：利润分配——未分配利润
　　　应交税费——应交所得税
　　　盈余公积

（2）盘亏时：应将固定资产的账面原值及已经计提的固定资产折旧、减值准备予以核销，转入待处理状态，查明原因并经核准后予以处理。

借：待处理财产损溢——待处理非流动资产损溢
　　累计折旧

　　　　固定资产减值准备
　　贷：固定资产
核准后：
借：营业外支出——盘亏损失
　　其他应收款
　　贷：待处理财产损溢——待处理非流动资产损溢

任务解答

根据上述所掌握的知识，对任务设置做如下分析处理。

【任务设置-1】属于出售使用过的设备，其有关计算和账务处理如下：
固定资产原值＝234 000÷（1+17%）＝200 000（元）
三年共提折旧＝（200 000÷10）×3＝60 000（元）
2015年出售时应交增值税＝［150 000÷（1+17%）］×17%＝21 795（元）

①转入清理：

借：固定资产清理	140 000
累计折旧	60 000
贷：固定资产	200 000

②收到价款：

借：银行存款	150 000
贷：固定资产清理	128 205
应交税费——增值税（销项税额）	21 795

③结转净损失：

借：营业外支出	11 795
贷：固定资产清理	11 795

【任务设置-2】属于固定资产毁损报废，需要进行固定资产清理，账务处理如下。

①注销原值和已提折旧：

借：固定资产清理	200 000
累计折旧	300 000
贷：固定资产	500 000

②清理费：

借：固定资产清理	10 000
贷：银行存款	10 000

③变价收入：

借：银行存款	5 000
贷：固定资产清理	5 000

④应收保险公司赔偿：

借：其他应收款	140 000
贷：固定资产清理	140 000

⑤结转固定资产清理的净损失：

借：营业外支出——非常损失　　　　　　　　　　　　　　65 000
　　贷：固定资产清理　　　　　　　　　　　　　　　　　　65 000

【任务设置-3】属于用固定资产向外投资业务，账务处理如下。

借：长期股权投资　　　　　　　　　　　　　　　　　　234 000
　　累计折旧　　　　　　　　　　　　　　　　　　　　　60 000
　　贷：固定资产　　　　　　　　　　　　　　　　　　　250 000
　　　　应交税费——应交增值税（销项税额）　　　　　　　34 000
　　　　资本公积　　　　　　　　　　　　　　　　　　　10 000

【任务设置-4】属于固定资产盘盈业务，账务处理如下。

盘盈时：

借：固定资产——设备　　　　　　　　　　　　　　　　49 000
　　贷：以前年度损益调整　　　　　　　　　　　　　　　49 000

报经批准后：

借：以前年度损益调整
　　贷：利润分配——未分配利润　　　　　　　　　　　　39 200
　　　　应交税费——应交所得税　　　　　　　　　　　　　9 800

技能训练

【技能训练-1】根据固定资产处置的原始凭证编制记账凭证。

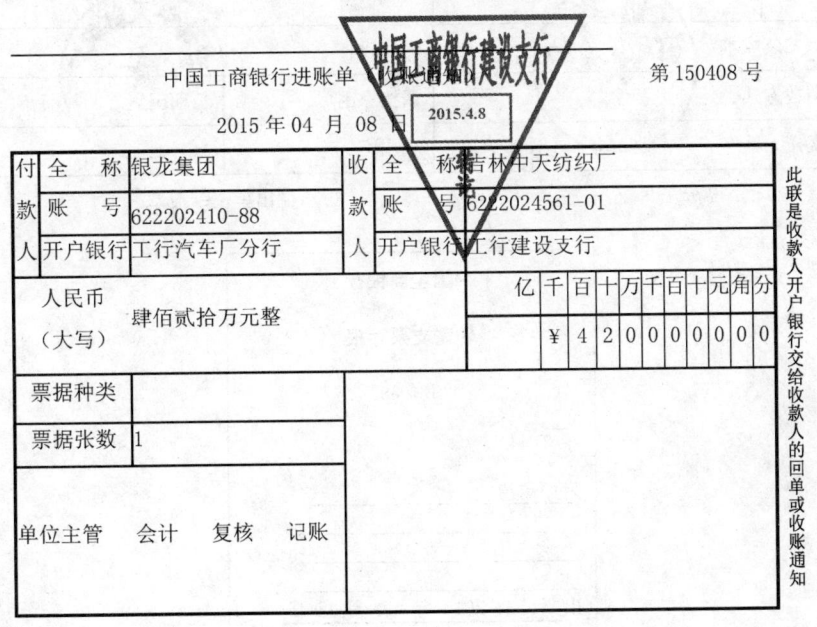

吉林省社会服务业统一发票   No.020408

客户名称：中天纺织厂   2015 年 04 月 08 日

服务项目	内 容	单位	数量	收费标准	金 额									备注
					万	千	百	十	元	角	分	
房屋清理		幢	1	5 000		¥	5	0	0	0	0	0	
合计人民币（大写）	伍仟元整					¥	5	0	0	0	0	0	

单位：（盖章）   开票人：×××   收款人：×××

第二联 发票联

固定资产划拨单

调入单位：银龙集团   2015 年 04 月 08 日   No.346021

调出单位：中天纺织厂

名称	规格	单位	数量	原值	已提折旧	净值	预计使用年限	调拨价格
房屋	1号厂房	幢	1	5 000 000	1 000 000	4 000 000	25	4 200 000
原安装成本					附属设备			
调拨方式	有偿				调拨原因	长期闲置		
交接人签字	调入方	×××			调出方	×××		

调入单位：盖章   调出单位：盖章

中国工商银行

转账支票存根

IV01500687

附加信息

出票日期 2015 年 04 月 08 日

| 收款人：房屋维护公司 |
| 金　额：¥ 5 000.00 |
| 用　途：房屋清理费 |

单位主管   会计

项目三 固定资产管理会计岗位业务的核算

中华人民共和国
税收通用缴款书

隶属关系：　　　　　　　　　　　　　　　　　　　　　　　（2015-1）吉地××××号

注册类型：工业企业　　填发日期：2015年04月09日　　征收机关：

缴税单位（人）	代　　码	220104641245610	预算科目	编码	
	全　　称	吉林中天纺织厂		名称	
	开户银行	工行建设支行		级次	
	账　　号	6222024561-01		收款国库	

税款所属时期：2015年04月01日至2015年04月30日　　税款限缴日期：2015年04月30日

品目名标	课税数量	计税金额或销售收入	税率或单位税额	已缴或扣除额	实缴金额
销售不动产		4 200 000.00	5%	0	210 000.00
金额合计	（大写）贰拾壹万元整				

缴款单位（人）（盖章）	税务机关（盖章）	上列款项已收妥并转收款单位账户	备注
经办人（章）	填票人（章）	国库（银行）盖章　　年　月　日	

逾期不缴按税法规定加收滞纳金

【技能训练-2】 根据固定资产报废的原始凭证编制记账凭证。

固定资产报废申请单

固定资产编号：0065　　　　2015年05月10日　　　　No.0205010

固定资产名称	规格型号	单位	数量	已使用年限	预计使用年限	原值	已提折旧	清理费	残值变价收入	备注
织布机	YB-01	台	1	15	18	500 000	450 000	3 000	6 000	已提减值准备 10 000
固定资产状况及报废原因				YB-01织布机已过分陈旧，性能太差，影响产品质量						
	使用部门		技术鉴定小组		固定资产管理部门		财会部门		主管部门审批	
处理意见	建议报废 负责人：×××		设备陈旧，应报废 鉴定组长：×××		建议报废 责任人：×××		建议报废 负责人：×××		（章）	

吉林省物资服务业统一票据

2015 年 05 月 10 日

客户名称：吉林中天纺织厂　　　　　　　　　　No.01505013

回收物品名称	单位	数量	单价	金额
废钢	千克	3 000	1.00	3 000.00
废铜	千克	500	2.00	1 000.00
废铝	千克	1 000	2.00	2 000.00
合计金额				6 000.00

收购单位：　　　　　　　付款人：×××　　　　开票人：×××

中国工商银行

转账支票存根

Ⅳ 01500689

附加信息 _____

出票日期 2015 年 05 月 10 日

收款人：	利达服务公司
金　额：	￥3 000.00
用　途：	织布机清理费

单位主管　　　会计

中国工商银行进账单（收账通知）

2015 年 05 月 10 日　　2015.5.10　　第 015051 号

付款人	全称	长春物资回收公司	收款人	全称	吉林中天纺织厂
	账号	620456201-06		账号	6222024561-01
	开户银行	工行南大街分行		开户银行	工行建设支行

人民币（大写）	陆仟元整	亿	千	百	十	万	千	百	十	元	角	分
						￥	6	0	0	0	0	0

票据种类	
票据张数	1
单位主管　会计　复核　记账	

此联是收款人开户银行交给收款人的回单或收账通知

任务 3-5　固定资产后续支出的核算

目标定位

（1）理解固定资产后续支出的概念、内容。
（2）掌握固定资产后续支出的核算原则。
（3）掌握固定资产后续支出的核算方法。

任务设置

【任务设置-1】2015年1月1日，中天公司开始对所持有的一条流水线进行技术改造，该流水线原值为240 000元，已提取折旧140 000元，账面价值100 000元。2015年6月30日完成了对这条流水线的改扩建工程，共发生支出60 000元，其中：领用原材料的实际成本20 000元，增值税率为17%，支付工程人员工资10 000元，其余款项用银行存款支付。该流水线扩建后达到了预定可使用状态，大大地提高了生产能力，使产品质量明显提高，应该如何进行业务处理？

【任务设置-2】中天公司于2015年5月30日对生产车间进行维修，维修过程中领用本企业生产用材料一批，价款100 000元，该材料的进项税为17 000元，支付维修人员薪酬20 000元，辅助生产为修理提供劳务10 000元，应如何进行业务处理？

> 基本技能

一、固定资产后续支出的概念、内容

固定资产在长期的使用过程中会发生局部的磨损或损坏，影响产品的质量和生产经营的正常进行。同时随着技术的进步，企业也有必要对现有的固定资产进行改良，以更好地发挥固定资产的使用效能，延长固定资产的使用寿命。

固定资产的后续支出是指固定资产投入使用后为了适应新技术发展的需要，或为了维护提高固定资产的使用效能等所发生的支出。

固定资产后续支出包括企业对固定资产进行维修、维护、改建、扩建和改良等所发生的支出。

固定资产的后续支出的处理有两个方向："资本化支出"和"费用化支出"。

（1）资本化，是指支出如果符合资产的确认条件，应将该支出用于增加资产的价值。

（2）费用化，是指支出如果符合费用性质，应将该支出作为费用处理。

二、固定资产后续支出的核算原则

《企业会计准则》规定："与固定资产有关的修理费用等后续支出，不符合固定资产确认条件的，应当根据不同情况分别在发生时计入当期管理费用或者销售费用等，生产车间使用固定资产发生的修理费计入管理费用。"同时有规定"符合固定资产确认条件的大修理支出应予以资本化"。

核算原则具体如下。

（1）固定资产大、中、小修理维护支出，一般应直接计入当期费用，但是符合固定资产确认条件的大修理支出需资本化，记入固定资产价值。

（2）固定资产的改良、改扩建支出，符合固定资产确认条件的计入固定资产价值。

（3）不能区分修理支出、改良支出或修理改良结合在一起的支出应按上述原则进行判断，分情况予以资本化或费用化处理。

三、固定资产后续支出的核算

1. 资本化的后续支出

固定资产发生可资本化的后续支出时，企业一般应将该固定资产的原值、已计提的累计折旧和减值准备转销，将固定资产的账面价值转入在建工程，并停止计提折旧。固定资产发生的可资本化的后续支出，通过"在建工程"账户核算。待更新改造完工并达到预定可使用状态时，再从"在建工程"转为固定资产，并按重新确定的使用寿命、预计净残值和折旧方法计提折旧。

（1）对固定资产改良时，应将账面价值转入在建工程。

借：在建工程
　　累计折旧
　　固定资产减值准备

贷：固定资产
（2）改良支出。
借：在建工程
　　贷：银行存款
　　　　原材料
　　　　应交税费——增值税（进项税额转出）
　　　　应付职工薪酬
（3）改良中拆除设备的变价收入。
借：银行存款
　　贷：在建工程
（4）改良后固定资产达到预定可使用状态。
借：固定资产
　　贷：在建工程

2. 费用化的后续支出

为了维持固定资产的正常运转和使用，充分发挥其使用效能，企业会对固定资产进行必要的经常性的维护。固定资产的日常维护支出只是确保固定资产的正常工作状况，通常是不能满足固定资产的确认条件，应在发生时计入管理费用。

借：管理费用
　　贷：银行存款
　　　　原材料
　　　　应交税费——增值税（进项税额转出）
　　　　应付职工薪酬

四、固定资产的减值准备

企业在进行会计核算时，应当遵循谨慎性原则，即要求企业在面临不确定因素的情况下做出职业判断时，应当保持必要的谨慎，充分估计到各种风险和损失，不高估资产或收益，也不少计负债或费用。确保资产的真实，符合资产定义（资产是指过去的交易、事项形成并由企业拥有或者控制的资源，该资源预期会给企业带来经济利益）的要求。

出于财务会计核算上的谨慎性原则，《企业会计准则》规定，企业应当在期末对固定资产逐项进行检查，如果由于市价持续下跌或技术陈旧、损坏、长期闲置等原因，可收回金额的计量结果表明资产的可收回金额低于其账面价值的，应当将资产的账面价值减记至可收回金额，减记的金额确认为资产减值损失，计入当期损益，同时计提相应的资产减值准备，资产减值损失一经确认，在以后会计期间不得转回。

所谓固定资产减值准备是指由于固定资产市价持续下跌或技术陈旧、损坏、长期闲置等原因导致其可收回金额低于账面价值的，应当将可收回金额低于其账面价值的差额作为固定资产减值准备。

我国关于资产减值准备规定不仅说明了谨慎性原则的重要性，也是为了避免资产的虚增导致企业利润的虚增，同时保证企业财务资料的真实性、可比性。

需要注意的是，运用谨慎性原则并不意味着企业可以设置秘密准备，否则就属于滥用谨慎性原则,将视为重大会计差错处理。

五、固定资产减值准备与累计折旧的关系

1. 固定资产减值准备与累计折旧的联系

(1) 两者都对固定资产降低的价值进行核算:减值准备核算的是固定资产净值的减损,累计折旧核算的是固定资产价值的转移。

(2) 两者计提的原因有相同之处:预防因科学技术的进步、市场经济对固定资产价值的影响以及遭受损毁等因素,致使固定资产价值降低。

(3) 固定资产减值准备是累计折旧的补充,它对累计折旧中的估计偏差进行矫正;固定资产的折旧要以减值后的固定资产净值为基础进行调整。

2. 固定资产减值准备与累计折旧的区别

(1) 两者计提的依据不同:一般情况下累计折旧是固定资产原值的减项,而固定资产减值准备则是固定资产净值的减项。这个差别通过两者在"资产负债表"中列示的情况可以反映。

(2) 两者对降低的价值处理的时间不同:固定资产预计使用年限和预计净残值、折旧方法等,一经确定不得随意变更;当折旧估计发生偏差、固定资产价值发生减损时,固定资产减值准备可以在期末及时地予以调整。

(3) 两者存在与运行的状态不同:无论何种折旧方法,折旧一般都是按月计提的,并与当期的收益相配比;而固定资产减值则不同,它是一项不确定要素,非经常性发生的非经营性支出,因为固定资产减值产生的原因也不是经常发生的。

(4) 两者客观性不同:企业取得固定资产后,就要预计折旧年限、净残值和选择合理的折旧方法,预计就是一种估计,毕竟与客观实际产生差异,因此累计折旧金额是主观性较强的估计值;而固定资产减值准备是购置固定资产后,伴随着市场价值的变化,在期末根据账面价值与可收回金额之差来确定金额的,相对比较客观。

(5) 两者核算的范围不同:累计折旧的核算范围是在计提累计折旧范围内,核算的固定资产因正常使用而发生的价值转移,是一种价值的补偿;而固定资产减值准备所核算的范围要超过累计折旧的计提范围,不仅要考虑正常使用的固定资产的减值,也要核算不计提固定资产折旧的固定资产的减值。

任务解答

根据上述所掌握的知识,对任务设置分析处理如下。

【任务设置-1】属于资本化的后续支出,账务处理如下。

①2015年1月1日,固定资产转入改扩建工程:

借:在建工程	100 000.00
累计折旧	140 000.00
贷:固定资产	240 000.00

②1月1日至6月30日,发生的后续支出:

借:在建工程	60 000.00

贷：银行存款		26 600.00
原材料		20 000.00
应交税费——增值税（进项税额转出）		3 400.00
应付职工薪酬		10 000.00

【任务设置-2】属于费用化的后续支出，账务处理如下。

借：制造费用		147 000
贷：原材料		100 000
应交税费——增值税（进项税额转出）		17 000
应付职工薪酬		20 000
生产成本——辅助生产成本		10 000

技能训练

【技能训练-1】根据原始凭证编制记账凭证。

中天纺织厂固定资产修理材料领料单

编制部门：仓库　　　　2015 年 05 月 15 日

领料单位	维修队		供货单位	2 号仓库	
材料名称	规格	单位	数量	单价	金额
电动开关		个	10	30.00	300.00
油漆		桶	2	150.00	300.00
金额合计（大写）	陆佰元整			￥600.00	

领料人：×××　　会计：×××　　　　仓库保管员：×××

吉林省维修服务业统一发票

2015 年 05 月 15 日

客户名称	中天纺织厂	维修单位名称	吉林正大设备维修有限公司	
维修项目	单位	数量	单价	维修费用
生产机器		1	1 000.00	1 000.00
合计（人民币大写）壹仟元整				￥1 000.00

维修单位：盖章　　　　收款人：×××　　　　开票人：×××

```
         ┌─────────────────────────────┐
         │      中国工商银行             │
         │      转账支票存根             │
         │      IV 01500996            │
         │  _____        │
         │  附加信息                    │
         │  _____        │
         │  _____        │
         │                             │
         │  出票日期 2015 年05月15日    │
         │  收款人： 正大设备维修公司    │
         │  金  额： ￥1 000.00        │
         │  用  途： 付设备修理费        │
         │                             │
         │  单位主管      会计          │
         └─────────────────────────────┘
```

【技能训练-2】中天公司 2012 年 5 月投产一条流水线，原建造成本为 10 000 000 元，预计使用寿命为 10 年，已计提固定资产折旧 3 000 000 元。2016 年 1 月决定对其进行技术改造，以提高生产能力。技术改造工程历时半年，共发生改造支出 2 000 000 元，以银行存款支付，技术改造工程完工后，流水线达到预定使用状态。改造过程中拆除的旧设备无法使用予以变卖，售出价款为 80 000 元。上述业务应如何进行处理？

任务 3-6　无形资产的核算

目标定位

（1）理解无形资产的概念、内容和特点。
（2）掌握无形资产的确认条件。
（3）掌握无形资产取得、摊销、处置的核算方法。

任务设置

【任务设置-1】中天公司自行开发一项专利权，研究阶段发生的支出包括：材料费用 20 000 元，人工费用 10 000 元，以银行存款支付其他费用 5 000 元。开发阶段的支出包括材料费用 50 000 元，人工费用 15 000 元（其中 30 000 元符合资本化条件）。在申请专利过程中发生专利登记费 5 000 元，律师费 8 000 元，以银行存款支付。该公司应如何进行账务处理？

【任务设置-2】中天公司从外单位购入某项专利权 600 000 元，预计使用 10 年，该专利权用于产品的生产，计提每月的摊销额并进行相应的账务处理。

【任务设置-3】中天公司将应用的一项专利权出售，售价为 320 000 元，增值税税率 17%，该专利权的账面余额 350 000 元，累计摊销额 100 000 元，该公司应如何进行账务处理？

【任务设置-4】中天公司拥有某项专利权，其账面余额 100 000 元，摊销期限 10 年，采用直线法进行摊销，已摊销 5 年。该无形资产不能为企业带来经济效益，应予以转销，该公司应如何进行账务处理？

基本技能

一、无形资产的概念、内容、特点及确认条件

1. 无形资产的概念及内容

无形资产是企业拥有或控制的没有实物形态的可辨认非货币性资产。包括专利权、非专利技术、商标权、著作权、土地使用权、特许权等。

（1）专利权，是指国家专利主管机关依法授予发明创造专利申请人，对其发明创造在法定期限内所享有的专有权利，它包括发明专利权、实用新型专利权和外观专利权。

（2）非专利技术，是指由拥有企业所掌握的不为外界所知、在生产经营活动中已采用了的、不享有法律保护的各种技术和经验。

（3）商标权，是指专门在某类指定的商品或产品上使用特定的名称或图案的权利。商标权包括独占使用权和禁止权两方面。独占使用权指商标权享有人在商标的注册范围内独家使用其商标的权利，禁止权是指商标权享有人排除和禁止他人对商标独占使用权进行侵犯的权利。

（4）著作权，又称版权，是指作者对其创作的文学、科学和艺术作品依法享有的特殊权利。

（5）土地使用权，是指国家准许某企业在一定时间内对国有土地享有开发、利用、经营的权利。

（6）特许权，又称经营特许权，是指企业在某一地区经营或销售某种特定商品的权利，或是一家企业接受另一家企业使用其商标、商号、技术秘密等权利。前者一般是由政府机关授权，准许企业使用或在一定地区享有经营某种业务的特权，如水、电、邮电通信专营权、烟草专卖权等；后者是企业间依法签订合同，一家有限期或无限期使用另一家企业的某些权利，如连锁店、加盟店、分店使用总店名称。

2. 无形资产的特点

无形资产作为一种特殊的资产，拥有以下特点。

（1）无形资产不具有实物形态却具有价值，必须依附于载体而存在及发挥作用。

（2）无形资产属于非货币性长期资产且不是流动资产。

（3）无形资产是为企业使用而非出售的资产，能够为企业创造效益，且较长时期内持续产生，但在创造经济利益方面存在较大的不确定性。

（4）无形资产具有共益性，它可以作为共同财富，由不同的主体同时共享而不减少其有用性。

（5）无形资产具有可辨认性，它能够从企业分离或者划分出来，并能单独或者与相关合同、资产及负债一起，用于出售、转移、授予许可、租赁或者交换，或者产生于合同性权利或其他法定权利，无论这些权利能否从企业或其他权利、义务中分离或转移。

3. 无形资产的确认条件

无形资产应当在符合定义并同时满足以下两个条件，才能予以确认。

（1）与该无形资产有关的经济利益很可能流入企业。

（2）该无形资产的成本能够可靠地计量。

二、无形资产的核算

1. 无形资产取得的核算

（1）外购的无形资产。

企业外购的无形资产，应按实际支付的价款作为其入账价值，包括无形资产的买价、进口关税、其他税费以及直接归属于使该项资产达到预定用途所发生的其他支出。

借：无形资产
　　贷：银行存款

（2）投资者投入的无形资产。

投资者投入的无形资产，应按合同或协议确定的价值确定初始成本，但合同或协议约定价值不公允的除外，应按其公允价值确定。

借：无形资产
　　贷：实收资本

（3）自行研究开发的无形资产。

自行研究开发的无形资产所发生的支出分为研究阶段支出和开发阶段支出。一般情况下，研究阶段的支出全部费用化计入"管理费用"，开发阶段的支出符合资本化确认条件的才确认为"无形资产"，不符合资本化确认条件的计入"管理费用"；无法区分研究阶段、开发阶段支出的全部费用化计入"管理费用"。自行研发取得的无形资产由于取得过程、环境、情况非常复杂，加之无形资产的"偶然性"特点，对自行研发成功的无形资产所发生的支出如何"费用化""资本化"应根据实际情况予以确定。

自行研究开发的无形资产应通过"研发支出"账户进行核算，并根据需要在该科目下设置"资本化支出"或"费用化支出"明细项目。

研发支出——资本化支出
　　　　　——费用化支出

实际发生的研发支出	转为无形资产和管理费用的金额
正在进行中的研究开发项目中满足资本化条件的支出	

①自行开发无形资产发生的研发支出：

借：研发支出——资本化支出
　　　　　　——费用化支出
　　贷：原材料
　　　　应交税费——应交增值税（进项转出）
　　　　银行存款
　　　　应付职工薪酬

②以其他方式取得的正在研究开发的项目：

借：研发支出——资本化支出
　　贷：银行存款

③研究开发项目达到用途形成无形资产：
借：无形资产
　　贷：研发支出——资本化支出
④期末，将研发支出归集的费用化支出转入"管理费用"账户：
借：管理费用
　　贷：研发支出——费用化支出

2. 无形资产摊销的核算

无形资产属于企业的长期资产，能在较长的时间内给企业带来经济效益。但无形资产也有一定的有效期限，其价值将随着时间的推移而消失，因此，无形资产的价值应在有效期内加以摊销。

无形资产的摊销应注意以下 4 点：
（1）自使用的当月起开始按月摊销；
（2）使用寿命有限的无形资产摊销，使用寿命不确定的无形资产不应摊销；
（3）按合同、法律规定的有效期平均摊销，我国法律规定，摊销期不得超过 10 年；
（4）合同法律没有规定有效期的，聘请专家认定与同行业进行比较确定其使用寿命，按上述方法仍无法确定为企业效力年限的，则作为使用寿命不确定的无形资产。

无形资产摊销的核算应通过"累计摊销"账户进行核算。

累计摊销（调整类）

出售、报废转销的累计摊销额	每月计提的无形资产摊销
	现有无形资产的累计摊销额

摊销时：
借：管理费用
　　贷：累计摊销

3. 无形资产处置的核算

无形资产的处置，主要是指对外出售、出租、捐赠，或者不能给企业带来经济利益时，因而予以报废转销。

（1）无形资产的出售。

企业拥有的无形资产可以依法转让或出售，出售无形资产时，应将所得价款与该项无形资产的账面价值以及应支付的有关税费后的差额确认为当期损益。

借：银行存款
　　累计摊销
　　无形资产减值准备
　　贷：无形资产
　　　　应交税费——应交增值税（销项税额）
　　　　营业外收入——处置非流动资产利得
（根据余额方向不同，或贷：营业外支出——处置非流动资产损失）

(2) 无形资产的出租。

无形资产的出租是指企业将所拥有的无形资产的使用权让渡给其他单位或个人，并收取租金。企业出租无形资产所取得的收入计入"其他业务收入"账户，发生的与出租有关的各种费用支出，记入"其他业务成本"账户。无形资产的摊余价值不必注销。

①收到当月租金时：
借：银行存款
　　贷：其他业务收入——出租收入
②支付工程师劳务费时：
借：其他业务成本
　　贷：应付职工薪酬
③计算应交增值税时：
借：其他业务成本
　　贷：应交税费——应交增值税（销项税额）

(3) 无形资产的报废。

如果无形资产逾期不能为企业带来未来的经济利益，不再符合无形资产的定义，应将其转销。例如企业的专利权超过了法律保护期限，不能再为企业带来经济利益，则应对该项专利权的账面价值予以转销。

借：累计摊销——专利权
　　营业外支出——处置无形资产损失
　　贷：无形资产——专利权

(4) 无形资产的减值准备。

企业所持有的无形资产也应遵循"谨慎性"原则，按《企业会计准则第6号——无形资产》之规定在期末对无形资产进行减值测试，在其账面价值高于可收回价值时，按其差额计算减值损失。

借：资产减值损失
　　贷：无形资产减值准备

任务解答

根据上述所掌握的知识，对任务设置分析处理如下。

【任务设置-1】属于自行研究开发无形资产的核算，账务处理如下。

①研究阶段发生支出：

借：研发支出——费用化支出	35 000
贷：原材料	20 000
应付职工薪酬	10 000
银行存款	5 000

②开发阶段发生的支出：

借：研发支出——资本化支出	30 000
——费用化支出	35 000
贷：原材料	50 000

应付职工薪酬		15 000

③当研发阶段结束，无形资产达到预定用途，形成无形资产：

借：无形资产	30 000	
贷：研发支出——资本化支出		30 000

④期末将研发支出归集的费用化支出全部转入管理费用：

借：管理费用	70 000	
贷：研发支出——费用化支出		70 000

⑤在申请专利过程中，发生的费用：

借：无形资产——专利权	13 000	
贷：银行存款		13 000

【任务设置-2】属于无形资产摊销的核算，应做如下业务处理。

每月摊销额 = 600 000÷10÷12 = 50 000（元）

借：管理费用	50 000	
贷：累计摊销		50 000

【任务设置-3】属于无形资产处置业务，应做如下业务处理。

借：银行存款	320 000	
累计摊销	100 000	
贷：无形资产		350 000
应交税费——应交增值税（销项税额）		54 400
营业外收入——处置非流动资产利得		15 600

【任务设置-4】属于无形资产报废的核算，应做如下业务处理。

借：累计摊销——专利权	50 000	
营业外支出——处置无形资产损失	50 000	
贷：无形资产——专利权		100 000

技能训练

【技能训练-1】吉林中天纺织厂自行研究开发无形资产，这些开发支出均符合资本化条件，根据表中业务资料编制相应的记账凭证。

材 料 领 料 单

领料部门：研发部　　　2016 年 05 月 25 日　　　No.016052

材料名称	单位	数量	单价	金额
甲材料	千克	100	100.00	10 000.00
乙材料	千克	200	50.00	10 000.00
丙材料	千克	300	200.00	60 000.00
增值税		税率：17%		税额：13 600.00
金额合计（大写）捌万叁仟陆佰元整				￥93 600.00
用途		新产品生产技术开发		

领料人：×××　　　　　　　　　　　　仓库保管员：×××

```
┌─────────────────────────────┐
│       中国工商银行           │
│       转账支票存根           │
│       IV 01601238            │
│       ─────                  │
│  附加信息 _____        │
│         _____          │
│  出票日期 2016 年 05 月 28 日 │
│  ┌─────────────────────────┐ │
│  │收款人：新产品生产技术研  │ │
│  │        发部              │ │
│  │金  额：￥ 60 000.00      │ │
│  │用  途：付研发人员工资    │ │
│  └─────────────────────────┘ │
│  单位主管      会计          │
└─────────────────────────────┘
```

新产品生产技术研发人员工资计算表

编制部门：人事部　　　2016 年 05 月 31 日　　　单位：元

姓　名	工资额
王红	20 000.00
李春	15 000.00
江珊	10 000.00
李磊	15 000.00
合　计	60 000.00

财务主管：×××　　　复核：×××　　　制表人：×××

国家知识产权局专利局专利权收费统一收据

2016 年 05 月 31 日　　　　No.01209012

今收到：吉林中天纺织厂	
交来：专利注册费	
金额（大写）伍仟元整	￥5 000.00
注：专利申请号 87564213	交费日期：2016 年 5 月 31 日
收款人签章：×××	收款单位：公章

中国工商银行 转账支票存根

IV 0120325467

附加信息 _____

出票日期 2016年05月31日

收款人	长春市专利局
金 额	￥5 000.00
用 途	付专利注册费

单位主管　　　会计

中国工商银行 转账支票存根

IV 016325468

附加信息 _____

出票日期 2016年05月31日

收款人	长春律师事务所
金 额	￥10 000.00
用 途	付律师费

单位主管　　　会计

吉林省行政事业性收费统一收据

2016年05月31日　　　　　　　　　　　　　No.01606533

客户名称	吉林中天纺织厂				长春律师事务所
服务项目	单位	收费标准	评估价	数量	律师费
专利保护	项	2%	500 000.00	1	10 000.00
合计	人民币（大写）壹万元整				￥10 000.00
支付方式					转账

收费单位：盖章　　　　　　　　　　　　　　　经办人：×××

【技能训练-2】中天纺织厂无形资产摊销价值如下表，根据表中资料编制相应的记账凭证。

无形资产摊销计算表

编制部门：财务部　　　　2016年06月30日　　　　单位：元

项　目	入账价值	摊销期	每月摊销额
甲专利权	900 000.00	15年	5 000.00
乙专利权	480 000.00	10年	4 000.00
丁商标权	240 000.00	10年	2 000.00
合　计	1 620 000.00	-----	11 000.00

财务主管：×××　　　　会计：×××　　　　制单：×××

【技能训练-3】 中天纺织厂出售 B 专利权，执行增值税税率为 17%，根据表中资料编制相应的记账凭证。

出售无形资产价值情况表

编制部门：财务部　　　　　2016 年 06 月 08 日　　　　　单位：元

项目	原值	累计摊销	已提减值准备
B 专利权	600 000.00	50 000.00	20 000.00
合计	600 000.00	50 000.00	20 000.00

财务主管：×××　　　　复核：×××　　　　制表：×××

中国工商银行进账单（收账通知）　　　　第 016060 号

2016 年 06 月 08 日

付款人	全称	达利公司	收款人	全称	吉林中天纺织厂	此联是收款人开户银行交给收款人的回单或收账通知
	账号	622023033-12		账号	6222024561-01	
	开户银行	工行南广场分行		开户银行	工行建设支行	

人民币（大写）	伍拾万元整	亿 千 百 十 万 千 百 十 元 角 分
		￥ 5 0 0 0 0 0 0 0

票据种类	
票据张数	1

单位主管　　会计　　复核　　记账

收款人开户行盖章

吉林省专利统一发票

2016 年 06 月 08 日　　　　发票号：062138

购买方	达利公司	出售方	中天纺织厂
专利项目名称	数量	单价	金额
B 专利权	1	500 000.00	500 000.00
合计	人民币（大写）伍拾万元整		￥ 500 000.00
付款方式	转账		

出售单位：公章　　　　收款人：　　　　开票人：×××

项目四

投资管理会计岗位业务的核算

学习总目标
(1) 了解企业对投资业务如何进行管理。
(2) 掌握企业关于投资管理机构设置、岗位设置及职责。
(3) 了解投资的含义与分类及金融投资的概念、目的。
(4) 了解金融性资产的概念、确认及计量,掌握金融性资产的投资核算。
(5) 了解长期股权投资的含义、确认及计量,掌握长期股权投资的核算。

任务 4-1 投资管理岗位

目标定位

（1）企业投资的管理。
（2）企业投资管理机构的设置、岗位设置及职责。

任务设置

【任务设置-1】企业对投资业务进行管理的重要性。
【任务设置-2】投资会计的岗位职责。

基本技能

一、企业投资管理的意义

伴随着市场经济的快速发展，企业在正常生产经营过程中，不仅仅只注重产品的生产经营与销售，多角度投资业务正逐渐被企业所有者及管理者重视，投资业务也逐渐成为企业经营的重要支柱性业务。

从本质上讲，企业的生产经营过程，就是企业资产的运用和资产形态的转换过程。投资，作为一种资本性支出的行为，通过风险管控，可以实现企业多元化经营，分散风险，稳定收益来源；而且企业通过投资业务，合理进行资产配置，将获得更大的未来经济收益，因此投资业务也是企业经营过程中的重要业务之一。

二、企业投资管理的岗位设置

企业投资管理一般是通过制定"企业投资管理制度"、合理设置投资管理岗位、完善投资管理办法等方面来进行的。

企业与投资相关的机构主要包括"投资业务部""证券部""财务部"等部门，对投资业务进行全方位的风险评估、规划、管控、核算；同时，财务部门需设置投资管理会计岗位对投资从价值角度进行核算，投资管理会计岗位是企业财务管理岗位中重要的岗位。

（1）投资业务管理部门的主要职责包括：
①组织建立、完善企业投资管理制度，制定投资管理流程并组织实施；
②制定企业中长期投资规划，并负责对投资规划的修订与调整；
③对投资业务实施可行性报告风险评估、立项审批、风险管控等工作；
④及时评估企业内外投资环境的变化，对投资业务可能遇到的机遇和威胁进行揭示；
⑤研究、制定公司投资发展规划，负责执行公司对外的收购、兼并等工作；
⑥其他与投资管理有关的工作。

（2）投资管理会计岗位的主要职责包括：

①参与拟订企业投资管理制度，建立健全投资管理与核算办法；

②设置投资业务有关的账簿，对投资业务进行核算、登记账簿，监督、指导投资业务的成本分析、核算，资金管理、报表编制及分析；

③负责投资项目的资金筹措，拓展融资渠道，做好融资工作；

④负责资金计划的编制，跟踪资金计划的执行情况，分析资金的运行情况；

⑤建立健全与投资有关的财务风险管控机制，并进行风险管控；

⑥负责投资业务的债权、债务的管理、审核与结算；

⑦会同核定投资项目的财务指标，做好财务分析及建造合同的管理；

⑧负责与政府职能部门的沟通、联络与协调；

⑨负责投资业务有关的财务档案管理；

⑩其他与投资业务有关的业务管理与核算。

任务 4-2 投资概论

目标定位

（1）了解投资的概念、分类。
（2）掌握金融投资的含义、目的以及与实物投资的区别。
（3）了解金融资产的含义、分类及初始计量、后续计量。

任务设置

【任务设置-1】企业购买上市公司发行的股票属于何种投资行为？
【任务设置-2】企业将一定量的资产按照合同规定投资建立新的公司属于何种投资行为？

基本技能

一、投资概述

1. 投资的含义

投资是投资主体为获取预期收益而投入各种经济要素，从而形成资产的经济活动。

应该说投资也是一种行为或过程，即企业用某种有价值的资产，其中包括资金、人力、知识产权等投入到某个企业、项目或经济活动之中，以获取经济回报的商业行为或过程。

投资有广义和狭义之分。广义的投资主要包括权益性投资、债权性投资、期货投资、基金投资、固定资产投资等，我国《企业会计准则——投资》中所指的投资即为狭义的投资，主要包括权益性投资、债权性投资。

2. 投资的特点

投资具有以下特点：

(1) 投资是以让渡资产为形式，同时从其他单位获得另一项资产；
(2) 投资能为投资者带来未来的经济利益；
(3) 投资所获得的利益来源于被投资方使用投资资产所创造的利益分配。

3. 投资的分类

投资是货币转化为资本的过程，可分为实物投资、资本投资和证券投资。实物性投资是以货币投入企业，通过生产经营活动取得一定的利润；资本投资和证券投资是以货币购买企业的金融产品，包括企业发行的股票和公司债券等，间接参与企业的利润分配。

我国现行会计准则规定，投资一般分为以下几种：
(1) 交易性金融投资；
(2) 持有至到期投资；
(3) 可供出售的金融资产投资；
(4) 权益性投资。

二、金融投资

1. 金融投资的含义

金融投资是指通过金融手段进行资本运营，并获取未来收益的行为和过程。

由于现代金融市场的日益发展和不断完善，金融投资的重要性日益凸显，因此，现代投资概念更主要的是指金融投资。在西方学术著作中，投资实际上指的就是金融投资，特别是证券投资。

国内、国际上主要的金融投资产品有基金、股票、债券、黄金、外汇、期货、权证、理财产品等。

2. 金融投资的目的

企业金融性投资既可作为公司理财行为，又是企业经营发展战略的重要组成部分，其目的主要包括以下方面。
(1) 通过金融投资，为企业闲置资金寻找获取收益的机会。
(2) 通过金融投资，分散企业经营风险。
(3) 通过金融投资，提高资产的流动性，增强企业的偿债能力。
(4) 对企业来说，金融投资既可用作套期保值又可用作投机牟利。
(5) 金融投资还是实现企业扩张的重要手段。

3. 金融投资与实物投资的区别

(1) 投资主体不同。

实物投资主体是直接投资者，也是资金需求者，他们直接运用资金来从事生产经营活动，如投资办厂、购置设备或从事商业经营活动。金融投资主体是间接投资者，也是资金供应者，他们通过向信用机构存款，进而由信用机构发放贷款，或通过参与基金投资和购买有价证券等多种方式向金融市场提供资金。

(2) 投资对象不同。

实物投资的对象是各种实物资产，即资金运用于购置机器设备、厂房、原材料等固定资产或流动资产。金融投资的对象则是各种金融资产，如购买基金、股票等有价证券。

(3) 投资目的不同。

实物投资的目的是从事生产经营活动，获取生产经营利润，从投入和产出的关系看，实物投资也可称为"实业性投资"。金融投资的目的在于获取金融资产的增值收益，从投入和产出的关系看，金融投资是一种间接投资，可称为"资本性投资"。

三、金融资产

1. 金融资产的含义

金融资产是指企业或个人通过金融工具形成的一切可以在有组织的金融市场上进行交易，具有现实价格和未来估价的资产及衍生资产，是一种未来收益的索取权。

《企业会计准则》将金融工具定义为：金融工具是指形成一个企业的金融资产，并形成其他单位的金融负债或权益工具的合同。

从这个定义可以看出，金融工具是一种"合同"，这种"合同"的签订，会形成一项金融资产和一项金融负债或权益工具。例如，甲企业通过证券市场购入乙企业的一部分股票，双方通过证券市场就形成了"购销合同"，这个合同就是一项金融工具，甲企业就产生了一项金融资产，这项资产不仅具有现实价格也具有未来将实现价值的估计。

2. 金融资产的分类

《企业会计准则》将金融资产划分为如下 4 类。

（1）以公允价值计量且其变动计入当期损益的金融资产。

该项可进一步分为交易性金融资产和指定为以公允价值计量且其变动计入当期损益的金融资产。

（2）持有至到期投资。

（3）可供出售金融资产。

（4）贷款和应收账款。

3. 金融资产的计量规则

金融资产的计量包括金融资产的初始计量和后续计量。

（1）金融资产的初始计量。

金融资产在初始确认时，应按公允价值计量。同时，企业在金融市场上取得金融资产时，都会发生交易费用。《企业会计准则》规定：对于交易性金融资产，相关交易费用应当直接计入当期损益；对于其他类别的金融资产，相关交易费用应当计入初始金额。也就是说，交易费用是否确认为金融资产的初始金额，取决于金融资产的分类。

企业取得金融资产支付的价款中包含已宣告但尚未发放的现金股利或已到付息期但尚未领取的债券利息，应当单独确认为应收项目，不构成金融资产的初始入账金额。

（2）金融资产的后续计量。

后续计量是对经初始计量后价值变动的资产和负债进行的新起点计量，不仅要对资产和负债的价值变动进行反映，而且要对因价值变动而产生的损益进行反映。后续计量一般采用当时的公允价值计量。

任务解答

根据上述所掌握的知识，对任务设置分析如下。

【任务设置-1】购买股票属于资本性投资。
【任务设置-2】投资兴办新的企业属于实业性投资。

任务 4-3 交易性金融资产的核算

▎目标定位

(1) 理解交易性金融资产的概念，掌握交易性金融资产的确认。
(2) 掌握交易性金融资产的核算所设置的账户。
(3) 掌握交易性金融资产的核算方法。

▎任务设置

【任务设置-1】2015 年 4 月 1 日，中天公司从证券市场购入 B 公司的普通股股票 5 000 股，每股买入价 20 元，计 100 000 元，其中含有 B 公司已宣告发放但尚未支取的现金股利 5 000 元，另支付交易费用 1 000 元，全部以银行存款支付。中天公司将其划分为交易性金融资产，应如何进行账务处理？

【任务设置-2】2015 年 6 月 30 日，中天公司所持有的 B 公司股票公允价值为 90 000 元，中天公司确认公允价值变动损益，应如何进行账务处理？

【任务设置-3】2015 年 7 月 1 日，中天公司将上述 B 公司股票全部出售，售价为 100 000 元，存入银行，应如何进行账务处理？

▎基本技能

为完成上述任务，需了解交易性金融资产的概念，掌握交易性金融资产的核算方法。

一、交易性金融资产的概念

交易性金融资产主要是指企业为了近期内出售而持有的金融资产。

交易性金融资产主要以购买形式取得，但也存在通过非货币性交易、债务重组、投资者投入等多种方式的获得。

二、交易性金融资产的确认条件

金融资产满足下列条件之一，应当确认为交易性金融资产。

(1) 取得该金融资产主要是为了近期内出售或回购的，比如企业以赚取差价为目的，从金融市场上购入的股票、债券、基金等；

(2) 属于进行集中管理的可辨认金融工具组合的一部分，且有客观证据表明企业近期采用短期获利方式对该组合进行管理；

(3) 属于衍生工具，但是被指定为有效的套期工具的衍生工具、属于财务担保合同的衍生工具，与在活跃市场没有报价且其公允价值不能可靠计量的权益工具投资挂钩，并须通过交付该权益工具结算的衍生工具除外。

三、交易性金融资产的核算

1. 交易性金融资产的核算所设置的账户

交易性金融资产的核算需设置"交易性金融资产""公允价值变动损益"和"投资收益"账户来进行核算。

"交易性金融资产"账户核算企业为交易目的所持有的债券投资、股票投资、基金投资等交易性金融资产的公允价值。

交易性金融资产（资产类）

取得的交易性金融资产成本 资产负债表日其公允价值高于账面价值的差额	出售交易性金融资产时结转的成本 出售交易性金融资产时公允价值变动损益的结转（也可能在借方） 资产负债表日其公允价值低于账面价值的差额
企业持有的交易性金融资产的公允价值	

"公允价值变动损益"账户核算企业交易性金融资产等公允价值变动而形成的应计入当期损益的利得或损失。

公允价值变动损益（损益类）

资产负债表日企业持有的交易性金融资产公允价值低于账面余额的差额 期末转入"本年利润"的公允价值变动收益	资产负债表日企业持有的交易性金融资产公允价值高于账面余额的差额 期末转入"本年利润"的公允价值变动损失
	结转后无余额

"投资收益"核算企业持有交易性金融资产等期间取得的投资收益以及处置交易性金融资产等实现的投资收益或投资损失。

投资收益（损益类）

企业投资时发生的投资损失 期末结转入"本年利润"的净收益	投资时实现的投资收益 期末结转"本年利润"的净损失
	期末结转后无余额

2. 交易性金融资产的核算

（1）交易性金融资产以公允价值购买取得并入账，但交易过程中由于需要支付交易费用，所以其购买成本超过入账成本。交易费用相对于金融资产的公允价值来讲数额较小，对资产价值的影响甚微,所以《企业会计准则》规定,交易费用作为投资费用处理,通过"投资收益"账户核算。

企业取得交易性金融资产,按其公允价值借记"交易性金融资产"账户,按发生的相关交易费用,借记"投资收益"账户;按已宣告但尚未领取的现金股利或已到付息期但尚未领取的利息,借记"应收股利"或"应收利息"账户;按实际支付的价款,贷记"银行存款"账户。

借:交易性金融资产——成本
　　投资收益(交易费用)
　　应收股利(已宣告尚未发放的现金股利)/应收利息(已宣告尚未支付的利息)
　贷:银行存款

(2)企业持有交易性金融资产期间被投资单位宣告发放的现金股利或利息,或在资产负债表日按分期付息、一次性还本债券投资的票面利率计算的利息,应作为持有期间实现的收益,应计入当期损益,计入"投资收益"账户。

借:应收股利/应收利息
　贷:投资收益

(3)资产负债表日,应当按当日公允价值对账面价值进行调整。交易性金融资产的公允价值与账面价值的差额计入当期损益。

公允价值高于其账面价值时,按其差额:

借:交易性金融资产——公允价值变动
　贷:公允价值变动损益

公允价值低于其账面价值时,应按差额做相反分录处理。

(4)企业出售交易性金融资产时,属于终止投资,其公允价值与初始入账金额之间的差额应当确认为投资收益,同时调整公允价值的变动损益。

借:银行存款——(收到的款项)
　贷:交易性金融资产——成本
　　　　　　　　　——公允价值变动(也可能在借方)
　　投资收益——(借或贷差额)

调整公允价值的变动损益(如果为发生的损失就做相反分录):

借:公允价值变动损益
　贷:投资收益

任务解答

根据上述所掌握的知识,对任务设置分析与处理如下。

【任务设置-1】属于交易性金融资产取得业务,应做如下业务处理。

（1）购入股票时。

借：交易性金融资产——成本　　　　　　　　　　　　　　　　95 000
　　投资收益（交易费用）　　　　　　　　　　　　　　　　　 1 000
　　应收股利　　　　　　　　　　　　　　　　　　　　　　　 5 000
　　贷：银行存款　　　　　　　　　　　　　　　　　　　　　　　　101 000

（2）收到银行收款通知，收到 B 公司发放的现金股利时。

借：银行存款　　　　　　　　　　　　　　　　　　　　　　　5 000
　　贷：应收股利　　　　　　　　　　　　　　　　　　　　　　　　5 000

【任务设置-2】属于公允价值变动业务，应做如下业务处理。

借：公允价值变动损益　　　　　　　　　　　　　　　　　　　5 000
　　贷：交易性金融资产——公允价值变动　　　　　　　　　　　　5 000

【任务设置-3】属于交易性金融资产的处置业务，应做如下业务处理。

借：银行存款　　　　　　　　　　　　　　　　　　　　　　　100 000
　　交易性金融资产——公允价值变动　　　　　　　　　　　　 5 000
　　贷：交易性金融资产——成本　　　　　　　　　　　　　　　　95 000
　　　　投资收益　　　　　　　　　　　　　　　　　　　　　　　10 000

同时：

借：投资收益　　　　　　　　　　　　　　　　　　　　　　　5 000
　　贷：公允价值变动损益　　　　　　　　　　　　　　　　　　　　5 000

技能训练

【技能训练-1】中天公司购买未包含已宣告但尚未发放现金股利的东北电力股份公司股票 20 000 股，准备近期出售，请根据下列原始凭证编制记账凭证。

东北证券长春大街营业部			
2015 年 05 月 22 日	成交过户交割单	人民币	【买入】
公司代码：312568		申请编号：256	
证券账号：63529888		证券名称：东北电力 0005	
资金账号：412345		成交数量：20 000 股	
股东名称：中天公司		成交价格：8.850	
申报时间：10:25:45		成交金额：177 000.00	
成交时间：10:26:35		佣　　金：619.60	
上次余额：425 687.70		印 花 税：708.00	
实际收付：-178 327.60		过 户 费：0.00	
资金余额：247 360.10		委 托 费：0.00	
股票数量：20 000 股		其他费用：0.00	
打印日期：2015 年 05 月 22 日		备注：股票买卖	

【技能训练-2】吉林机电设备有限公司购买包含已宣告但尚未发放现金股利的欧亚集团股份有限公司股票 5 000 股，准备近期出售，请根据下列原始凭证编制记账凭证。

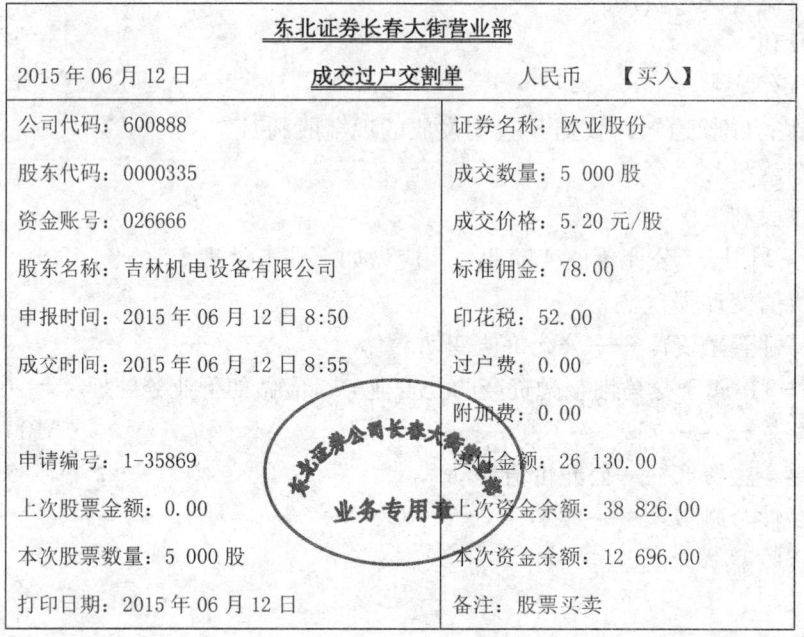

注：支付的买价中包含欧亚股份公司已宣告分派的 2010 年的现金股利每股 0.1 元。

【技能训练-3】吉林机电设备有限公司收到欧亚股份公司分派的现金股利。

项目四 投资管理会计岗位业务的核算

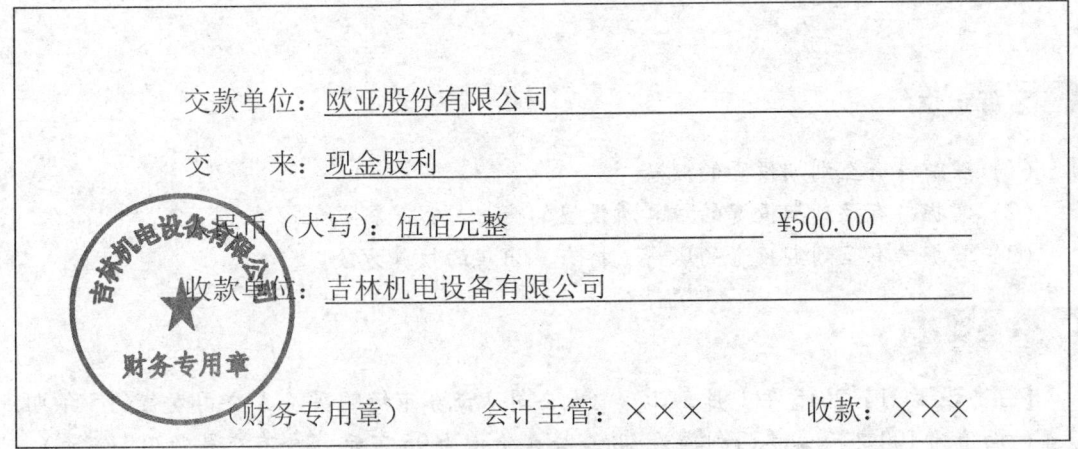

【技能训练-4】中天公司出售东北电力股票 10 000 股。

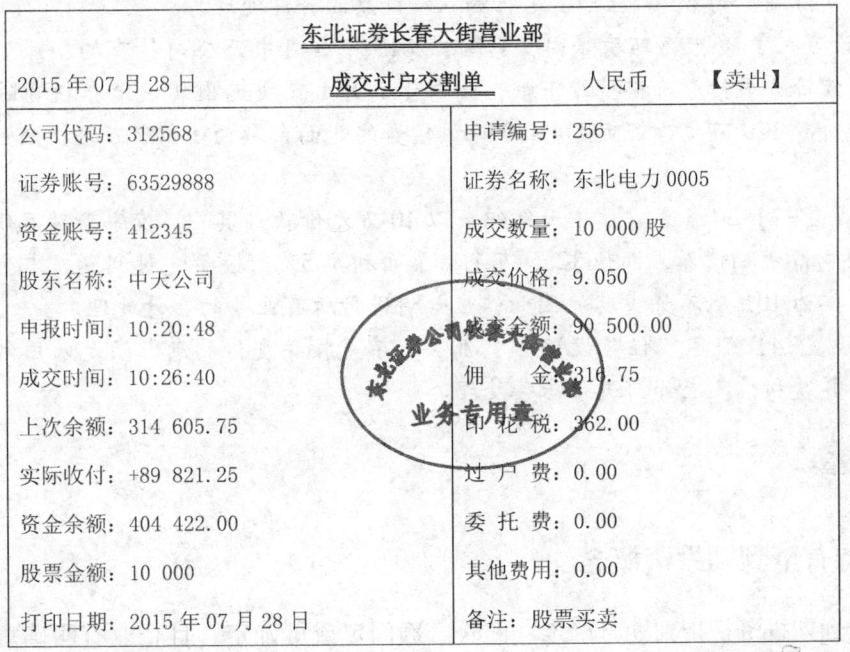

【技能训练-5】综合训练题

中天公司为利用闲置资金于 2015 年 2 月 5 日以银行存款，从证券市场购入 B 公司股票 20 000 股，每股价格 9 元，以备近期出售，同时以银行存款支付交易费用 5 000 元；2015 年 1 月 20 日 B 公司已宣告发放现金股利 0.10 元/股，准备于 2 月 28 日支付，应如何做账务处理？

2015 年 12 月 31 日，中天有限公司持有的 B 公司股票公允价值为 170 000 元，中天公司确认公允价值变动损益，该如何进行账务处理？

承前例假定 2016 年 1 月 5 日，中天公司将上年 2 月 5 日购入的 B 公司股票 20 000 股全部出售，售价为 190 000 元，取得价款存入银行，应如何进行账务处理？

任务 4-4 持有至到期投资的核算

目标定位

（1）理解持有至到期投资的概念。
（2）掌握持有至到期投资的核算所设置的账户。
（3）掌握持有至到期投资的取得、持有、出售的核算方法。

任务设置

【任务设置-1】2015年1月5日，中天公司从证券市场购买了A公司发行的5年期债券，债券的面值为100万元，票面利率为3%，公允价值为96万元（含有交易费用1万元），划分为持有至到期投资。2016年1月5日按票面利率给付利息。该债券在第五年兑付本金及最后一期利息，实际利率为6%，应如何进行购入及计息的会计处理。

【任务设置-2】受市场环境等因素影响，2015年5月中天公司持有的、原划分为持有至到期投资的宏源公司债券价格持续下跌，公司于6月1日决定出售该债券投资的10%，按公允价值收取价款120万元，假定5月30日该债券的账面余额为1 000万元，应如何进行会计处理。

【任务设置-3】2015年吉林中天纺织厂以10万元价款（其中，交易费为5 000元）从市场购入A公司5年期债券，面值12.5万元，票面利率5%，按年支付利息，本金最后一年支付，实际利率为10%，不考虑其他因素，应如何进行所有业务的会计处理。

【任务设置-4】假定"任务设置-3"业务，不是按年支付利息，而是采用到期一次还本付息，不计算复利，又应如何进行账务处理。

基本技能

一、持有至到期投资概念

持有至到期投资是指到期日确定、回收金额固定或可确定，且企业有明确意图和能力持有至到期的非衍生金融资产。

一般情况下，持有至到期投资主要指固定利率的国债、浮动利率的金融债券等债券性投资。持有至到期投资具有长期性特点（持有期一般超过一年），但期限较短（一年以内）的债券投资，如果符合持有至到期投资条件的，也应界定为持有至到期投资。

二、持有至到期投资确认的条件

持有至到期投资具有以下特征。
（1）持有至到期投资是非权益性的投资。
（2）在初次确认时即明确确定一直持有该投资到期才收回。

除非遇有企业不可控制的原因，使得企业无法再对该项投资持有至到期，此时应将其重新分类为可供出售金融资产。

（3）该投资到期日确定，到期时收回的金额固定或可确定。

下列非衍生金融资产不应当划分为持有至到期投资：

①初始确认时被指定为以公允价值计量且其变动计入当期损益的非衍生金融资产；

②初始确认时被指定为可供出售的非衍生金融资产；

③贷款和应收款项。

企业应当在资产负债表日对持有至到期投资的持有意图和能力进行评价，发生变化的，应当按照《企业会计准则》有关规定处理。

三、债券发行的平价、溢价、折价

债券的票面价格、发行价格的差异决定了企业发行债券的平价、溢价及折价的发行方式。

（1）企业发行债券时，发行价格等同于票面价格发行的，称为"平价"发行。

（2）企业发行债券时，发行价格高于票面价格发行的，称为"溢价"发行。

（3）企业发行债券时，发行价格低于票面价格发行的，称为"折价"发行。

产生这种差异的主要原因是金融市场利率与债券票面利率不一致。当债券的票面利率高于金融市场利率时，可能导致债券溢价发行，出现的溢价差额属于购买者由于期后将多获得利息而给予发行者的利息返还；当债券的票面利率低于金融市场利率时，可能导致折价发行，出现的折价差额属于发行者由于购买者期后将少获得利息而给予购买者的利息补偿。

溢价（折价）= 公允价值+交易费用-票面价值

四、持有至到期投资的核算

1. 核算持有至到期投资应设置的账户

为核算持有至到期投资的取得、持有及处置等业务，应按投资的类别品种设置"持有至到期投资""应收利息""投资收益"等科目进行核算，而且应按投资的类别、品种等对"持有至到期投资"设置"成本""利息调整""应计利息"等二级明细核算科目，"利息调整"中包含折价、溢价。

持有至到期投资（资产类）

核算投资取得的公允价值及交易费用	核算投资减少的价值
购置发生的溢价	购置时发生的折价
折价的摊销	溢价的摊销
摊余成本	

应收利息（债权类）

| 核算投资应计提的利息 | 核算收到投资利息 |
| 已计提尚未收到的利息 | |

2. 持有至到期投资的初始计量

(1) 取得时的入账价值。

①持有至到期投资取得时,应按照取得时的公允价值和相关交易费用总额作为初始入账价值,如果支付的价款中包含已到付息期但尚未领取的利息,则

借:持有至到期投资——成本(按票面价值)
　　应收利息——(按票面金额×票面利率)
　贷:银行存款
　　持有至到期投资——利息调整(按票面额与入账额的差确定"借"或"贷")

②收到支付的价款中包含的已宣告发放的利息时:

借:银行存款
　贷:持有至到期投资——成本

③购入分期付息、到期还本的持有至到期投资,到付息期时:

借:应收利息——(按票面金额×票面利率)
　　持有至到期投资——利息调整(差额"借"或"贷")
　贷:投资收益——(按摊余成本×实际利率)

④收到利息时:

借:银行存款
　贷:应收利息

⑤购入到期一次还本付息的持有至到期投资,应于资产负债表日:

借:持有至到期投资——应计利息(按票面金额×票面利率)
　　持有至到期投资——利息调整(差额"借"或"贷")
　贷:投资收益——(按摊余价值×实际利率)

⑥收到到期还本付息利息时:

借:银行存款
　贷:持有至到期投资——应计利息

⑦出售持有至到期投资时:

借:银行存款——(实际收到的价款)
　贷:持有至到期投资——成本　　(按账面金额)
　　　　　　　　　　——利息调整(按账面金额)
　　　　　　　　　　——应计利息(按账面金额)
　　投资收益——(按差额确定"借"或"贷")

(2) 有关利息的计算说明。

持有至到期投资在其取得进行初始计量确认时,就应当计算确定其实际利率,并在该投资预期存续期间或适用的更短期间内保持不变。在确定实际利率时,应同时考虑该金融资产购置"合同"中的相关约束条款,以及取得时"溢价"或"折价"等因素综合确定,但不应该考虑未来的信用损失。

有关计算公式如下:

持有至到期投资(可供出售金融资产)溢(折)价=公允价值+交易费用-票面价值

本期应收利息=票面金额×票面利率×有效期限
本期利息收入（投资收益）=持有至到期投资摊余成本×实际利率
本期摊余成本=上期摊余成本-本期溢价摊销
　　　　　　=上期摊余成本+本期折价摊销
本期溢（折）价摊销=本期应收利息-本期利息收入

（3）资产负债表日对持有能力和意图进行评价，发生变化重分类为"可供出售金融资产"时。

借：可供出售金融资产——（按公允价值）
　　贷：持有至到期投资——成本
　　　　　　　　　　　——利息调整
　　　　　　　　　　　——应计利息
　　　　其他综合收益（按其差额确定"借"或"贷"）

任务解答

通过上述知识的掌握，对任务设置分析及处理如下。

【任务设置-1】属于购入按年付息的持有至到期投资，应做如下处理。

（1）购入时。

借：持有至到期投资——成本　　　　　　　　　　　　　　　　1 000 000
　　贷：银行存款　　　　　　　　　　　　　　　　　　　　　　　960 000
　　　　持有至到期投资——利息调整　　　　　　　　　　　　　　 40 000

（2）计息时。

借：应收利息　　　　　　　　　　　　　　　　30 000（100×3%）
　　持有至到期投资——利息调整　　　　　　　 27 600
　　贷：投资收益　　　　　　　　　　　　　　 57 600（96×6%）

【任务设置-2】属于购入后即发生变化，并在资产负债表日进行调整为"可出售金融资产"，就做如下处理。

（1）出售10%时。

借：银行存款　　　　　　　　　　　　　　　　　　　　　　　1 200 000
　　贷：持有至到期投资——成本　　　　　　　　　　　　　　　1 000 000
　　　　投资收益　　　　　　　　　　　　　　　　　　　　　　　200 000

（2）将剩余重分类为"可出售金融资产"时。

借：可供出售金融资产——成本（按公允价值计算）　　　　　　10 800 000
　　贷：持有至到期投资——成本（按账面价值计算）　　　　　　9 000 000
　　　　其他综合收益　　　　　　　　　　　　　　　　　　　　1 800 000

【任务设置-3】属于购置按年付息的持有至到期投资，应根据票面利率计算应收利息，根据实际利率及摊余价值计算投资收益，计算如下（表4-3-1）。

表4-3-1 持有到期投资收益计算表

编制部门：财务部   2015 年 01 月   单位：元

年度	期初摊余价值 ①	实际利息 ②=①×10%	应收利息 ③=票面计算	期末摊余价值 ④=①+②-③
2015	100 000	10 000	6 250	103 750
2016	103 750	10 375	6 250	107 875
2017	107 875	10 787.5	6 250	112 412.5
2018	112 412.5	11 241.25	6 250	117 403.75
2019	117 403.75	13 846.25	125 000+6 250	0

注：由于计算过程中小数点后保留位数影响产生的误差，在最后一年调整实际利息

财务主管：×××   会计：×××   制单：×××

业务处理如下：

（1）购入时。

借：持有至到期投资——成本　　　　　　　　　　　　　　125 000
　　贷：银行存款　　　　　　　　　　　　　　　　　　　100 000
　　　　持有至到期投资——利息调整　　　　　　　　　　 25 000

（2）第一年计息及收息。

借：应收利息　　　　　　　　　　　　　　　　　　　　　 6 250
　　持有至到期投资——利息调整　　　　　　　　　　　　 3 750
　　贷：投资收益　　　　　　　　　　　　　　　　　　　 10 000
借：银行存款　　　　　　　　　　　　　　　　　　　　　 6 250
　　贷：应收利息　　　　　　　　　　　　　　　　　　　 6 250

（3）第二年计息及收息。

借：应收利息　　　　　　　　　　　　　　　　　　　　　 6 250
　　持有至到期投资——利息调整　　　　　　　　　　　　 4 125
　　贷：投资收益　　　　　　　　　　　　　　　　　　　 10 375
借：银行存款　　　　　　　　　　　　　　　　　　　　　 6 250
　　贷：应收利息　　　　　　　　　　　　　　　　　　　 6 250

（4）第三年计息及收息。

借：应收利息　　　　　　　　　　　　　　　　　　　　　 6 250
　　持有至到期投资——利息调整　　　　　　　　　　　　 4 537.5
　　贷：投资收益　　　　　　　　　　　　　　　　　　　 10 787.5
借：银行存款　　　　　　　　　　　　　　　　　　　　　 6 250
　　贷：应收利息　　　　　　　　　　　　　　　　　　　 6 250

（5）第四年计息及收息。

借：应收利息　　　　　　　　　　　　　　　　　　　　　 6 250
　　持有至到期投资——利息调整　　　　　　　　　　　　 4 991.25

贷：投资收益	11 241.25
借：银行存款	6 250
贷：应收利息	6 250

（6）第五年收回本金及利息。

借：应收利息	6 250
持有至到期投资——利息调整	7 596.25
贷：投资收益	13 846.25
借：银行存款	6 250
贷：应收利息	6 250
借：银行存款	125 000
贷：持有至到期投资——成本	125 000

【任务设置-4】属于购置到期一次性还本付息的持有至到期投资，根据实际利率及摊余价值计算投资收益，并在期末本金及根据票面利率计算应收利息，计算如下（表4-3-2）。

表4-3-2 持有到期投资收益计算表

编制部门：财务部　　　　2015 年 01 月　　　　　　　单位：元

	期初摊余价值 ①	实际利息 ②=①×10%	应收利息 ③=票面计算	期末摊余价值 ④=①+②-③
2015	100 000	10 000	0.00	110 000
2016	110 000	11 000	0.00	121 000
2017	121 000	12 100	0.00	133 100
2018	133 100	13 310	0.00	146 410
2019	146 410	9 840	125 000+31 250	0

注：由于计算过程中小数点后保留位数影响产生的误差，在最后一年调整实际利息

财务主管：×××　　　　会计：×××　　　　制单：×××

业务处理如下：

（1）购入时。

借：持有至到期投资——成本	125 000
贷：银行存款	100 000
持有至到期投资——利息调整	25 000

（2）第一年计息。

借：持有至到期投资——应计利息	6 250
持有至到期投资——利息调整	3 750
贷：投资收益	10 000

（3）第二年计息。

借：持有至到期投资——应计利息	6 250
持有至到期投资——利息调整	4 750
贷：投资收益	11 000

（4）第三年计息。

借：持有至到期投资——应计利息　　　　　　　　　　　　　　　　6 250
　　　持有至到期投资——利息调整　　　　　　　　　　　　　　　　5 850
　　贷：投资收益　　　　　　　　　　　　　　　　　　　　　　　　12 100

（5）第四年计息。

借：持有至到期投资——应计利息　　　　　　　　　　　　　　　　6 250
　　　持有至到期投资——利息调整　　　　　　　　　　　　　　　　7 060
　　贷：投资收益　　　　　　　　　　　　　　　　　　　　　　　　13 310

（6）第五年计息及收获本金、利息。

借：持有至到期投资——应计利息　　　　　　　　　　　　　　　　6 250
　　　持有至到期投资——利息调整　　　　　　　　　　　　　　　　3 590
　　贷：投资收益　　　　　　　　　　　　　　　　　　　　　　　　 9 840
借：银行存款　　　　　　　　　　　　　　　　　　　　　　　　　156 250
　　贷：持有到期投资——成本　　　　　　　　　　　　　　　　　125 000
　　　　持有到期投资——应计利息　　　　　　　　　　　　　　　 31 250

技能训练

【技能训练-1】中天公司 2015 年 5 月份发生如下业务，作为持有到期投资业务编制记账凭证。

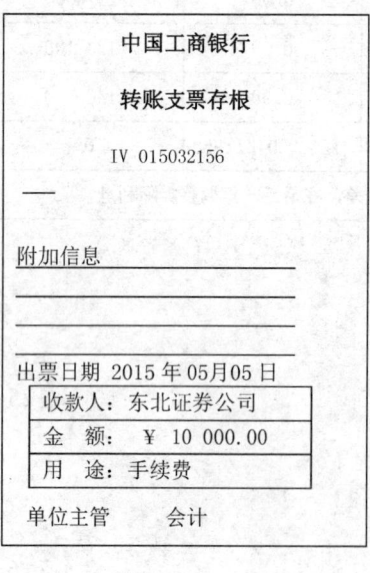

项目四 投资管理会计岗位业务的核算

东北证券长春大街营业部		
2015年06月05日	成交过户交割单	人民币【买入】
公司代码：600888		证券名称：欧亚股份
股东代码：0000335		成交数量：1 000 000 股
资金账号：026666		成交价格：10.00元/股
股东名称：吉林中天公司		标准佣金：9 000.00
申报时间：2015年05月05日 8:50		印花税：1 000.00
成交时间：2015年05月05日 8:55		过户费：0.00
		附加费：0.00
申请编号：1-35869		实付金额：10 010 000.00
上次股票金额：0.00		上次资金余额：0.00
本次股票余额：1 000 000股		本次资金余额：0.00
打印日期 2015年06月05日		备注：股票买卖

【技能训练-2】中天公司 2015 年 6 月发生如下业务，编制记账凭证。

中国工商银行进账单（收账通知） 第150605号
2015年06月05日

出票人	全称	吉林中天纺织公司	收款人	全称	吉林机电设备有限公司
	账号	6222024561-01		账号	62206581-68
	开户银行	工行建设分行		开户银行	工行建设支行

人民币（大写） 柒拾万元整   ￥700 000.00

票据种类：
票据张数：1

购买债券款
单位主管 会计 复核 记账   收款人开户行盖章

此联是收款人开户银行交给收款人的回单或收账通知

```
                    ┌─────────────────────────┐
                    │     中国工商银行          │
                    │     转账支票存根          │
                    │     IV015001568          │
                    │ ──────────────────────── │
                    │                          │
                    │  附加信息                │
                    │ ──────────────────────── │
                    │ ──────────────────────── │
                    │ 出票日期 2015 年 06 月 05 日 │
                    │ 收款人： 机电设备公司      │
                    │ 金　额： ￥700 000.00     │
                    │ 用　途： 债券款           │
                    │                          │
                    │ 单位主管      会计        │
                    └─────────────────────────┘
```

交 易 协 议

甲方：吉林中天纺织公司

乙方：吉林机电设备有限公司

经甲、乙双方协商同意，甲方购买乙方发行的面值为 700 000.00 元公司债券，该债券票面利率 5%，债券期限为 3 年，债券利息按年支付；具体协议内容如下：

(略)

甲方（公章）：

法定代表人：

2015 年 06 月 05 日

乙方（公章）：

法定代表人：

2015 年 06 月 05 日

吉林机电设备有限公司关于发放企业债券的

公　告

关于我公司于2015年度05月01日发行的3年期企业债券有关事宜公告如下：

（1）该债券票面利率为5%；

（2）购买者支付的价款中含2015年度已宣告发放的利息50 000元；

（3）其他事项：

（略）

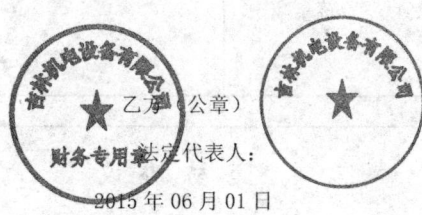

2015 年 06 月 01 日

中国工商银行进账单（收账通知）　　第150601号

2015 年 06 月 10 日

出票人	全称	吉林机电设备有限公司	收款人	全称	吉林中天纺织公司
	账号	62206581-68		账号	6222024561-01
	开户银行	工行建设支行		开户银行	工行建设分行

人民币（大写）	伍万元整	千 百 十 万 千 百 十 元 角 分 ￥ 5 0 0 0 0 0 0

票据种类	
票据张数	1

利息款

收款人开户行盖章

单位主管　会计　复核　记账

此联是收款人开户银行交给收款人的回单或收账通知

中国工商银行进账单（收账通知）

第 151110 号

2015 年 11 月 10 日

出票人	全称	长春银龙有限公司	收款人	全称	吉林中天纺织公司	
	账号	622202410-88		账号	6222024561-01	
	开户银	工行汽车厂分行		开户银行	工行建设分行	

人民币（大写）	捌拾伍万元整	千百十万千百十元角分 ¥ 8 5 0 0 0 0 0 0

票据种类	
票据张数	1

债券销售款

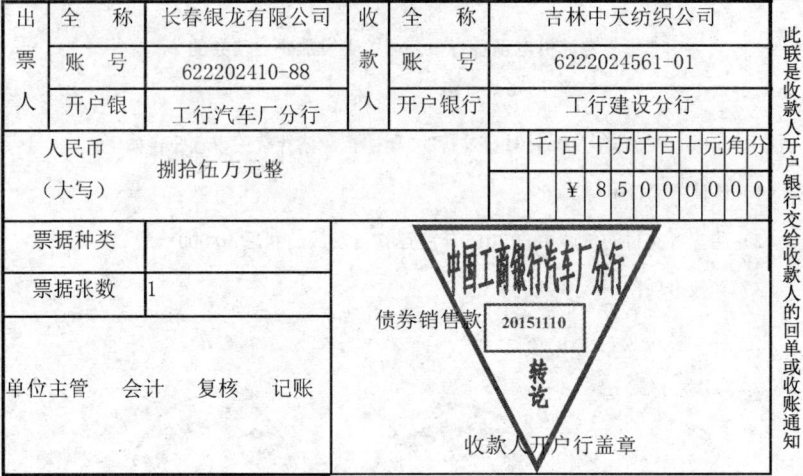

单位主管　会计　复核　记账

收款人开户行盖章

此联是收款人开户银行交给收款人的回单或收账通知

交 易 协 议

甲方：吉林中天纺织公司

乙方：长春银龙有限公司

　　经甲、乙双方协商同意，乙方购买甲方持有的吉林机电设备有限公司面值为 700 000.00 元公司债券，该债券票面利率 5%，发行时间为 2014 年 5 月 1 日，债券期限为 3 年，债券利息按年支付；购买价款为人民币 850 000 元，款项一次性支付，具体协议内容如下：

(略)

甲方（公章）：　　　　　　　　　　乙方（公章）：

法定代表人：　　　　　　　　　　　法定代表人：

2015 年 11 月 10 日　　　　　　　　2015 年 11 月 10 日

债券公允价值情况表

编制部门：财务部　　　　2015 年 04 月 30 日　　　　单位：元

债券种类	时间	账面金额	公允价值	损益
设备公司债券	2015 年 04 月 30 日		730 000	
	2015 年 12 月 31 日		680 000	
	2016 年 04 月 30 日		800 000	

财务主管：×××　　　证券主管：×××　　　制单：×××

任务 4-5 可供出售金融资产的核算

目标定位

(1) 了解可供出售金融资产的概念，掌握其确认及初始计量、后续计量。
(2) 掌握可供出售金融资产的具体核算方法。
(3) 掌握可供出售金融资产重分类的处置方法。

任务设置

【任务设置-1】2015 年 12 月 31 日，中天公司从市场购入亚泰公司发行的总票面金额 10 000 元，票面利率 4%、实际利率 3% 的 3 年期可出售金融资产——债券，该债券的利息每年年末支付，本金到期一次性支付。购买此债券中天公司通过银行存款共支付 10 500 元。2016 年 12 月 31 日，中天公司收到利息，此时该债券公允价值为 10 010 元，请编制相关会计分录。

【任务设置-2】2014 年 5 月 10 日，中天公司以每股 8.5 元的价格从证券市场购买某公司 100 000 股股票，作为可出售金融资产管理。2014 年年末公允价值为 7.5 元/股，2015 年末公允价值为 10 元/股，2016 年 4 月以 11 元/股价格出售拥有的该公司全部股票，根据业务进行财务处理。

基本技能

一、可出售金融资产的概念、确认条件及初始计量

1. 概念

可供出售金融资产是指初始确认时即被指定为可供出售的非衍生金融资产。

从定义角度出发，我们可以看到，当企业管理者持有金融资产的目的不明确时，即既不想将金融资产短期出售，也不想持有至到期时，就可以将其划分为可供出售金融资产。通常情况下，划分为此类的金融资产应当在活跃市场上有报价，例如企业从活跃市场上购入的有报价的股票、债券和基金等。

2. 确认条件

(1) 初始即确认为可供出售的金融资产。
(2) 没有划分以公允价值计量且其变动计入当期损益的金融资产、持有至到期投资等。

下列各类资产不能够确认为可供出售金融资产。
(1) 贷款和应收账款。
(2) 持有至到期投资。
(3) 以公允价值计量且其变动计入当期损益的金融资产。

3. 初始计量

可供出售金融资产的初始确认时。

（1）应按公允价值计量，且相关交易费用应计入初始入账金额。

（2）企业取得可供出售金融资产支付的价款中包含的已到付息期但尚未领取的债券利息或已宣告但尚未发放的现金股利，应单独确认为应收项目。

4. 后续计量

可供出售金融资产的后续计量包括。

（1）取得的可出售金融资产的后续计量应以公允价值口径进行。

（2）《会计准则22号——金融工具》《企业会计准则第30号——财务报表列报》都规定：资产负债表日，可供出售金融资产应按公允价值计量，公允价值变动不计入当期损益，而通常应计入所有者权益，通过"其他综合收益"科目核算，即原来的"其他资本公积"核算的内容，现在修订为在"其他综合收益"科目核算，在该金融资产终止确认时转出，计入当期损益（投资收益）。

※注："其他综合收益"是指企业根据《企业会计准则》规定未在损益中确认的各项利得和损失扣除所得税影响后的净额。

（3）资产负债表日，可供出售金融资产发生的减值损失，应计入当期损益。

（4）资产负债表日，受因素影响持有能力及意图发生改变，或公允价值不再能够可靠计量，或可供出售金融资产持有期限超过两个完整的会计年度，应按相关规定予以处理并重分类为"持有至到期投资"。

（5）处置可供出售金融资产时，应将取得的价款与该金融资产账面价值之间的差额，计入投资损益；同时，将原直接计入所有者权益的公允价值变动累计额对应处置部分的金额转出，计入投资损益。

二、可供出售金融资产的核算

1. 设置的账户

企业应设置"可供出售金融资产"科目来核算企业持有的可供出售金融资产的公允价值，包括划分为可供出售的股票投资、债券投资等金融资产。该科目按可供出售金融资产的类别和品种，分别设置"成本""利息调整""应计利息""公允价值变动"等明细科目进行明细核算。可供出售金融资产发生减值的，应在本科目设置"减值准备"明细科目进行核算，也可以单独设置"可供出售金融资产减值准备"科目进行核算。

可供出售金融资产（资产类）

核算取得的公允价值及交易费用 购置发生的溢价 折价的摊销	核算投资减少的价值 购置时发生的折价 溢价的摊销
可供出售金融资产的公允价值	

2. 具体核算方法

(1) 取得可供出售金融资产时。

①如果是"股权投资"则分录如下：

借：可供出售金融资产——成本　　（公允价值或买价-已宣告尚未发放的现金股利+交易费用）
　　应收股利　　　　　　　　　（支付的价款中包含的已宣告尚未发放的现金股利）
　　贷：银行存款

②如果是"债券投资"则此分录如下：

借：可供出售金融资产——成本　　　　　　　（票面价值）
　　应收利息　　　　　　　　　　　　　　　（支付价款中包含的已到付息期未领）
　　贷：银行存款　　　　　　　　　　　　　（实际支付的价款）
　　　　可供出售金融资产——利息调整　　　（折价时、溢价时记"借方"）

(2) 资产负债表日，计息时。

①可供出售的债券为分期付息、一次还本的投资：

借：应收利息　　　　　　　　　　　　　　　（票面金额×票面利率）
　　贷：投资收益　　　　　　　　　　　　　（摊余成本×实际利率）
　　　　可供出售金融资产——利息调整　　　（差额，溢价在"借方"）

②可供出售的债券为一次还本付息的投资：

借：可供出售金融资产——应计利息　　　　　（票面金额×票面利率）
　　贷：投资收益　　　　　　　　　　　　　（摊余成本×实际利率）
　　　　可供出售金融资产——利息调整　　　（差额，溢价在"借方"）

(3) 资产负债表日，按公允价值调整可供出售金融资产的价值。

①如果是"股权投资"则分录如下：

期末公允价值高于此时的账面价值时：

借：可供出售金融资产——公允价值变动
　　贷：其他综合收益

期末公允价值低于此时的账面价值时，按上述做相反分录即可。

②如果是"债券投资"则分录如下：

期末公允价值高于账面价值时：

借：可供出售金融资产——公允价值变动
　　贷：其他综合收益

期末公允价值低于账面价值时，按上述做相反分录即可。

※特别提示：

①此公允价值的调整不影响每期利息收益的计算，即每期利息收益始终用期初摊余成本乘以当初的内含报酬率来测算；

②可供出售金融资产为债券时，计算摊余成本不考虑暂时性的公允价值变动，但要考虑发生的减值损失；

③可供出售金融资产为债券时，计算公允价值变动额是用可供出售金融资产的账面价值和公允价值比较，而不是用摊余成本和公允价值比较。

(4) 资产负债表日，发生可供出售金融资产减值时。

借：资产减值损失　　　　　　　　　　　　（减值金额）
　　贷：可供出售金融资产——公允价值变动
　　　　（或：可供出售金融资产减值准备）

冲减时：

借：可供出售金融资产——公允价值变动
　　贷：资产减值损失

(5) 资产负债表日，将可供出售金融资产重分类为"持有至到期投资"时。

借：持有至到期投资　　　　　　　　　　　（重分类公允价值）
　　其他综合收益　　　　　　　　　　　　（按差额"借"或"贷"）
　　贷：可供出售金融资产　　　　　　　　（账面价值）

※注：重分类为"持有至到期投资"在资产负债表日由重分类为"可供出售金融资产"或"持有至到期投资"出售时，按重分类后项目的出售规定核算。

(6) 可供出售金融资产出售时。

借：银行存款　　　　　　　　　　　　　　（实际收到的价款）
　　贷：可供出售金融资产——成本　　　　（账面余额）
　　　　　　　　　　　　　——公允价值变动（账面金额，根据方向确定"借"或"贷"）
　　　　　　　　　　　　　——利息调整　（账面金额）
　　　　　　　　　　　　　——应计利息　（账面金额）
　　　　其他综合收益　　　　　　　　　　（根据转出公允价值变动额及方向确定"借"
　　　　　　　　　　　　　　　　　　　　或"贷"）
　　　　投资收益　　　　　　　　　　　　（根据差额"借"或"贷"）

任务解答

根据所掌握的上述知识，对任务设置分析与处理如下。

【任务设置-1】 属于购入分期付息、一次还本的可供出售金融资产——债券，应编制分录。

(1) 购入时。

借：可供出售金融资产——成本　　　　　　　　　　　　10 000
　　　　　　　　　　——利息调整　　　　　　　　　　　　500
　　贷：银行存款　　　　　　　　　　　　　　　　　　10 500

(2) 计息及收息时。

　　因：每年应收利息=票面金额×票面利率
　　　　每年利息收入=持有至到期投资摊余成本×实际利率
　　　　应收利息=10 000×4%=400（元）
　　　　实际利息收入=10 500×3%=315（元）
　　　　此次计息后摊余价值=10 500+315-400=10 415（元）

借：应收利息　　　　　　　　　　　　　　　　　　　　400
　　贷：投资收益　　　　　　　　　　　　　　　　　　315

　　　　可供出售金融资产——利息调整　　　　　　　　　　　　　　　85
　　借：银行存款　　　　　　　　　　　　　　　　　　　　　　　400
　　　　贷：应收利息　　　　　　　　　　　　　　　　　　　　　　400
（3）调整公允价值变动时。
　　此时公允价值为 10 010 元，账面价值为 10 000+500-85 = 10 415 元，则变动额为10 010-10 415 = -405（元）
　　借：其他综合收益　　　　　　　　　　　　　　　　　　　　　405
　　　　贷：可供出售金融资产——公允价值变动　　　　　　　　　　405

【任务设置-2】属于购入可出售金融资产——股票，并进行公允价值调整及出售核算。根据业务进行财务处理如下。
（1）购入时。
　　借：可供出售金融资产——（成本）　　　　　　　　　　　　87 000
　　　　贷：银行存款　　　　　　　　　　　　　　　　　　　　87 000
（2）第一次调整公允价值。
　　此时公允价值为 75 000 元，账面价值为 87 000 元，变动值为 75 000-87 000 = -12 000（元）
　　借：其他综合收益　　　　　　　　　　　　　　　　　　　12 000
　　　　贷：可供出售金融资产——公允价值调整　　　　　　　　　12 000
（3）第二次调整公允价值。
　　此时公允价值为 100 000 元，账面价值为 87 000 元，变动值为 100 000-87 000 = 13 000（元）
　　借：可供出售金融资产——公允价值调整　　　　　　　　　　13 000
　　　　贷：其他综合收益　　　　　　　　　　　　　　　　　　13 000
（4）出售时。
　　借：银行存款　　　　　　　　　　　　　　　　　　　　110 000
　　　　其他综合收益　　　　　　　　　　　　　　　　　　　1 000
　　　　贷：可供出售金融资产——成本　　　　　　　　　　　　87 000
　　　　　　可供出售金融资产——公允价值调整　　　　　　　　　1 000
　　　　　　投资收益　　　　　　　　　　　　　　　　　　　23 000

技能训练

【技能训练-1】中天纺织公司 2015 年 6 月发生购入"可供出售金融资产"业务，具体原始凭证如下，编制记账凭证。

东北证券长春大街营业部

2015 年 06 月 05 日	成交过户交割单	人民币 【买入】
公司代码：600888		证券名称：欧亚股份
股东代码：0000335		成交数量：100 000 股
资金账号：026666		成交价格：10.00 元/股
股东名称：中天纺织公司		标准佣金：500.00
申报时间：2015 年 06 月 05 日 8:50		印花税：48.00
成交时间：2015 年 06 月 05 日 8:55		过户费：0.00
		附加费：0.00
申请编号：1-35869		实付金额：1 000 548.00
上次股票金额：0.00		上次资金余额：0.00
本次股票余额：100 000 股		本次资金余额：0.00
打印日期：2015 年 06 月 05 日		备注：股票买卖

（东北证券公司长春大街营业部 业务专用章）

中国工商银行

转账支票存根

IV 15013665

附加信息 _____

_____

出票日期 2015 年 06 月 05 日

收款人：	东北证券公司
金　额：	￥ 1 000 548.00
用　途：	股票款

单位主管　　　　会计

项目四 投资管理会计岗位业务的核算

中国工商银行进账单（收账通知）　　　第 015061 号

2015 年 06 月 10 日

出票人	全称	欧亚股份有限公司	收款人	全称	吉林中天纺织公司
	账号	62201765-33		账号	6222024561-01
	开户银行	工行汽车厂分行		开户银行	工行建设支行

人民币（大写）	伍万元整	千百十万千百十元角分
		￥50000 00

票据种类	
票据张数	1
单位主管　会计　复核　记账	

现金股利款

（中国工商银行汽车厂分行 2015 6 10 转讫）

收款人开户行盖章

此联是收款人开户银行交给收款人的回单或收账通知

中国工商银行进账单（收账通知）　　　第 016071 号

2016 年 07 月 10 日

出票人	全称	欧亚股份有限公司	收款人	全称	吉林中天纺织公司
	账号	62201765-33		账号	6222024561-01
	开户银行	工行汽车厂分行		开户银行	工行建设支行

人民币（大写）	叁万元整	千百十万千百十元角分
		￥30000 00

票据种类	
票据张数	1
单位主管　会计　复核　记账	

现金股利款

（中国工商银行汽车厂分行 2016 7 10 转讫）

收款人开户行盖章

此联是收款人开户银行交给收款人的回单或收账通知

现金股利统计表

编制部门：财务部　　　　2016 年 06 月 30 日　　　　　　　　　单位：元

名称	股票数量（股）	宣告发放的股利	占股权比例	现金股利
欧亚股份	100 000	15 000 000.00	0.2%	30 000.00
合　计	100 000	15 000 000.00	0.2%	30 000.00

财务主管：×××　　　　　　证券主管：×××　　　　　　制单：×××

东北证券长春大街营业部

2016 年 07 月 28 日　　　　成交过户交割单　　　　人民币　　　【卖出】

公司代码：312568	申请编号：256
证券账号：63529888	证券名称：欧亚股份
资金账号：412345	成交数量：100 000 股
股东名称：中天纺织公司	成交价格：11.00 元/股
申报时间：10:20:48	成交金额：1 100 000.00
成交时间：10:26:40	佣　　金：316.00
上次余额：314 605.75	印 花 税：362.00
实际收付：+1 099 322.00	过 户 费：0.00
资金余额：1 413 927.75	委 托 费：0.00
股票数量：100 0000 股	其他费用：0.00
打印日期：2016 年 07 月 28 日	备　注：股票买卖

欧亚股票公允价值情况表

编制部门：财务部　　　　2015 年 12 月 31 日　　　　　　　　　单位：元

名称	时间	账面金额	公允价值/股	损益
欧亚股份	2015 年 06 月 30 日		8 000	
	2015 年 12 月 31 日		15 000	

财务主管：×××　　　　　　证券主管：×××　　　　　　制单：×××

	中国工商银行进账单（收账通知）			第 160729 号	
	2016 年 07 月 29 日				
出票人	全称	东北证券公司	收款人	全称	吉林中天纺织公司
	账号	622201987-87		账号	6222024561-01
	开户行	工行人民大街支行		开户银行	工行建设支行
人民币（大写）	壹佰零玖万玖仟叁佰贰拾贰元整			￥1 0 9 9 3 2 2 0 0	
票据种类			股票销售款		
票据张数	1				
单位主管　会计　复核　记账			收款人开户行盖章		

此联是收款人开户银行交给收款人的回单或收账通知

（中国工商银行汽车厂分行 2016 7 29 转讫）

任务 4-6　长期股权投资的核算

目标定位

（1）了解长期股权投资的概念、特点以及对被投资企业的影响。
（2）了解长期股权投资取得方式及初始计量、后续计量。
（3）掌握长期股权投资的成本法适用的范围及核算方法。
（4）掌握长期股权投资的权益法适用的范围及核算方法。
（5）掌握成本法、权益法的转换。
（6）掌握长期股权投资的减值和处置的核算。

任务设置

【任务设置-1】2016 年中天公司与吉林联合化工有限公司共同投资组建 A 公司，A 公司章程规定：公司注册资本为 100 万元，其中，中天公司以货币资金形式投资 60 万，占注册资本的 60%，吉林联合化工有限公司以设备投资 40 万元，占注册资本的 40%，双方于 5 月 15 日全部投资到位，并取得相关凭证，办理了工商登记手续，该笔业务中天公司应如何进行会计处理？

【任务设置-2】A、B 两公司均为中天纺织公司全资子公司，2016 年 5 月 30 日 A 公司投资 60 万元取得 B 公司 60% 的股权及实际控制权，该日 B 公司净资产为 80 万元，A 公司应如何进行会计处理？

【任务设置-3】2016 年 5 月 30 日欧亚股份公司增发每股面值为 1 元的普通股 2 000 万股，

取得中天公司20%的股权,并能够对中天公司的生产经营决策施加重大影响,该普通股发行当日的公允价值为1.2元/股;同时,欧亚股份公司向证券公司支付佣金与手续费共计100万元,欧亚股份公司应如何进行会计处理?

基本技能

一、长期股权投资

1. 长期股权投资的概念

长期股权投资是指企业通过以自身资产向被投资企业投资,形成的长期持有被投资企业股份,能够对其实施控制的权益性投资。

企业实施长期股权投资的目的,不是单纯为了获取短期利益,而是通过投资达到参与或控制被投资企业实施长远战略或收益的目的,或对被投资单位施加重大影响,或为了与被投资单位建立密切关系,以分散经营风险。

2. 长期股权投资的特点

(1) 权益性投资;
(2) 投资金额较大;
(3) 投资期限长;
(4) 投资风险与收益并存;
(5) 不能随意出售(股票除外)。

3. 长期股权投资企业对被投资企业施加的影响

企业通过长期股权投资对被投资企业实施影响或控制,由于投资情况不同,实施影响或控制的形式也不同,投资企业随着被投资企业权益变化而产生的调整也因此不同。主要有以下4种类型。

(1) 控制,是指有权决定一个企业的财务和经营决策,并能够以此从该企业的经营活动中获取收益,如"全资子公司""控股公司"等。

①直接拥有50%以上的表决权资本;
②虽直接拥有50%或以下的表决权资本,但具有实质控制权。

(2) 共同控制,是指按照合同或协议的约定对某项经济活动所共有的控制,仅在与该项经济活动相关的重要财务或经营决策需要分享控制权的投资方一致同意时存在,如"合营公司"等。

(3) 重大影响,是指对被投资方的财务和经营决策有参与权利,但并不能控制或与其他方一起共同控制这些政策的制定,如"联营公司"等。

(4) 无控制、无共同控制、无重大影响,且在活跃市场中没有报价,公允价值不能可靠计量的权益性投资。

这种情况下,投资企业通常拥有被投资企业的表决权资本该比例小于注册资本的20%,并且不存在其他方对被投资企业施加重大影响的途径。或者虽然拥有20%以上的表决权资本,但是并没有实质上施加重大影响或控制的权利或者自愿放弃权利。

①直接拥有20%以下的表决权资本。

②虽直接拥有20%以上的表决权资本，但实质上"三无"，即：无控制权、无表决权、无法施加重大影响。

4. 长期股权投资的分类

根据上述投资企业对被投资企业实施影响或控制情况划分，长期股权投资也可以划分为4类。

（1）企业持有的能够对被投资方实施影响或控制的权益性投资。

（2）企业持有与其他持有方共同对被投资方实施影响或控制的权益性投资。

（3）企业持有的能够对被投资方实施重大影响的权益性投资。

（4）企业持有对被投资方不具有控制、共同控制、重大影响，且在活跃市场中没有报价、公允价值不能可靠计量的权益性投资。

二、长期股权投资取得方式及初始计量、后续计量

长期股权的取得方式通常有两种，即企业合并形式取得与非合并方式取得。

通过合并方式取得的长期股权投资又可以进一步划分为：同一控制下企业的合并与非同一控制下企业的合并。非合并方式取得又可以进一步划分为：以支付货币资金形式购买（股票）取得的，以资产直接投资形式取得的，以发行权益性证券形式取得的，以债务重组、非货币性交易形式取得的等形式，从被投资企业角度来讲还包括投资者投入形式取得的长期股权投资。

1. 合并方式取得

企业合并是指将两个或两个以上单独的企业合并形成一个报告主体的交易或事项。企业合并从资产角度讲存在着整体合并、部分合并，从合并的形式上可以划分为控股合并、吸收合并、新设合并等形式。但是从"长期股权投资"形成的角度讲，只有"控股合并"才能产生长期股权投资。

控股合并是指合并过程中，一方（投资方）成为拥有另一方（被投资方）股权的合并。正常情况下，被合并方仍维持独立法人资格存在，合并方拥有对被合并方形成控制和实施影响的股权。

如果合并过程中被投资方仍作为独立法人存在，且投资方拥有其全部股权时，被投资方则成为投资方的"全资子公司"。

（1）同一控制下企业合并。

同一控制下企业的合并，是指参与合并的企业合并前与合并后均受某一方或某些方的最终控制或共同控制。

该形式下取得的长期股权投资，按对方账面计算的股权价值入账，与本方支付的账面价值存在差额的计入资本公积（溢折价）或盈余公积等。

（2）非同一控制下企业合并。

非同一控制下企业的合并，是指参与合并的企业合并前不共同受控于某一方或某些方，合并后，则共同受控于某一方或某些方的最终控制或共同控制。

该形式下取得的长期股权投资，按本方支付的公允价值入账，包括支付的直接费用。

2. 非合并方式取得

（1）以支付货币资金形式取得的长期股权投资，按实际支付公允价值入账。

①包括取得该投资而支付的直接相关的费用、税金、手续费等支出；
②不包括实际支付价款中包含的已宣告但尚未发放的现金股利等。
（2）以资产直接投资形式取得的长期股权投资，按实际支付的公允价值入账。
（3）以发行权益性证券形式取得的长期股权投资，按实际支付的公允价值入账。
（4）通过债务重组、非货币性交易取得的长期股权投资，按《企业会计准则》相关规定处理。
（5）投资者投入的长期股权投资，应按投资合同或协议价值入账，但是合同或协议价值不公允的，应按公允价值入账，差额部分记入"资本公积——资本溢价"科目处理。

3. 长期股权投资的后续计量

长期股权投资的后续计量分别采用"成本法"和"权益法"。

（1）成本法。

"成本法"注重的是投资收益的获取，相比之下"参与"或"控制"能力非常的弱。因此，成本法下，取得股权时按初始投资成本计价，除追加或收回投资外长期股权投资的账面价值保持不变。

①被投资单位宣告分派的现金股利或利润，确认为当前投资收益；
②投资企业确认投资收益，仅限于被投资企业接受投资后产生的净利润的"分配额"，所获得的利润或现金股利超过"分配额"部分的，应作为初始投资成本的收回，调整投资的账面价值。

a. 投资企业投资当年分得的利润或现金股利，是由投资前被投资单位实现的利润分配的，应作为投资成本收回，冲减投资成本，一般不能作为当期的投资收益；

b. 投资企业投资当年分得的利润或现金股利，有部分是投资后被投资企业的利润分配的，仍应作为投资企业投资当年的投资收益。

（2）权益法。

"权益法"注重的是所有者权益，相比之下"参与"或"控制"能力非常的强。因此，权益法下，只要被投资企业的所有者权益变动了，投资企业也随之进行调整。重点考虑占被投资企业"可辨认净资产公允价值的份额"。

①企业进行初始投资时，如果长期股权投资的初始投资成本小于应享有被投资企业"可辨认净资产公允价值份额"的，要增加长期股权投资账面价值，两者的差额计入"营业外收入"。

②企业进行初始投资时，如果长期股权投资的初始成本大于应享有被投资企业"可辨认净资产公允价值份额"的，不调整已确认的初始投资成本。

③持有投资期间的期末，以投资时被投资企业各项可辨认资产等的公允价值为基础，对被投资企业的净利润进行调整，使其会计核算方式与投资企业一致。

④根据调整后的净利润按持股比例确定应享有或应分担的份额，确认投资损益，调整长期股权投资的账面价值。

⑤被投资企业分配利润时，投资企业应按持股比例计算应分得的部分，相应调减长期股权投资的账面价值。

⑥被投资企业发生除净利润以外的其他所有者权益项目变动时，投资企业应当相应调整长期股权投资的账面价值，同时确认为其他综合收益。

三、长期股权投资的核算

（一）长期股权投资核算设置的账户

为核算长期股权投资应设置"长期股权投资""应收股利""投资收益"等科目。长期股权投资应设置"投资成本""损益调整"等明细科目进行核算，应收股利应按被投资企业明细进行核算。

长期股权投资（资产类）

核算取得时的实际成本 按权益法核算的调增成本	成本法下，被投资企业宣告发放的现金股利或利润中属于本企业投资前实现净利润的份额 因被投资企业发生亏损、分担亏损份额而调减的成本 出售时转出的账面余额
长期股权投资的账面余额	

应收股利（资产类）

核算应收取的现金股利及应收的利润	核算应收减少的现金股利及应收利润
应收现金股利及利润的账面余额	

（二）长期股权投资的成本法核算

1. 成本法的适用范围

长期股权投资核算的成本法适用于：

（1）投资企业能够对被投资企业实施控制的长期股权投资，如对"子公司"的长期投资，投资企业对纳入合并会计报表编制范围的"子公司"的长期股权投资需要采用成本法核算，编制合并财务报表时按照权益法核算；

（2）投资企业对被投资企业不具有控制、共同控制或重大影响，且在活跃市场中没有报价、公允价值不能可靠计量的长期股权投资。

2. 成本法的核算方法

（1）购买取得时。

借：长期股权投资——投资成本　　　（购买时实际支付的公允价值）
　　　应收股利　　　　　　　　　　（购买价格中包含的已宣告尚未支付）
　　贷：银行存款　　　　　　　　　（实际付款额）

（2）长期股权投资持有期间被投资单位宣告发放现金股利或利润时（按两种不同情况的处理）。

借：应收股利
　　贷：投资收益　　　　　　　　　　　　（属于因投资获得的"分配额"）
借：应收股利
　　贷：长期股权投资——投资成本　　　　（属于投资前企业形成的）
（3）长期股权投资处置时。
借：银行存款　　　　　　　　　　　　　　（实际收到的价款）
　　长期股权投资减值准备　　　　　　　　（已经计提的减值准备）
　　贷：长期股权投资——投资成本　　　　（减去减值准备后的账面价值）
　　　　投资收益　　　　　　　　　　　　（差额决定"借"或"贷"）

（三）长期股权投资的权益法核算

1. 权益法的适用范围

长期股权投资核算的权益法适用于：

（1）企业持有与其他持有方共同对被投资方实施影响或控制的权益性投资；

（2）企业持有的能够对被投资方实施重大影响的权益性投资。

2. 权益法的核算方法

（1）取得时如果支付的初始成本大于或等于可辨认净资产公允价值的份额。

借：长期股权投资——投资成本　　（实际支付的初始成本）
　　贷：银行存款

（2）取得时如果支付的初始成本小于可辨认净资产公允价值的份额。

借：长期股权投资——投资成本　　（可辨认净资产公允价值的份额）
　　贷：银行存款　　　　　　　　（实际支付的价款）
　　　　营业外收入　　　　　　　（实际支付小于可辨认的份额）

（3）持有长期股权投资期间被投资单位实现净利润或发生净亏损。

盈利时：

借：长期股权投资——损益调整　　（分配的盈利份额）
　　贷：投资收益

亏损时：

借：投资损益
　　贷：长期股权投资——损益调整　（承担的亏损份额）

分派股利时：

借：应收股利
　　贷：长期股权投资——损益调整　（应分配的股利份额）

（4）持有长期股权投资期间被投资单位所有者权益的其他变动。

借：长期股权投资——其他损益变动　（应承担的增加份额）
　　贷：其他综合收益

借：其他综合收益
　　贷：长期股权投资——其他损益变动（应承担的减少份额）

（5）长期股权投资的减值准备。

《企业会计准则》规定，企业期末应该对长期股权投资进行减值测试，将长期股权投资的账面价值与可收回金额进行比较，如果账面价值低于可收回金额，应该计提减值准备。

为了防止企业肆意利用减值准备调节利润，《企业会计准则》还明确规定，长期股权投资减值准备一经确认不得转回，计提时：

借：资产减值损失——计提的长期股权投资减值准备
　　贷：长期股权投资减值准备

（6）长期股权投资处置时。

按实际取得的价款与长期股权投资账面价值的差额确认为投资损益，并应同时结转已计提的长期股权投资减值准备，还应同时结转原记入资本公积的相关金额，借记或贷记"其他综合收益"科目，贷记或借记"投资收益"科目。

借：银行存款　　　　　　　　　　（实际收到的价款）
　　长期股权投资减值准备　　　　（已经计提的减值）
　　贷：长期股权投资——成本　　（扣除减值准备的账面成本）
　　　　　　　　　　——损益调整
　　　　　　　　　　——其他权益变动
　　　　投资权益　　　　　　　　（差额确定"借"或"贷"）
借：其他综合收益　　　　　　　　（根据益、损确定"借"或"贷"）
　　贷：投资收益　　　　　　　　（根据益、损确定"借"或"贷"）

任务解答

根据上述所掌握的知识，对任务设置分析与处理如下。

【任务设置-1】属于投资者投入的长期股权投资，应做如下处理。

借：长期股权投资——A公司　　　　　　　　　　　　600 000
　　贷：银行存款　　　　　　　　　　　　　　　　　600 000

【任务设置-2】属于同一控制下的企业的合并，应做如下处理。

借：长期股权投资——B公司　　　　　　　　　　　　480 000
　　资本公积——股本折价　　　　　　　　　　　　　120 000
　　贷：银行存款　　　　　　　　　　　　　　　　　600 000

【任务设置-3】属于发行权益性证券方式取得的长期股权投资，应做如下处理。

借：长期股权投资——中天公司　　　　　　　　　　24 000 000
　　贷：股本　　　　　　　　　　　　　　　　　　20 000 000
　　　　资本公积——股本溢价　　　　　　　　　　　4 000 000
借：资本公积——股本溢价　　　　　　　　　　　　　1 000 000
　　贷：银行存款　　　　　　　　　　　　　　　　　1 000 000

技能训练

【技能训练-1】中天公司2016年6月发生投资兴办安泰经贸公司业务，原始凭证如下，进行账务处理。

股 东 出 资 款 收 据

2016 年 06 月 05 日　　　　No.160012

交款单位：中天纺织有限公司

交　来：投资款，占注册资本的80%

人民币（大写）：壹佰陆拾万元整　　¥1 600 000.00

收款单位：安泰经贸公司

（财务专用章）　　会计主管：×××　　收款：×××

中国工商银行

转账支票存根

IV 01640055

附加信息 _____

出票日期 2016 年 06 月 05 日

收款人：	安泰经贸公司
金　额：	¥ 1 600 000.00
用　途：	投资款

单位主管　　　会计

【技能训练-2】中天公司发生下列经济业务，原始凭证如下，进行会计处理。

中国工商银行

转账支票存根

IV 016004656

附加信息 _____

出票日期 2015 年 01 月 10 日

收款人：	东北证券公司
金　额：	¥ 10 000 548.00
用　途：	投资款

单位主管　　　会计

交 易 协 议

甲方：吉林中天纺织公司

乙方：吉林机电设备有限公司

经甲、乙双方协商同意，甲方购买乙方股票 200 万股，购买价为 5 元/股，购买行为生效后，甲方对乙方的持股比例为 20%，购买方式通过东北证券公司购买。

具体协议内容如下：

（略）

甲方（公章）： 　　　　　乙方（公章）：

法定代表人：　　　　　　　　　　　法定代表人：

2015 年 01 月 05 日　　　　　　　　2015 年 01 月 05 日

东北证券长春大街营业部

2015 年 01 月 10 日	成交过户交割单	人民币 【买入】

公司代码：600888	证券名称：吉林机电设备有限公司
股东代码：0000335	成交数量：2 000 000 股
资金账号：026666	成交价格：5.00 元/股
股东名称：中天纺织公司	标准佣金：500.00
申报时间：2015 年 01 月 10 日 8:50	印花税：48.00
成交时间：2015 年 01 月 10 日 8:55	过户费：0.00
	附加费：0.00
申请编号：1-35869	买过金额：10 000 548.00
上次股票金额：0.00	上次资金余额：0.00
本次股票余额：2 000 000 股	本次资金余额：0.00
打印日期：2015 年 01 月 10 日	备注：股票买卖

吉林机电设备有限公司股利发放
公　告

关于我公司于 2015 年度经营情况的报告如下：

（1）经 ***会计师事务所审计，2015 年我公司实现净利润 1 600 万元；

（2）定于 2016 年 5 月 1 日，发放现金股利，每股 0.5 元；

（3）其他事项（略）

乙方（公章）：

法定代表人：

2015 年 12 月 31 日

中国工商银行进账单（收账通知）　　　第 160500 号

2016 年 05 月 03 日

出票人	全　称	吉林机电设备有限公司	收款人	全　称	吉林中天纺织公司
	账　号	62206581-68		账　号	6222024561-01
	开户行	工行建设支行		开户银行	工行建设支行

人民币 （大写）	壹佰万元整	千	百	十	万	千	百	十	元	角	分
		¥	1	0	0	0	0	0	0	0	0

票据种类	
票据张数	1

现金股利款

单位主管　　会计　　复核　　记账

收款人开户行盖章

此联是收款人开户银行交给收款人的回单或收账通知

项目四 投资管理会计岗位业务的核算

东北证券长春大街营业部

2016 年 11 月 28 日　　　　成交过户交割单　　　人民币　　【卖出】

公司代码：312568	申请编号：368
证券账号：63529888	证券名称：吉林机电设备有限公司
资金账号：412345	成交数量：2 000 000 股
股东名称：中天纺织公司	成交价格：6.00 元/股
申报时间：10:20:48	成交金额：12 000 000.00
成交时间：10:26:40	佣　　金：5 500.00
上次余额：0.00	印 花 税：1 320.00
实际收付：+11 993 180.00	过 户 费：0.00
资金余额：0.00	委 托 费：0.00
股票数量：2 000 000 股	其他费用：0.00
打印日期：2016 年 11 月 28 日	备注：股票买卖

中国工商银行进账单（收账通知）　　　第 016112 号

2016 年 11 月 29 日

出票人	全称	东北证券公司	收款人	全称	吉林中天纺织公司	此联是收款人开户银行交给收款人的回单或收账通知
	账号	622201987-87		账号	6222024561-01	
	开户行	工行人民大街支行		开户银行	工行建设支行	

人民币（大写）	壹仟壹佰玖拾玖万叁仟壹佰捌拾元整	千 百 十 万 千 百 十 元 角 分
		¥ 1 1 9 9 3 1 8 0 0 0

票据种类：
票据张数：1

股票销售款　20161129　转讫
收款人开户行盖章

单位主管　会计　复核　记账

项目五

职工薪酬会计岗位业务的核算

学习总目标
(1) 了解企业职工薪酬管理岗位有哪些,岗位职责是什么。
(2) 了解应付职工薪酬的核算内容,掌握核算方法。
(3) 掌握应付职工薪酬核算过程中,各种代扣代缴业务的核算方法。

任务 5-1　职工薪酬管理岗位

目标定位

（1）了解企业职工薪酬管理岗位有哪些。
（2）薪酬管理岗位的职责有哪些规定。

任务设置

【任务设置-1】应该由哪个部门编制"职工薪酬表"，编制依据是什么。
【任务设置-2】财务部门如何监控、管理职工薪酬的统计。

基本技能

职工薪酬是劳动者为企业付出劳动应获得的劳动报酬以及享受的福利待遇，是企业生产经营管理支出的重要组成部分。与企业薪酬管理有关的岗位主要包括人力资源管理部门和财务部门的薪酬会计岗位。

1. 人力资源管理部门

企业人力资源管理部门是企业职工薪酬管理的重要部门，包含了薪酬制度、薪酬预算等很多重要的管理工作，其主要职能如下。

（1）薪酬管理制度的拟定，实施过程的管理、监控、分析。
（2）薪酬预算的拟定，实施过程的管理、监控、调整及决算与分析。
（3）核算员工工资、福利、奖金、津贴、补贴以及保险等事宜。
（4）管理员工入职、转正、岗位调整、职务调整、离职等行为，以及因此行为而产生的薪酬变化。
（5）编制、审核职工薪酬发放的"工资表"。
（6）其他有关薪酬管理的工作。

2. 财务部门的薪酬会计岗位

财务部门是企业资金、资产核算的中心，财务部门通过设置薪酬会计岗位对有关职工薪酬的一切资金进行核算、监督与管理。薪酬会计岗位的主要职责如下。

（1）根据企业薪酬管理制度对工资、奖金、福利、保险等职工薪酬的发放进行复核。
（2）对工资分配、发放以及代扣代缴项目进行具体的财务核算。
（3）及时将所核算的职工薪酬登记入账，并通过财务统计的方式对职工薪酬进行分析，为管理者提供重要的参考信息。
（4）其他有关薪酬管理、核算事务的工作。

任务解答

【任务设置-1】"职工薪酬表"一般由人力资源管理部门根据企业薪酬管理制度以及岗位

考勤记录、绩效考核结果进行编制。

【任务设置-2】财务部门应设置薪酬会计岗位或指定人员对人力资源管理部门编制的薪酬表以及相关依据资料进行认真考核、复核，对依据的政策合规性、合理性、合法性进行监督管理。

任务 5-2　职工薪酬的核算

目标定位

（1）理解职工薪酬的概念、内容。
（2）掌握职工薪酬的具体核算方法。

任务设置

【任务设置-1】2015年7月月末，中天公司如何根据本月"工资结算汇总表"进行本月工资费用分配，编制相应的记账凭证？

【任务设置-2】2015年7月月末，中天公司如何根据本月"工资结算汇总表"中的应付工资栏的25%计提当月应缴纳的各种社会保险费？

【任务设置-3】2015年7月月末，中天公司如何根据本月"工资结算汇总表"中的应付工资栏的10%计提当月应缴纳的住房公积金？

【任务设置-4】中天公司为一家彩电生产企业，共有职工200名，2016年2月，公司以其生产的每台成本为1 000元的电视机作为福利发放给公司职工。该型号电视机的售价为每台1 400元，适用增值税率为17%。假定公司职工中170名为直接参加生产的人员，30名为行政管理人员。该公司此项职工福利应如何进行账务处理？

【任务设置-5】中天公司为激励员工，2016年5月决定为公司高层管理人员提供免费住房和轿车，副总经理每人一套公寓，部门经理每人一部轿车，共有3名副总经理，15名部门经理。如果每套公寓租金为8 000元/月，每辆轿车月折旧额为2 000元，该公司应如何进行账务处理？

【任务设置-6】中天公司于2016年5月15日，颁布裁减计划并实施，裁减员工15名。按裁减计划规定：企业支付员工辞退补偿款100 000元，补偿款支付期为16个月，折现率为1%，企业应如何进行财务处理？

基本技能

为完成上述任务应了解职工薪酬的概念、内容，掌握职工薪酬的核算方法。

一、职工薪酬的概念、内容

职工薪酬是指企业为获得职工提供的服务根据有关规定应付给职工的各种薪酬，包括职工工资、奖金、津贴和补贴，职工福利费，以及医疗、养老、失业、工伤、生育等社会保险费、住房公积金、工会经费、职工教育经费，非货币性福利和其他因职工提供服务而产生的薪酬。

职工薪酬主要包括以下内容（表5-2-1）。

（1）职工工资、奖金、津贴和补贴，是指按照国家统计局《关于工资总额组成的规定》，构成工资总额的计时工资、计件工资、为了补偿职工额外的或特殊的体力消耗额支付给职工的津贴以及为了保证职工工资水平不受物价影响支付给职工的物价补贴。

（2）职工福利费，主要是指企业内设医务室、理发室、职工食堂等集体福利机构人员的工资、医务经费、职工因工负伤赴外地就医路费、职工生活困难补助以及按照国家规定开支的其他职工福利支出。

（3）医疗保险费、养老保险费、失业保险费、工伤保险费和生育保险费，是指企业按照国家规定的基准和比例计算，向社会保险经办机构缴纳的医疗保险费、养老保险费、失业保险费、工伤保险费和生育保险费。

（4）住房公积金，是指按照国务院《住房公积金管理条例》规定的基准和比例计算，向住房公积金管理机构缴存的住房公积金。

（5）工会经费和职工教育经费，是指企业为了改善职工文化生活，提高职工业务素质用于开展工会活动和职工教育及职业技能培训，根据国家规定的基准和比例列支于成本费用的金额。

（6）非货币性福利，指企业以自产的产品或其他有形资产发放给职工作为福利，企业提供给职工无偿使用自己拥有的资产或租赁资产供职工无偿使用和为职工无偿提供服务等。

（7）其他职工薪酬，如因解除与职工的劳动关系给予的补偿，也叫辞退福利。

表5-2-1 中天公司7月份工资结算汇总表

编制部门：人力资源部　　　　2015年08月05日　　　　　　　　单位：元

部门		计时工资	计件工资	奖金	加班工资	津贴	缺勤扣款	应付工资	代垫款		代扣款			实发工资
									水电费	家属医疗费	"三险"个人缴纳部分	住房公积金	个人所得税	
生产车间	生产工人	10 000	16 000	800	1 000	300	100	28 000	150	200	1 450	2 800	50	22 900
	管理人员	4 100		500	300	150	50	5 000	100		260	500		4 240
厂部		4 000		300		200		4 500	80		234	450	150	3 666
专设销售机构		5 200		800		500		6 500	120		332	650	100	5 418
在建工程人员		11 000		400	250	400	50	12 000	100		620	1 200	200	9 980
研究开发人员		1 200		500	200	100		2 000	50		104	200		1 696
合计		35 500	16 000	3 300	1 750	1 650	200	58 000	600	200	3 000	5 800	500	47 900

财务会计：×××　　　　　　人力主管：×××　　　　　　制单：×××

二、职工薪酬的核算

为核算职工薪酬业务,应通过"应付职工薪酬"账户进行核算,并根据业务需要在"应付职工薪酬"账户下设"工资""职工福利""社会保险费""住房公积金""工会经费""职工教育经费""非货币性福利""辞退福利"等明细科目进行核算;职工薪酬分配的原理即谁受益、谁承担费用。

(1) 应付"生产工人"的薪酬,计入生产成本——基本生产成本。
(2) 应付"辅助车间工人"的薪酬,计入生产成本——辅助生产成本。
(3) 应付"车间管理人员"的薪酬,计入制造费用。
(4) 应付"销售人员"的薪酬,计入销售费用。
(5) 应付"管理人员"的薪酬,计入管理费用。

应付职工薪酬(负债类)

实际支付的职工薪酬	分配计入成本费用中的职工薪酬
	应付未付的职工薪酬

(1) 分配职工薪酬。
借:生产成本——基本生产成本
　　　　　　——辅助生产成本
　　制造费用
　　管理费用
　　销售费用
　　贷:应付职工薪酬——工资
(2) 实际支付职工薪酬。
借:应付职工薪酬——工资
　　贷:银行存款(库存现金)
(3) 结转代垫、代扣款、交纳个人所得税。
借:应付职工薪酬——工资
　　贷:其他应收款(代垫)
　　　　其他应付款(代扣)
　　　　应交税费——应交个人所得税
(4) 计提的工会经费和职工教育经费。
借:生产成本——基本生产成本
　　　　　　——辅助生产成本
　　制造费用
　　管理费用

　　　　销售费用
　　　贷：应付职工薪酬——工会经费
　　　　　　　　　　——职工教育经费
（5）缴纳的工会经费和职工教育经费。
借：应付职工薪酬——工会经费
　　　　　　　　——职工教育经费
　　贷：银行存款
（6）计提的住房公积金。
借：生产成本——基本生产成本
　　　　　　——辅助生产成本
　　制造费用
　　管理费用
　　销售费用
　　贷：应付职工薪酬——住房公积金
（7）计提的社会保险费。
借：生产成本——基本生产成本
　　　　　　——辅助生产成本
　　制造费用
　　销售费用
　　管理费用
　　贷：应付职工薪酬——社会保险费
（8）以自产产品作为职工薪酬发放给职工，应当根据受益对象计入相关资产成本或当期损益，同时确认应付职工薪酬；产品发放时，应视同销售，确认主营业务收入并结转销售成本。

①按受益部门确认：
借：生产成本
　　制造费用
　　销售费用
　　管理费用
　　贷：应付职工薪酬——非货币性福利
②实际发放时：
借：应付职工薪酬——非货币性福利
　　贷：主营业务收入
　　　　应交税费——增值税（销项税额）
③结转成本：
借：主营业务成本
　　贷：库存商品

(9) 将企业拥有的房屋无偿提供给职工使用的应当根据受益对象,将该住房每期应计提的折旧计入相关资产成本或当期损益,同时确认应付职工薪酬。

借:生产成本
　　管理费用
　　销售费用
　　制造费用
　　　贷:应付职工薪酬——非货币性福利

同时:

借:应付职工薪酬——非货币性福利
　　　贷:累计折旧

(10) 辞退福利。

《企业会计准则第9号——职工薪酬》中规定了"辞退福利"的含义。

①辞退福利的含义:在企业与员工签订的劳动合同未到期之前,企业由于各种原因提前终止劳动合同而辞退员工,企业需要提供一笔资金作为对被辞退员工的补偿,即辞退福利。

根据《企业会计准则第9号——职工薪酬》的规定,解除与职工的劳动关系给予员工的补偿属于职工薪酬的核算范畴,应通过"应付职工薪酬"进行核算。

②辞退福利的确认条件:一是企业已经制定正式的解除劳动关系计划或提出自愿裁减建议,并即将实施。该计划或建议应当包括拟解除劳动关系或裁减的职工所在部门、职位及数量,根据有关规定按工作类别或职工确定的解除劳动关系或裁减补偿金额,拟解除劳动关系或裁减的时间。二是企业不能单方面撤回解除劳动关系或裁减建议。

同时满足上述条件的,即应当确认为"因企业解除与员工的劳动关系而给予员工的补偿",即"辞退福利"。

※需要注意的是,解除劳动关系包含三个方面的重要内容:一是企业解除与员工的劳动关系需在"劳动合同"到期之前;二是由企业方面提出的"解除与员工的劳动关系",不论员工是否愿意;三是由企业提出建议,鼓励员工自愿接受裁减,员工有权选择继续在职或接受补偿离职。

对于企业实施的职工内部退休计划,由于这部分职工不再为企业带来经济利益,企业应当比照辞退福利处理。

③辞退福利的会计处理:对于满足确认条件的所有辞退福利,无论员工属于哪个部门,不再遵循"谁受益,谁承担费用"的原则,均计入"管理费用"核算。

由于辞退福利是给员工的一种补偿,原则上应该在一年内完成辞退以及辞退福利的支付,但是实际操作过程中很可能会超过一年完成。

如果补偿款超过一年支付的辞退福利,企业应当选择恰当的折现率,支付补偿款所产生的利息,这部分因超期支付所产生的利息需作为"未确认融资费用"处理,在以后各期实际支付辞退福利款项时,计入财务费用。

发生辞退福利时:

借：管理费用——辞退福利　　　　　　　（本 金）
　　　未确认融资费用　　　　　　　　　（利 息）
　　贷：应付职工薪酬——辞退福利
各期支付辞退福利款项时：
借：应付职工薪酬——辞退福利
　　贷：银行存款
同时确认利息费用：
借：财务费用
　　贷：未确认融资费用

任务解答

根据上述所掌握的知识，对任务设置分析处理如下。

【任务设置-1】属于工资费用的分配业务，应做如下账务处理。

借：生产成本	28 000
制造费用	5 000
管理费用	4 500
销售费用	6 500
在建工程	12 000
研发支出	2 000
贷：应付职工薪酬——工资	58 000

【任务设置-2】属于计提代缴的各种社会保险费业务，应做如下账务处理。

借：生产成本	7 000
制造费用	1 250
管理费用	1 125
销售费用	1 625
在建工程	3 000
研发支出	500
贷：应付职工薪酬——社会保险费	14 500

【任务设置-3】属于计提代缴的住房公积金业务，应做如下账务处理。

借：生产成本	2 800
制造费用	500
管理费用	450
销售费用	650
在建工程	1 200
研发支出	200
贷：应付职工薪酬——住房公积金	5 800

【任务设置-4】属于以自产产品作为职工薪酬发放职工业务，应做如下账务处理。
电视机增值税销项税额=170×1 400×17%+30×1 400×17%=40 460+7 140=47 600（元）

借：生产成本	278 460	
管理费用	49 140	
贷：应付职工薪酬		32 7600
借：应付职工薪酬	32 7600	
贷：主营业务收入		280 000
应交税费——应交增值税（销项税额）		47 600
借：主营业务成本	200 000	
贷：库存商品		200 000

【任务设置-5】属于将资产无偿提供给职工使用业务，应做如下账务处理。

（1）计提轿车折旧时。

借：管理费用	30 000	
贷：应付职工薪酬		30 000
借：应付职工薪酬	30 000	
贷：累计折旧		30 000

（2）确认公寓租金费用时。

借：管理费用	24 000	
贷：应付职工薪酬		24 000

【任务设置-6】属于辞退福利核算业务，应做如下账务处理。

（1）发生辞退福利时。

借：管理费用——辞退福利	100 000	
未确认融资费用——利息	1 000	
贷：应付职工薪酬		101 000

（2）每月支付辞退福利时。

借：应付职工薪酬——辞退福利	6 312.5	
贷：银行存款		6 312.5

同时，确认利息费用：

借：财务费用——利息支出	62.5	
贷：未确认融资费用——利息支出		62.5

技能训练

【技能训练-1】分配职工工资、单位"三险"计提、工会经费计提、职工教育经费计提，并编制相应的记账凭证，具体资料详见以下凭证及表5-2-2、表5-2-3、表5-2-4和表5-2-5。

表5-2-2　工资结算汇总表

编制部门：人力资源部　　　　2016 年 06 月份　　　　单位：元

部门	基本工资	岗位津贴	奖金	生活补贴	夜班津贴	缺勤扣款		应付工资	代扣款项				实发工资
						病假	事假		养老保险	医疗保险	失业保险	个人所得	
生产工人	84 100	4 600	4 100	9 200	3 800	200		105 600	8 448	2 112	1 056	907	93 077
车间管理人员	40 900	3 400	3 200	6 600			50	54 050	4 324	1 081	540.5		48 104.5
蒸汽车间工人	12 700	1 200	1 200	2 400	300			17 800	1 424	356	178		15 842
机修车间工人	14 700	1 400	1 400	1 900	50			19 450	1 556	389	194.5		17 310.5
厂部管理人员	48 000	3 000	3 000	6 000				60 000	4 800	1 200	600	524	52 876
销售人员	24 000	1 500	1 500	3 000				30 000	2 400	600	300	52	26 648
在建工程人员	35 000	2 000	2 000	4 000				43 000	3 440	860	430		38 270
合　计	259 400	17 100	16 400	33 100	4 150	200	50	329 900	26 392	6 598	3 299	1 483	292 128

表5-2-3　工会经费、职工教育经费计算表

编制部门：财务部　　　　2016年06月30日　　　　单位：元

部门		应付工资总额	工会经费（2%）	职工教育经费（2.5%）	合　计
一车间	甲产品				
	乙产品				
	小　计	105 600			
车间管理人员		54 050			
蒸汽车间		17 800			
机修车间		19 450			
厂部管理人员		60 000			
销售部门人员		30 000			
在建工程人员		43 000			
合　计		329 900			

复核：×××　　　　制表：×××

表5-2-4 生产工人工资分配表

编制部门：财务部　　　　2016年06月30日　　　　　　　单位：元

部门	产品名称	分配标准（工时）	分配率	分配金额
一生产车间	甲产品	9 500		
	乙产品	6 000		
	小 计	15 500		105 600

主管：×××　　　　　审核：×××　　　　　制表：×××

中国工商银行

转账支票存根

Ⅳ 01600621

附加信息 _____

出票日期 2016年06月30日

收款人：	吉林中天纺织厂
金　额：	￥292 128.00
用　途：	支付工资

单位主管　　　会计

表5-2-5 养老保险金、养老保险金、失业保险金计算表

编制部门：财务部　　　　2015年06月30日　　　　　　　单位：元

部门		应付工资总额	养老保险金10%	医疗保险金5%	失业保险金1%	合计
生产车间	甲产品					
	乙产品					
	小 计	105 600				
	管理人员	54 050				
蒸汽车间		17 800				
机修车间		19 450				
厂部管理人员		60 000				
销售部门人员		30 000				
在建工程人员		43 000				
合　计		329 900				

复核：×××　　　　　制表：×××

【技能训练-2】 划转缴纳养老保险金、医疗保险金、失业保险金。

中国工商银行 转账支票存根 GZ16063255		中国工商银行　转账支票　GZ16063255											
附加信息		出票日期（大写）贰零壹陆年零陆月叁拾日　付款行名称：工行建设支行											
		收款人：社保局　　　　　　　　　出票人账号：6222024561-01											
出票日期 2016 年 06 月 30 日	本支票付款期限十天	人民币（大写）	伍万贰仟柒佰捌拾肆元整	千	百	十	万	千	百	十	元	角	分
收款人：社保局						¥	5	2	7	8	4	0	0
金　额：¥52 784		用途　养老、医疗、失业保险金											
用　途：三险		上列款项请从我账户支付											
单位主管　　会计		出票人签章　　复核　　　　　　　记账											

长春市税收通用缴款书

征收机关：长春市地方税务局　　　　　　　　2016 年 06 月 30 日

缴款单位	代　码	288888			收款单位	全　称	长春市社会保障资金专户	
	全　称	吉林中天纺织厂				开户银行	工行西郊路支行	
	开户银行	工行建设支行				账　号	6222065880-09	
	账　号	6222024561-01			预算科目及编码			
费种类型		社会保险费			预算级次			
费款项目	费款属期	缴费基数	费率	单位实缴		个人实缴		实缴金额合计
养老保险金	2016.6			32 990				32 990
合计金额	叁万贰仟玖佰玖拾元整							
征收机关（签章）			缴款单位开户银行盖章			收款单位开户银行盖章		
填票人（章）								

长春市税收通用缴款书

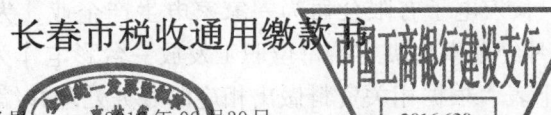

征收机关：长春市地方税务局　　2016年06月30日

缴款单位	代　码	288888			收款单位	全　称	长春市社会保障资金专户	
	全　称	吉林中天纺织厂				开户银行	工行西郊路支行	
	开户银行	工行建设支行				账　号	6222065880-09	
	账　号	6222024561-01			预算科目及编码			
费种类型		社会保险费			预算级次			
费款项目	费款属期	缴费基数	费率	单位实缴		个人实缴	实缴金额合计	
医疗保险金	2016.6			16 495			16 495	
合计金额人民币（大写）	壹万陆仟肆佰玖拾伍元整							
征收机关（签章）填票人（章）		缴款单位开户银行盖章				收款单位开户银行盖章		

长春市税收通用缴款书

征收机关：长春市地方税务局　　2016年06月30日

缴款单位	代　码	288888			收款单位	全　称	长春市社会保障资金专户	
	全　称	吉林中天纺织厂				开户银行	工行西郊路支行	
	开户银行	工行建设支行				账　号	6222065880-09	
	账　号	6222024561-01			预算科目及编码			
费种类型		社会保险费			预算级次			
费款项目	费款属期	缴费基数	费率	单位实缴		个人实缴	实缴金额合计	
失业保险金	2016.6			3 299			3 299	
合计金额人民币（大写）	叁仟贰佰玖拾玖元整							
征收机关（签章）填票人（章）		缴款单位开户银行盖章				收款单位开户银行盖章		

【技能训练-3】长宏电子有限公司为一家家电生产企业,为一般纳税人,增值税适用税率17%,2016年1月经董事会决定给每位职工发放一台彩电作为春节福利,公司各部门职工人员及彩电资料如下表,根据相关资料做出相应的账务处理并编制相应的记账凭证。

表5-2-6 各部门人员构成情况表

编制部门:人力资源部　　2016年01月25日　　单位:名

部　门	人　数
生产工人	120
车间管理人员	10
行政管理人员	20
合　计	150

财务主管:×××　　人事主管:×××　　制单:×××

表5-2-7 彩电资料

编制部门:生产部　　2016年01月25日　　单位:元

产品名称	生产成本(元/台)	销售价格(元/台)
长虹彩电42寸	3 500	5 000

财务主管:×××　　销售主管:×××　　库管员:×××

项目六

往来会计岗位业务的核算

学习总目标

（1）了解企业往来业务的形成过程及管理岗位。

（2）了解往来款项包含的内容，及往来会计岗位的主要工作内容。

（3）了解应收账款、应收票据、其他应收款、预付账款的含义，掌握其核算方法。

（4）了解应付账款、应付票据、其他应付款、预收账款的含义，掌握其核算方法。

（5）掌握坏账、减值准备的计提、核算方法。

（6）掌握应交税费的核算方法。

任务 6-1　往来会计岗位

▶ 目标定位

（1）了解往来会计岗位的工作内容。
（2）掌握往来会计岗位职责。

▶ 任务设置

【任务设置-1】往来包括哪些内容？
【任务设置-2】债权往来、债务往来的含义。

▶ 基本技能

一、往来会计岗位的主要工作内容

企业往来会计主要负责企业内部、企业与外部单位往来账款的核算工作。

企业往来是企业在生产经营过程中，伴随着采购、生产、经营、销售、融资、纳税等业务而产生的资金往来。从核算内容可划分债权往来、债务往来，从核算对象可划分为内部往来、外部往来。

债权往来是指"应收"业务，应收业务包括企业内部机构之间、企业与职工之间、企业与外部单位之间的应收。应收业务中企业是"债权"方，包括应收账款、应收票据、预付账款、其他应收款等业务。

债务往来是指"应付"业务，应付业务和应收一样，也存在着企业内部机构之间、企业与职工之间、企业与外部单位之间的应付。应付业务中企业是"债务"方。包括应付账款、应付票据、预收账款、其他应付款、应交税费等业务。

往来会计岗位主要工作内容就是对内部往来、外部往来业务产生的债权、债务业务进行详细地核算，按往来客户设置明细账目进行系统地核算，建立严格的往来清算制度，关注、分析往来业务的账龄及公允价值变化，及时计提坏账准备、减值准备，积极催收债权，加强与供应系统的"供应台账"、销售系统的"销售台账"的对账工作，核实债务、债权并及时进行结算工作；注重债权的结算、加速资金的周转，提高资金的利用率，最大限度地降低企业的经营风险。

往来会计岗位按核算的内容可细化为供应会计、销售会计、涉税会计以及其他往来会计岗位。

二、往来会计岗位的主要职责

（1）根据企业财务管理制度的要求，会同有关部门拟定企业往来款项的核算及管理办法。

(2) 设置往来明细账目进行往来业务的系统核算，积极与总账、出纳等其他财务岗位、外部往来客户沟通、对账，确保账账相符、账实相符。

(3) 认真审核、复核各种应收、应付、暂收、暂付、借款等业务单据，办理往来款项的结算与核算。

(4) 规范财务部门与采购、销售部门的核算流程，与采购部门、销售部门及时核对因采购、销售业务而发生的应付、应收、预收、预付款项，预防呆账、坏账、死账的发生。

(5) 管理监督往来票据的使用。

(6) 其他往来业务管理工作。

任务解答

根据上述所掌握的知识，可以获知任务设置问题解答如下。

【任务设置-1】往来包括内部往来、外部往来，债权往来、债务往来等。

【任务设置-2】债权往来是"应收"业务，债务往来是"应付"业务。

任务6-2　应收款项（债权业务）的核算

任务6-2-1　应收账款的核算

目标定位

(1) 理解应收账款的含义。
(2) 掌握应收账款入账价值的确认。
(3) 熟悉商业折扣与现金折扣的核算方法。
(4) 掌握应收账款的核算方法。

任务设置

【任务设置-1】中天公司2016年5月8日向胜利公司销售一批服装，售价金额为20 000元，由于是批量销售，中天公司给予10%的商业折扣，折扣金额为2 000元，适用的增值税税率为17%，根据以上业务资料编制相应的记账凭证。

【任务设置-2】中天公司在2016年6月11日，销售一批服装，增值税专用发票上注明售价100 000元，增值税额17 000元。公司为了及早收回货款而在合同中规定现金折扣条件为：3/10，2/20，n/30，中天公司于6月18日收到货款，假定计算现金折扣时不考虑增值税，根据以上业务资料编制相应的记账凭证。

基本技能

为完成上述任务需了解应收账款的概念，掌握应收账款入账价值的确认，掌握应收账款的核算方法。

一、应收账款的概念

应收账款是指企业销售商品、提供劳务应向购货单位或接受劳务供应单位收取的款项。
(1) 属于经营活动形成的债权。
(2) 包括代垫的运杂费。

二、应收账款入账价值的确认

(1) 一般情况下按实际发生额入账。
(2) 在销货折扣的情况下：
①商业折扣，企业根据市场的供需状况或针对不同的客户，给予买方在商品标价上的扣除，交易发生当时已经确认，不在双方账上反映，应收账款按扣除折扣后的实际售价确认；
②现金折扣，债权人为了鼓励债务人在规定的期限内早日付款，债权人给予债务人的债务扣除，交易发生时，现金折扣不能确定，按总价法入账，至于给客户的现金折扣作为理财费用。

三、应收账款的核算

为了反映应收账款的增减变动及结存情况，企业应设置"应收账款"账户。

应收账款（资产类）

应收账款的增加	应收账款的收回及确认的坏账损失
尚未收回的应收账款	

(1) 应收账款发生和收回的核算。
发生时：
借：应收账款
　贷：主营业务收入
　　　应交税费——应交增值税（销项税额）
　　　银行存款
收回时：
借：银行存款
　贷：应收账款
(2) 在有商业折扣的情况下，企业应按扣除商业折扣后的实际售价确定应收账款的入账价值。
借：应收账款
　贷：主营业务收入

应交税费——应交增值税（销项税额）

（3）在有现金折扣的情况下，应收账款的入账价值不考虑可能发生的现金折扣，按照未扣除的总价入账，在折扣实际发生时，将现金折扣视为理财费用。

按总售价确认收入时：
借：应收账款
　　贷：主营业务收入
　　　　应交税费——应交增值税（销项税额）

如买方在折扣期限内付款：
借：银行存款
　　财务费用——现金折扣
　　贷：应收账款

任务解答

【任务设置-1】属于附有商业折扣的应收账款的核算业务，应做如下处理（见记字第【5008】号记账凭证）。

借：应收账款——胜利公司　　　　　　　　　　　　　　　　　21 060
　　贷：主营业务收入　　　　　　　　　　　　　　　　　　　　18 000
　　　　应交税费——应交增值税（销项税额）　　　　　　　　　 3 060

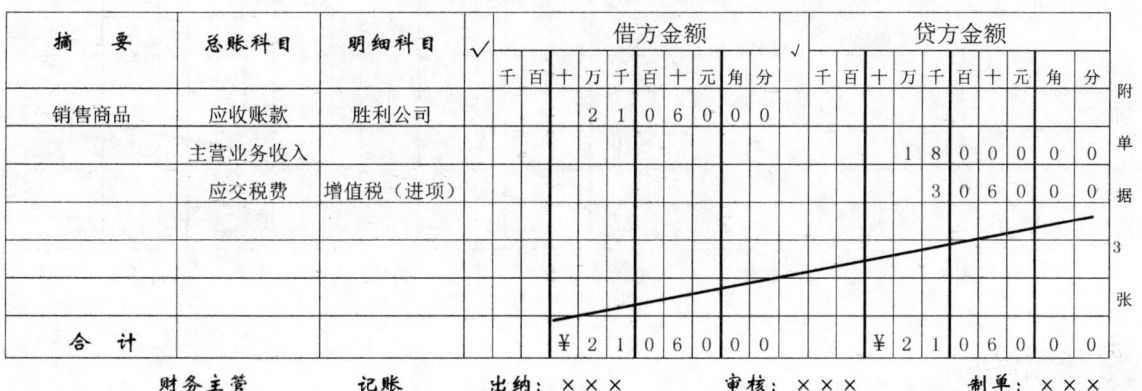

【任务设置-2】属于附有现金折扣应收账款核算业务，应做如下处理（见记字第【60012】【60020】号记账凭证）。

6月11日销售实现时，应按总售价确认收入：

借：应收账款　　　　　　　　　　　　　　　　　　　　　　117 000
　　贷：主营业务收入　　　　　　　　　　　　　　　　　　　100 000
　　　　应交税费——应交增值税（销项税额）　　　　　　　　 17 000

6月18日买方付清货款，则按售价10万元的3%享受3000元的现金折扣，实际付款114 000元。

借：银行存款 114 000
　　财务费用 3 000
　　贷：应收账款 11 700

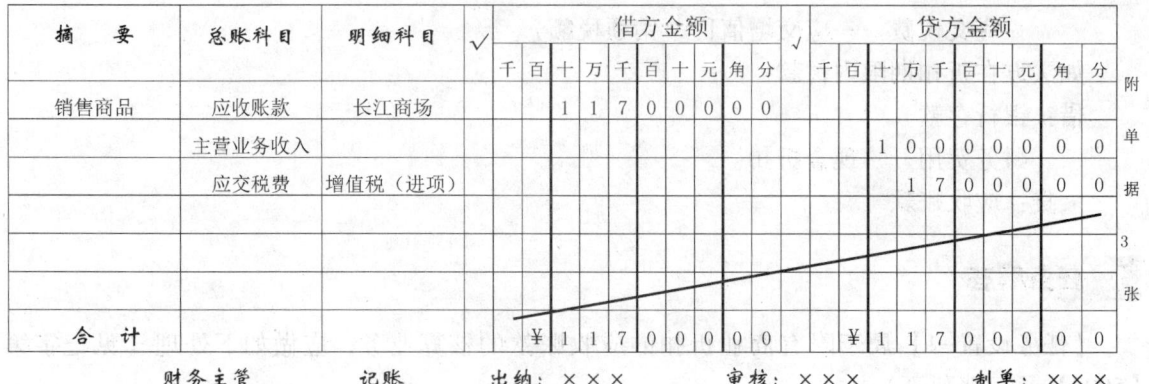

技能训练

【技能训练-1】中天纺织厂委托银行收取货款，天津棉纺织有限公司以商业汇票抵偿货款（见下列凭证），根据下列原始凭证资料编制相应的记账凭证。

托收凭证（汇款依据或收款通知）

2016 年 06 月 09 日　　付款期限 2016 年 06 月 15 日

业务类型	委托收款（□邮划、□电划）		托收承付（□邮划、□电划）		
付款人	全称	天津棉纺织股份有限公司	收款人	全称	吉林中天纺织厂
	账号	6101145879-32		账号	6222024561-01
	地址	天津市沿河大街109号		地址	长春市建设街290号
	开户行	工行朝阳支行		开户行	工行建设支行
金额	人民币（大写）	壹拾柒元整			千百十万千百十元角分 ￥ 1 7 0 0 0 0 0 0
款项内容	商业汇票票款	托收凭据名称	商业承兑汇票	附寄单证张数	1张
商品发运情况			合同名称号码		
备注： 复核　　记账		上列款项已划回收入你方账户内。 收款人开户银行签章 2016年06月13日			

商业承兑汇票

2016年06月13日　　汇票号码 201610613

付款人	全称	天津棉纺织股份有限公司	收款人	全称	吉林中天纺织厂
	账号	6101145879-32		账号	6222024561-01
	开户银行	工行朝阳支行		开户银行	工行建设支行
出票金额		人民币（大写）：壹拾柒万元整			亿千百十万千百十元角分 ￥ 1 7 0 0 0 0 0 0
汇票到期日（大写）		贰零壹陆年玖月拾伍日	付款人开户行	行号	
				地址	天津市沿河大街109号
交易合同号码					
		承兑人签章		备注：	

【技能训练-2】中天公司收回前欠货款,根据下列原始凭证编制相应的记账凭证。

中国工商银行进账单(收账通知)60520号

2016年06月20日

付款人	全 称	北京棉纺织厂	收款人	全 称	吉林中天有限公司	此联是收款人开户银行交给收款人的回单或收账通知
	账 号	633303526-22		账 号	6222024561-01	
	开户银行	工行鼓楼支行		开户银行	工行建设支行	
人民币(大写)		壹万陆仟元整	千百十万千百十元角分 ¥1 6 0 0 0 0 0			
票据种类						
票据张数	1					
单位主管 会计 复核 记账			收款人开户行盖章			

【技能训练-3】中天纺织厂收取货款,根据下列原始凭证编制相应的记账凭证。

托收凭证(汇款依据或收款通知)

2016年06月22日 付款期限 2016年06月23日

业务类型		委托收款(□邮划、□电划)	托收承付(□邮划、□电划)					
付款人	全 称	辽宁棉纺织厂	收款	全 称	吉林中天纺织厂			此联是付款人开户行凭以汇款或收款人开户银行作收账通知
	账 号	611101521-74		账 号	6222024561-01			
	地 址	沈阳市五爱街245号		地 址	长春市建设街290号	开户行	工行建设支行	
金额		人民币(大写)伍拾万元整			千百十万千百十元角分 ¥5 0 0 0 0 0 0 0			
款项内容		货款	托收凭据名称	增值税专用增值税专用发票 运费增值税专用发票等	附寄单证张数	2张		
商品发运情况			合同名称号码					
备注:		上列款项已划回收入你方账户内。 收款人开户银行签章						
复核 记账		2016年06月22日						

【技能训练-4】中天纺织厂于 2016 年 6 月 15 日向银龙公司销售一批产品,增值税专用发票已经开出,款项尚未收到。现金折扣条件为 2/10,1/20,n/30(假设现金折扣时不考虑增值税),如买方分别于 6 月 20 日付款和 6 月 28 日付款,根据业务资料编制相应的记账凭证。

吉林增值税专用增值税

开票日期:2016 年 06 月 15 日

记账联

购货单位	名称:	长春市银龙公司				密码区	40<(+5+14//195/81+283/*<81*+0716005/>06079>907<813299*26<6+61-> 3<1>*-<9+5/6>1>3/>>>1		加密版本:01 666600011	第一联:记账联 销货方记账凭证
	纳税人识别号:	22012045876								
	地址、电话:	长春市春城大街 231 号								
	开户行及账号:	工行汽车厂分行 622202410-88								
货物或应税劳务名称	规格型号	单位	数量	单价	金额		税率	税额		
棉纱		吨	40	5 000	200 000.00		17%	34 000		
合计					¥200 000.00			¥34 000		
价税合计(大写)		贰拾叁万肆仟元整			(小写)¥234 000.00					
销货单位	名称:	吉林中天纺织厂				备注				
	纳税人识别号:	220104641245610								
	地址、电话:	建设街 290 号								
	开户行及账号:	6222024561-01 工行建设支行								

任务 6-2-2 坏账业务的核算

目标定位

(1)理解坏账、坏账损失的概念。
(2)掌握坏账的确认条件。
(3)掌握坏账的核算方法。

任务设置

【任务设置-1】中天公司 2014 年以备抵法核算坏账损失,年末应收账款余额是 1 000 000 元,坏账准备的提取比例 0.5%。公司 2015 年发生坏账损失 4 200 元,其中:红兴公司 3 000 元,长安公司 1 200 元,年末应收账款余额 2 000 000 元。公司 2016 年 4 月 20 日收到上年已核销的长安公司 1 200 元,2016 年年末应收账款余额 1 500 000 元。根据业务资料编制相应的记账凭证。

> **基本技能**

为完成上述任务需了解坏账、坏账损失的概念及坏账损失的确认条件,掌握坏账的核算方法。

一、坏账及坏账损失的确认

坏账是指企业无法收回的应收账款,由于发生坏账而产生的损失叫坏账损失。

企业应于会计期末对应收账款进行检查,具体分析各项应收账款金额的大小、信用期限、债务人的信誉和当时的经营情况等因素,确定各项应收账款的可收回性,预计可能产生的坏账损失。

一般来讲,企业应收账款符合下列条件之一的,应确认为坏账。

(1) 因债务人破产或死亡,以其破产财产或遗产偿债后,确实不能收回。

> **小贴士**
> 对已确认为坏账的应收账款,并不意味着企业放弃其追索权,一旦重新收回,应及时入账。

(2) 因债务单位撤销、资不抵债或现金流量严重不足,确实不能收回。
(3) 因发生严重的自然灾害等导致债务单位停产而在短时间内无法偿付债务,确实无法收回。
(4) 债务人较长时期未履行偿债义务,并有足够证据表明无法收回或收回可能性极小。

二、坏账损失的核算

1. 计提坏账准备的方法

计提坏账准备的方法有账龄分析法、应收账款余额百分比法、销货百分比法。具体采用何种方法,由企业根据实际情况自行选择,并报有关部门备案,一经确定不得随意变更。

(1) 账龄分析法:是根据应收账款账龄的长短来估计坏账的方法,账龄越长,发生坏账的可能性就越大。

(2) 应收账款余额百分比法:是按照应收账款的余额的百分比来估计坏账损失,采用这种方法,事先应根据本企业过去的经验和现在的具体情况,确定一个综合的坏账损失百分比,然后用这个百分比乘以应收账款账面余额,即可求得每期应计提的坏账准备数额。

(3) 销货百分比法:是以赊销金额的一定百分比作为估计的坏账损失,当期赊销业务越多,产生坏账的损失就越大。

2. 坏账损失的核算

按照现行制度规定,企业的坏账损失应采用备抵法进行核算。

备抵法是指按其估计坏账损失,形成坏账准备,当应收账款确认为坏账时,冲销坏账准备,同时转销应收账款。

坏账准备计提时计算公式:

某年应提取的坏账准备=该年年末"应收账款"余额×提取比例±提取前"坏账准备"账

户的余额

※注意:

(1) 提取前"坏账准备"账户借方余额,表示本年坏账准备金超支,应多提取弥补,公式中用"+"号。

(2) 提取前"坏账准备"账户贷方余额,表示本年坏账准备金结余,可少提一些,公式中用"-"号。

(3) 计算结果是正数为应提坏账准备数,若为负数,冲销多提的坏账准备数。

采用备抵法的企业应设置"资产减值损失"和"坏账准备"账户对坏账损失进行核算。

"资产减值损失"账户属损益类,主要用于核算企业计提各项减值准备所形成的损失。

资产减值损失(损益类)

计提的各项资产减值准备	计提减值准备后相关资产价值的恢复金额及期末结转到本年利润科目的金额
期末一般没有余额	

"坏账准备"科目属资产类科目,是"应收账款"科目的备抵科目,核算企业的应收账款计提的坏账准备金额。

坏账准备(应收账款的备抵科目)

确认坏账损失和冲销多提的坏账准备	计提的坏账准备及收回确认并转销的坏账损失
坏账准备的超支数	已提未用的坏账准备数

(1) 提取坏账准备时。

借:资产减值损失
　　贷:坏账准备

(2) 发生坏账损失时。

借:坏账准备
　　贷:应收账款

(3) 已确认并转销的坏账损失,以后又收回的。

借:应收账款
　　贷:坏账准备
借:银行存款
　　贷:应收账款

(4) 冲销多提坏账准备。

借:坏账准备
　　贷:资产减值损失

任务解答

根据上述所掌握的知识，对任务设置分析处理如下。

【任务设置-1】属于坏账损失业务，应做如下处理。

2014年计提坏账准备时：

借：资产减值损失	5 000
贷：坏账准备	5 000

2015年发生坏账损失时：

借：坏账准备	4 200
贷：应收账款——红兴公司	3 000
——长安公司	1 200

2015年末计提坏账准备时：

应提坏账准备=2 000 000×0.5%-（5 000-4 200）=9 200元

借：资产减值损失	9 200
贷：坏账准备	9 200

2016年4月收回已核销的坏账时：

借：应收账款——长安公司	1 200
贷：坏账准备	1 200
借：银行存款	1 200
贷：应收账款——长安公司	1 200

2016年末，应提坏账准备=1 500 000×0.5%-11 200=-3 700元

借：坏账准备	3 700
贷：资产减值损失	3 700

技能训练

【技能训练-1】中天公司决定自2014年开始计提坏账准备，提取坏账准备的比例5%，2014年末应收账款余额为850 000元，2015年5月经核查发现黄河公司所欠货款12 000元无法收回，确认为坏账；2015年末应收账款余额是1 500 000元；2016年9月5日，接到银行通知，公司上年已核销的12 000元坏账又收回，2016年末应收账款余额1 600 000元。请根据所发生的业务做出各年的会计处理。（要求写出计算过程）

任务6-2-3　应收票据业务的核算

目标定位

（1）理解应收票据的概念，了解应收票据的种类。
（2）掌握贴现的概念及贴现息、贴现额的计算。
（3）掌握应收票据的核算方法。

任务设置

【任务设置-1】中天公司于2016年1月销售一批服装给兴华公司,价款20 000元,增值税3 400元,兴华公司交给中天公司一张不带息三个月到期的商业承兑汇票,面额23 400元,根据以上业务资料编制中天公司的记账凭证。

【任务设置-2】中天公司于2016年3月1日销售一批服装给黄河公司,货已发出,增值税专用发票注明的价款200 000元,增值税34 000元。收到黄河公司交来的商业承兑汇票一张,期限6个月,票面利率5%;9月1日中天公司收回承兑的货款,根据以上业务资料编制中天公司的记账凭证。

【任务设置-3】中天公司于2016年4月1日将2月1日收到的由宏盛有限公司开出并承兑的面值为200 000元,年利率为8%,5月1日到期的商业承兑汇票,向银行贴现,贴现率为10%,假设该企业与票据承兑企业在同一票据交换区域内,请根据以上业务资料进行贴现息、贴现额的计算,并根据结果做出相应的会计处理。

基本技能

为完成上述任务需要了解应收票据的有关概念,掌握应收票据的核算方法。

一、应收票据的概念

应收票据是指企业因销售商品或提供劳务而收到的商业汇票。

应收票据作为商业信用工具,受到法律保护,无论在付款时限还是金额上,都具有法律上的约束力,因而可以转让和流通。

二、应收票据的种类和计价

(1)应收票据的种类。企业持有的商业汇票,按承兑人不同分为商业承兑汇票和银行承兑汇票,按是否计息分为不带息商业汇票和带息商业汇票。

(2)应收票据的计价。应收票据应按其面值计价,即企业收到应收票据时,按照票据的票面价值入账。对于带息的应收票据,应于到期时按应收票据的票面价值和确定的利率计算利息,在收到时计入当期损益。

三、应收票据的核算

为了正确核算应收票据的取得和收回情况,企业应设置"应收票据"账户。

应收票据(资产类)

收到已承兑的汇票金额及分期计提的票据利息	到期收款的汇票金额、对方到期无力付款而被退票的金额、背书转让的汇票金额以及向银行贴现的汇票金额
持有的尚未到期收款的汇票金额	

1. 不带息应收票据的核算
(1) 因销售商品或提供劳务而收到对方开具的商业汇票。
借：应收票据
　　贷：主营业务收入
　　　　应交税费——应交增值税（销项税额）
(2) 因债务人抵偿前欠货款而收到的商业汇票。
借：应收票据
　　贷：应收账款

> **小贴士**
> 如果持有的未到期应收票据，有确凿证据证明不能收回，应将其账面余额转入应收账款，并计提相应的坏账准备。

(3) 汇票到期收回票款。
借：银行存款
　　贷：应收票据
(4) 汇票到期承兑人无力付款。
借：应收账款
　　贷：应收票据
(5) 因采购材料将商业汇票背书转让。
借：原材料
　　应交税费——应交增值税（进项税额）
　　贷：应收票据

2. 带息应收票据的核算
企业收到带息应收票据，除按上述进行核算外，还应按应收票据的票面价值和确定的利率计算票据利息，并在收到时，列为当期损益，计入"财务费用"。
(1) 因销售商品或提供劳务而收到对方开具的带息商业汇票。
借：应收票据
　　贷：主营业务收入
　　　　应交税费——应交增值税（销项税额）
(2) 因债务人抵偿前欠货款而收到的商业汇票。
借：应收票据
　　贷：应收账款
(3) 计提利息。
借：应收票据
　　贷：财务费用
(4) 汇票到期收回票款。
借：银行存款
　　贷：应收票据（票面价值+利息）

（5）汇票到期承兑人无力付款。

借：应收账款
　　贷：应收票据（票面价值+利息）

3. 应收票据的贴现

（1）贴现的概念。

指持票人将未到期的商业汇票背书后转让给银行，银行受理后将票据的到期值扣除贴现息，将余额支付给贴现人的行为，实质是抵押贷款。

（2）贴现的有关计算。

贴现息＝票据到期值×贴现率×贴现期

贴现额＝票据到期值－贴现息

贴现期：指贴现日到汇票到期日这段时间，可以按月也可以按日表示，一般以天数表示，按实际日历日数确定，算头不算尾，但按银行规定，承兑人在异地的应另加三天的划款时间。

4. 贴现的处理

（1）不带息的应收票据贴现。

借：银行存款
　　财务费用
　　贷：应收票据

（2）带息的应收票据贴现。

①贴现所得大于票面金额时：

借：银行存款
　　贷：应收票据
　　　　财务费用

②贴现所得小于票面金额时：

借：银行存款
　　财务费用
　　贷：应收票据

※注意：如果贴现的商业承兑汇票到期，承兑人的银行账户不足以支付，银行将已贴现的票据退回申请贴现的企业，同时从贴现企业的账户中将票据款划回。此时，贴现企业应按所付票据本息，借记"应收账款"账户，贷记"银行存款"账户；如果申请贴现企业的银行存款账户余额不足，银行将作为逾期贷款处理，贴现企业应借记"应收账款"账户，贷记"短期借款"账户。

▶ 任务解答

根据上述所掌握的知识，对任务设置分析处理如下。

【任务设置-1】属于不带息应收票据业务，应做如下处理（见记字第【010010】号记账凭证）。

收到商业汇票时：

借：应收票据　　　　　　　　　　　　　　　　　　　　　　　23 400

贷：主营业务收入　　　　　　　　　　　　　　　　　　　　　　　20 000
　　应交税费——应交增值税（销项税额）　　　　　　　　　　　　3 400

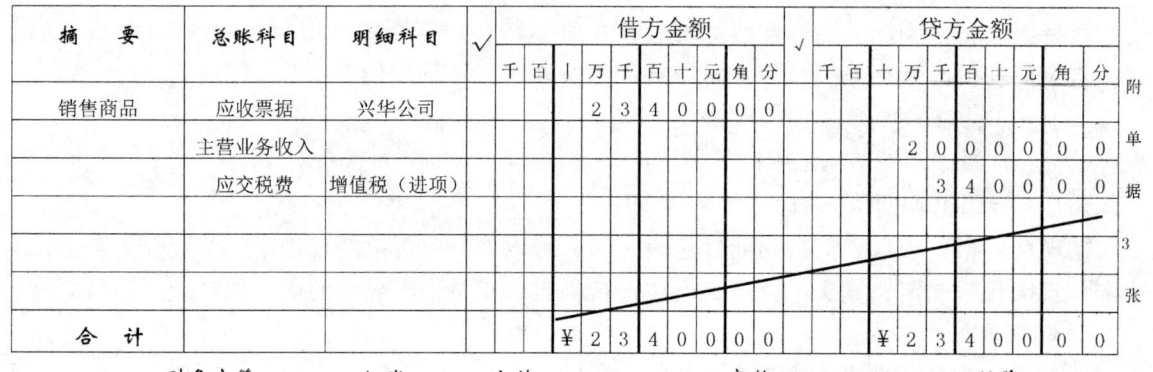

【任务设置-2】属于带息应收票据业务，应做如下处理（见记字第【30010】【30088】【90058】号记账凭证）。

收到票据时：

借：应收票据　　　　　　　　　　　　　　　　　　　　　　　　234 000
　　贷：主营业务收入　　　　　　　　　　　　　　　　　　　　　　200 000
　　　　应交税费——应交增值税（销项税额）　　　　　　　　　　　34 000

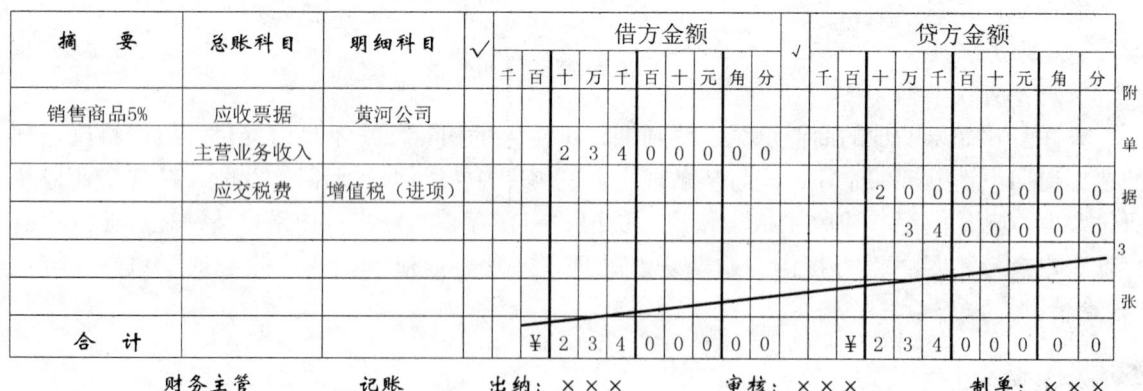

计提3月份的应收票据利息时（以后各月计息方法相同）：

借：应收票据　　　　　　　　　　　　　　　　　　　　　　　　975.00
　　贷：财务费用　　　　　　　　　　　　　　　　　　　　　　　　975.00

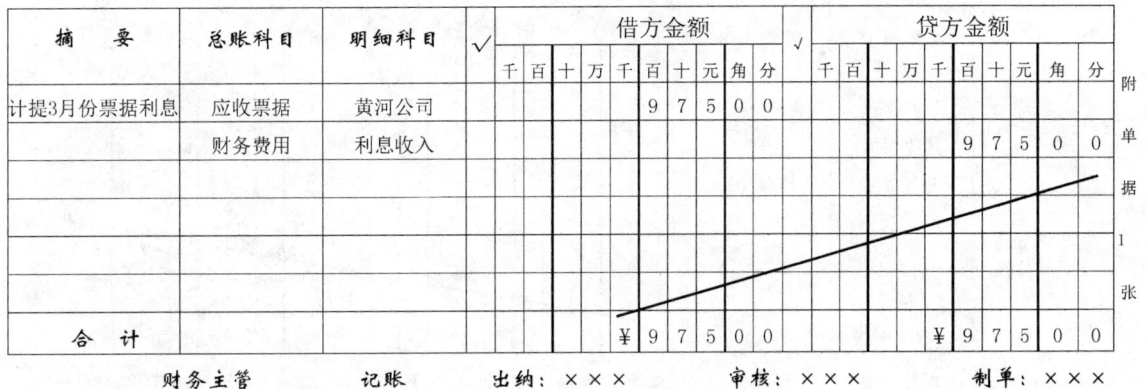

票据到期收回款项时：

收款金额 = 234 000 + 234 000 × 5‰ × 6 ÷ 12 = 239 850（元）

借：银行存款　　　　　　　　　　　　　　　　　　　　　239 850.00

　贷：应收票据　　　　　　　　　　　　　　　　　　　　238 875.00

　　　财务费用　　　　　　　　　　　　　　　　　　　　　　975.00

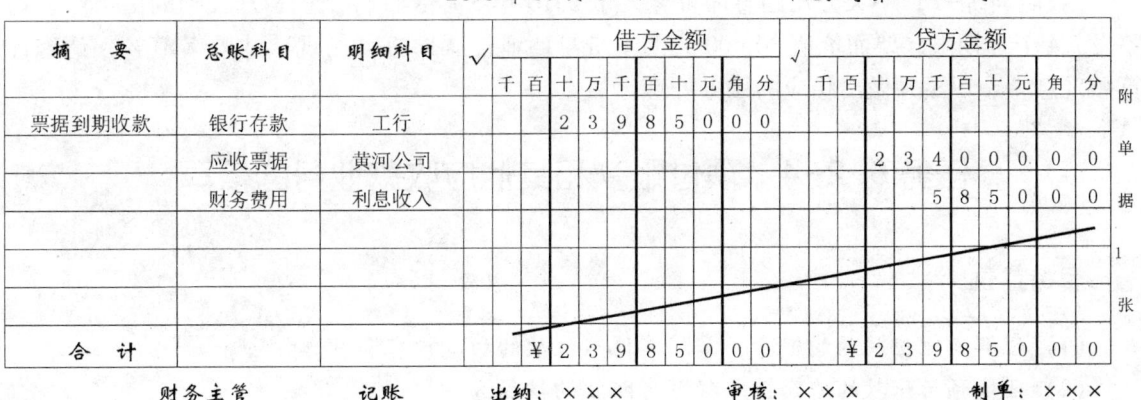

【任务设置-3】属于带息票据贴现业务，应做如下处理（见记字第【40025】号记账凭证）。

带息票据到期值 = 200 000 × (1 + 8% × 90 ÷ 360) = 204 000（元）

贴现利息 = 204 000 × 10% × 30 ÷ 360 = 1 700（元）

贴现所得 = 204 000 − 1 700 = 202 300（元）

借：银行存款　　　　　　　　　　　　　　　　　　　　　202 300

　贷：应收票据　　　　　　　　　　　　　　　　　　　　200 000

　　　财务费用——利息收入　　　　　　　　　　　　　　　2 300

记 账 凭 证

2016 年 04 月 01 日　　　（记）字第 40025 号

摘要	总账科目	明细科目	√	借方金额 千百十万千百十元角分	√	贷方金额 千百十万千百十元角分
票据贴现	银行存款	工行		2 0 2 3 0 0 0 0		
	应收票据	宏盛公司				2 0 0 0 0 0 0 0
	财务费用	利息收入				2 3 0 0 0 0
合　计				¥ 2 0 2 3 0 0 0 0		¥ 2 0 2 3 0 0 0 0

附单据 2 张

财务主管　　　记账　　　出纳：×××　　　审核：×××　　　制单：×××

▎技能训练

【技能训练-1】中天公司于 2015 年 10 月 1 日销售一批产品给兴华公司，货已发出，增值税专用发票注明的价款是 300 000 元，增值税为 51 000 元，同时收到兴华公司交来的商业汇票一张，期限 6 个月，票面利率 6%。要求：做出 2015 年 10 月 1 日销售产品收到票据，2015 年 12 月 31 日计提应收票据利息及 2016 年 4 月 1 日票到期收回款项的账务处理。

【技能训练-2】中天公司因急需资金，于 2016 年 6 月 8 日将 5 月 8 日收到的由长江公司签发，4 个月期限，票面价值 30 000 元的不带息商业汇票向银行贴现，贴现率 10%，请您计算贴现息、贴现额并做出相应的账务处理。

任务 6-2-4　预付账款和其他应收款业务的核算

▎目标定位

（1）理解其他应收款的概念，掌握其他应收款的核算内容和核算方法。
（2）理解预付账款的概念，掌握预付账款的核算方法。

▎任务设置

【任务设置-1】中天公司 2016 年 5 月 15 日从乙公司购入一批商品，价款 1 000 000 元，增值税是 170 000 元，根据合同约定中天公司以银行存款形式预付了 50% 的价款，待收货后再补付余下的货款，根据业务资料编制相应的记账凭证。

【任务设置-2】中天公司 2016 年 5 月 20 日向宇光公司租入包装物一批，租期为 3 个月，以银行存款支付包装物押金 3 000 元。

▶ 基本技能

为完成上述任务需要了解预付账款、其他应收款的概念以及其他应收款包括的内容，掌握预付账款和其他应收款的核算方法。

一、预付账款的核算

1. 预付账款的概念

预付账款是指企业按照购货合同的规定，预先支付给供货单位的款项。

2. 预付账款的核算

为了反映和监督预付账款的增减变动情况，企业应设置"预付账款"账户。

"预付账款"属于资产类账户，但由于核算过程中不仅可能出现借方余额，也可能出现贷方余额，因此，预付账款账户是一个具有双重性质的账户。当出现借方余额时，为债权类结算账户，当出现贷方余额时，则为债务类结算账户。

预付账款（资产类）

预付的货款及补付货款数	收到所购货物及退回多付的款项
实际预付数额	尚未补付数额

（1）根据合同向供应单位预付款项时。

借：预付账款
　　贷：银行存款

（2）收到所购货物时。

借：原材料
　　　应交税费——应交增值税（进项税额）
　　贷：预付账款

（3）当预付货款小于采购货物所需支付的款项时，应将不足部分补付。

借：预付账款
　　贷：银行存款

（4）当预付货款大于采购货物所需支付的款项时，对收回的多余款项。

借：银行存款
　　贷：预付账款

（5）若预付账款无望收回所购货物，应将其转入其他应收款，并计提相应的坏账准备。

借：其他应收款——预付账款转入
　　贷：预付账款

二、其他应收款的核算

1. 其他应收款的概念和内容

其他应收款是指企业发生的非商品交易活动的应收债权。

核算内容包括"三金""三款""一转入"。

①"三金"包括应收租金、备用金、存出保证金。

②"三款"包括赔款和罚款、为职工的垫付款、其他应收暂付款。

③"一转入"包括预付账款的转入。

2. 其他应收款的核算

（1）借备用金时。

借：其他应收款
　　贷：库存现金

（2）存出保证金时。

借：其他应收款——存出保证金
　　贷：银行存款

（3）为职工垫付款（医药费）时。

借：其他应收款——××
　　贷：银行存款

（4）从下月工资中扣款时。

借：应付职工薪酬——工资
　　贷：其他应收款——××

任务解答

根据上述所掌握的知识，对任务设置分析处理如下。

【任务设置-1】属于预付账款发生业务，应做如下处理（见记字第【50015】【50020】号记账凭证）。

预付货款时：

借：预付账款	500 000	
贷：银行存款		500 000

收到所购货物时：

借：库存商品	1 000 000	
应交税费——应交增值税（进项税额）	170 000	
贷：预付账款		1 170 000

补付货款时：

借：预付账款	670 000	
贷：银行存款		670 000

记 账 凭 证

2016 年 05 月 15 日　　　　　　　　　（记）字第 50015 号

摘　要	总账科目	明细科目	√	借方金额	√	贷方金额
预付货款	预付账款	乙公司		5 0 0 0 0 0 0 0		
	银行存款	工行				5 0 0 0 0 0 0 0
合　计				¥5 0 0 0 0 0 0 0		¥5 0 0 0 0 0 0 0

附单据 2 张

财务主管　　　记账　　　出纳：×××　　　审核：×××　　　制单：×××

记 账 凭 证

2016 年 05 月 18 日　　　　　　　　　（记）字第 50020 号

摘　要	总账科目	明细科目	√	借方金额	√	贷方金额
收到货物补付货款	库存商品	甲产品		1 0 0 0 0 0 0 0		
	应交税费	增值税（进项）		1 7 0 0 0 0 0		
	预付货款	乙公司				1 1 7 0 0 0 0 0
	预付货款	乙公司		6 7 0 0 0 0 0		
	银行存款	工行				6 7 0 0 0 0 0
合　计				¥1 8 4 0 0 0 0 0		¥1 8 4 0 0 0 0 0

附单据 3 张

财务主管　　　记账　　　出纳：×××　　　审核：×××　　　制单：×××

【任务设置-2】属于其他应收款发生业务，应做如下处理。

借：其他应收款——存出保证金　　　　　　3 000
　　贷：银行存款　　　　　　　　　　　　　　　　3 000

记 账 凭 证

2016 年 05 月 20 日　　　　　　　　　（记）字第 50025 号

摘　要	总账科目	明细科目	√	借方金额	√	贷方金额
租赁包装物押金	其他应收款	押金（宇光）		3 0 0 0 0 0		
	银行存款	工行				3 0 0 0 0 0
合　计				¥3 0 0 0 0 0		¥3 0 0 0 0 0

附单据 2 张

财务主管　　　记账　　　出纳：×××　　　审核：×××　　　制单：×××

技能训练

【技能训练-1】 吉林中天纺织厂向天津棉纺织有限公司预付购货款。

中国工商银行 转账支票存根 IV01506001	中国工商银行　转账支票　IV 01506001			
附加信息 ———————	出票日期（大写）贰零壹伍年零玖月壹拾日　付款行名称：工行建设支行			
出票日期 2015 年 9 月 10 日	收款人：天津棉纺织有限公司　　出票人账号：6222024561-01			
收款人： 天津棉纺织有限公司	本支票付款期限十天	人民币 （大写）	伍拾万元整	千百十万千百十元角分 ￥ 5 0 0 0 0 0 0 0
金　额：￥500 000.00		用途　购货款 上列款项请从 我账户支付 出票人签章	印 刘波	复核
用　途：预付购货款				
单位主管　　会计				

【技能训练-2】 根据合同约定天津棉纺织有限公司向中天纺织厂发出 B 材料，中天纺织厂此前已预付货款金额 500 000 元，剩余货款以转账支票结清。

天津市增值税专用发票

开票日期：2015 年 09 月 15 日

购货单位	名　　称：吉林中天纺织厂	密码区	40<+5+14//195/81+283/ *<81*+0+4/4>06079> 907<813299*26<6+61-> + 3<1>*-<9+5/6>1>3/>>>1	加密版本：01 61111091220
	纳税人识别号：220104641245610			
	地址、电话：建设街 290 号			
	开户行及账号：工行建设支行 6222024561-01			

货物或应税劳务名称	规格型号	单位	数量	单价	金额	税率	税额
B 材料		kg	1 000	500	500 000.00	17%	85 000
合计					￥500 000.00		￥85 000
价税合计（大写）	伍拾捌万伍仟元整			（小写）￥585 000.00			

销货单位	名　　称：天津棉纺织股份公司	备注
	纳税人识别号：10114587932011	
	地址、电话：天津市沿河大街 109 号	
	开户行及账号：6101145879-32 工行朝阳支行	

第三联：发票联 购货方记账凭证

天津市增值税专用发票

开票日期：2015 年 09 月 15 日

购货单位	名　　称：吉林中天纺织厂 纳税人识别号：220104641245610 地址、电话：建设街 290 号 开户行及账号：工行建设支行 6222024561-01	密码区	40<+5+14//195/81+283/ *<81*+0+4/4/>06079> 907<813299*26<6+61-> + 3<1>*-<9+5/6>1>3/>>>1	加密版本：01 61111091220

货物或应税劳务名称	规格型号	单位	数量	单价	金额	税率	税额
B 材料		kg	1 000	500	500 000.00	17%	85 000
合计					￥500 000.00		￥85 000

价税合计（大写）	伍拾捌万伍仟元整	（小写）￥585 000.00

销货单位	名　　称：天津棉纺织股份公司 纳税人识别号：10114587932011 地址、电话：天津市沿河大街 109 号 开户行及账号：6101145879-32 工行朝阳支行	备注	

第二联：抵扣联　购货方扣税凭证

收 料 单

供应单位：天津市棉纺织股份有限公司　　　　　　　　　材料科目：　　　编号：

增值税专用发票号码：　　　　　　2015 年 09 月 18 日　　材料类别：　　　仓库：

材料编号	名称	规格	计量单位	数量		实际成本		运杂费	其他	合计
				应收	实收	买价				
						单价	金额			
	B 材料		kg	1 000	1 000	500	500 000			500 000

记账：×××　　采购员：×××　　收料：×××　　制单：×××

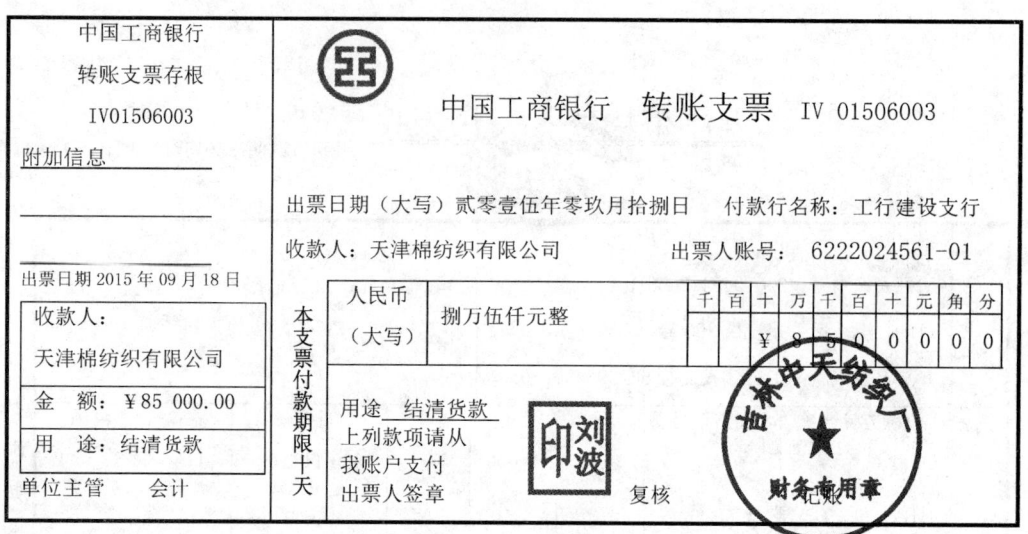

【技能训练-3】中天公司于 2016 年 3 月 16 日用银行存款代职工张师傅垫付应由其个人承担的医药费 3 000 元,拟从其下月工资中扣除,要求做出垫付医药费和从下月中扣款的账务处理,并编制相应的记账凭证。

任务 6-3　应付款项(债务业务)的核算

任务 6-3-1　应付账款的核算

目标定位

(1) 理解应付账款的概念。
(2) 掌握应付账款入账时间和入账价值的确定。
(3) 掌握应付账款的核算。

任务设置

【任务设置-1】中天公司 2016 年 5 月 15 日从长虹股份公司购入原材料一批,增值税专用发票上注明价款 30 000 元,增值税 5 100 元,原材料运到并验收入库,款项尚未支付,根据以上业务资料编制相应的记账凭证。

【任务设置-2】2016 年 6 月 5 日,中天公司从光明公司购入一批材料,价款 20 000 元,增值税 3 400 元,材料已验收入库,付款条件为 2/10、1/20、n/30,假定中天公司分别于 2016 年 6 月 10 日、6 月 21 日和 8 月 7 日支付款项,计算现金折扣时,考虑进项税额,根据以上业务资料做相应的会计处理。

> 基本技能

为完成上述任务需要了解应付账款的概念、入账时间以及入账金额的确定,掌握应付账款的核算方法。

一、应付账款概念

应付账款是指企业因购买材料、商品或接受劳务供应等而应支付给供应单位但尚未支付的款项,是企业由于赊购行为而产生的一项应付债务。

二、应付账款入账时间的确定

应以所购货物的所有权转移为标志,实际工作中应区分具体情况处理。
(1) 在货物和增值税专用发票账单同时到达的情况下,应于货物入库后,按增值税专用发票账单登记入账。
(2) 在货物已到、增值税专用发票账单未到的情况下,月末估价入账,下月初用红字冲销,待收到增值税专用发票账单时,按应付账款的实际金额入账。
(3) 在货物未到、增值税专用发票账单到达的情况下,应先按"在途物资"进行核算,同时核算"应交税费——应交增值税(进项税额)",待货物到达验收入库后结转在途物资为原材料。

三、应付账款入账金额的确定

应付账款一般按到期应付金额入账,如果应付账款含有现金折扣,入账金额的确定一般有两种方法。
(1) 总价法,企业收到增值税专用发票账单时,按增值税专用发票上记载的金额入账,在折扣期限内付款获得的现金折扣冲减财务费用。
(2) 净价法,按应付账款扣除折扣后的净价款入账。
我国会计实务中一般要求采用总价法核算。

四、应付账款的核算

企业应设置"应付账款"账户,用于核算企业因购买材料、商品和接受劳务供应等,而应支付给供应单位的款项。

应付账款(负债类)	
偿还的应付账款	应付未付的款项
	尚未支付的应付账款

(1) 购入材料、商品，货款未付时。
借：原材料（库存商品）
    应交税费——应交增值税（进项税额）
  贷：应付账款
(2) 支付应付款时。
借：应付账款
  贷：银行存款
(3) 企业开出商业汇票抵付应付账款时。
借：应付账款
  贷：应付票据
(4) 附有现金折扣的应付账款，在付款时。
借：应付账款
  贷：银行存款
     财务费用
(5) 确实无法支付的应付账款时。
借：应付账款
  贷：营业外收入

任务解答

根据上述所掌握的知识，对任务设置分析处理如下。

【任务设置-1】属于应付账款发生业务，应做如下处理（见记字第【50046】号记账凭证）。

借：原材料   30 000
    应交税费——应交增值税（进项税额）   5 100
  贷：应付账款——长虹公司   35 100

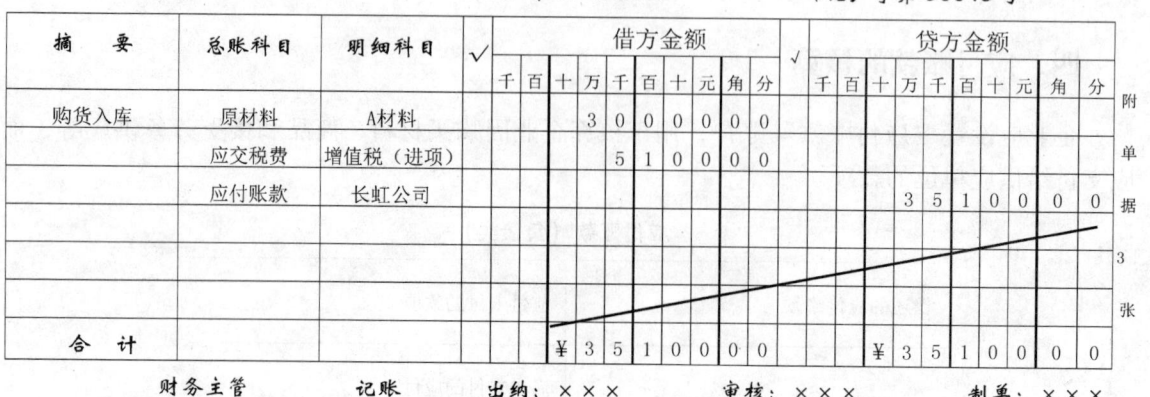

【任务设置-2】属于附有现金折扣的应付账款业务，应做如下处理。

6月5日购进材料时：

借：原材料　　　　　　　　　　　　　　　　　　　　　　　　20 000
　　应交税费——应交增值税（进项税额）　　　　　　　　　　 3 400
　　贷：应付账款——光明公司　　　　　　　　　　　　　　　23 400

6月10日支付款项时：应享受2%的优惠条件。

　实际应支付的款项为23 400×98% = 22 932.00（元），节约部分应冲减"财务费用"。

借：应付账款——光明公司　　　　　　　　　　　　　　　　　23 400
　　贷：银行存款　　　　　　　　　　　　　　　　　　　　　22 932
　　　　财务费用　　　　　　　　　　　　　　　　　　　　　　 468

6月21日支付款项时：应享受1%的优惠条件。

实际应支付的款项为23 400×99% = 23 166.00（元），节约部分应冲减"财务费用"。

借：应付账款——光明公司　　　　　　　　　　　　　　　　　23 400
　　贷：银行存款　　　　　　　　　　　　　　　　　　　　　23 166
　　　　财务费用　　　　　　　　　　　　　　　　　　　　　　 234

8月7日支付款项时：不享受任何优惠，应全额付款。

借：应付账款——光明公司　　　　　　　　　　　　　　　　　23 400
　　贷：银行存款　　　　　　　　　　　　　　　　　　　　　23 400

技能训练

【技能训练-1】2015年12月30日，吉林中天纺织厂因北京棉纺织有限公司发生非常事故而无法支付前欠货款。

报　告

在我单位应付账款余额中，有8 000元系欠北京棉纺织厂购货款，因该公司发生非常事故，确实无法支付，特申请批准转作营业外收入。

同意处理　　　　　　　　　　★　　　　　报告人：xxx

厂长：刘波　　　　　　　　　　　　　　　2015年12月30日

【技能训练-2】中天纺织厂向天津棉纺织股份有限公司赊购材料，具体凭证见表6-3-1及相关凭证。

表6-3-1 原材料入库单

供应单位：天津纺织　　　　2015 年 07 月 25 日　　　　材料类别：原材料

材料编号	名称	规格	计量单位	数量 应收	数量 实收	实际成本 买价 单价	实际成本 买价 金额	运费	其他	合计
	纯棉		千	500	500	60.00	30 000	0.00	0.00	30 000
合计				500	500	60.00	30 000	0.00	0.00	30 000

第二联 记账

财务：×××　　采购主管：×××　　保管：×××　　经手人：×××

天津增值税专用发票

开票日期：2015 年 07 月 25 日

购货单位	名　　称：吉林中天纺织厂 纳税人识别号：220104641245610 地址、电　话：建设街290号 开户行及账号：工行建设支行 6222024561-01	密码区	40<+6+14//295/81-283/ *<81*+0736025/>06059> 907<813266*26<6+61->+ 3<1>*-<9+5/6>1>3/>>29	加密版本：01 4100054170
	货物或应税劳务名称	规格型号	单位	数量	单价	金额	税率	税额
	纯棉纱		千克	500	60.00	30 000	17%	5 100
	合计					30 000		5 100
	价税合计（大写）	叁万伍仟壹佰元整			（小写）￥35 100.00			
销货单位	名　　称：天津棉纺织股份公司 纳税人识别号：10114587932011 地址、电　话：天津市沿河大街109号 开户行及账号：6101145879-32 工行朝阳支行	备注		

第二联：抵扣联　购货方扣税凭证

收款人：×××　　复核：×××　　开票人：×××　　销货单位：（章）

天津增值税专用发票

开票日期：2015 年 07 月 25 日

购货单位	名　　　称：吉林中天纺织厂 纳税人识别号：220104641245610 地址、电　话：建设街 290 号 开户行及账号：工行建设支行 6222024561-01	密码区	40<+6+14//295/81-283/ *<81*+0736025/>06059> 907<813266*26<6+61-)+ 3<1>*-<9+5/6>1)3/>>29	加密版本：01 4100054170

货物或应税劳务名称	规格型号	单位	数量	单价	金额	税率	税额
纯棉纱		千克	500	60.00	30 000	17%	5 100
合计					30 000		5 100

价税合计（大写）	叁万伍仟壹佰元整	（小写）¥ 35 100.00		
销货单位	名　　　称：天津棉纺织股份公司 纳税人识别号：10114587932011 地址、电　话：天津市沿河大街 109 号 开户行及账号：6101145879-32 工行朝阳支行	备注		

收款人：×××　　　复核：×××　　　开票人：×××　　　销货单位：（章）

任务 6-3-2　应付票据的核算

▶ 目标定位

（1）理解应付票据的概念。
（2）掌握应付票据的核算方法。

▶ 任务设置

【任务设置-1】中天公司 2016 年 4 月 30 日向南京虹光公司购进丁材料，取得增值税专用发票注明的价款 100 000 元，增值税 17 000 元，增值税专用发票等结算凭证单据已收到，材料验收入库，同时开出一张金额为 117 000 元，期限 3 个月，票面利率为 6% 的商业承兑汇票。2016 年 7 月 31 日票据到期，企业无力支付票款，中天公司应如何进行账务处理？

▶ 基本技能

为完成上述任务需要了解应付票据的概念，掌握应付票据的核算方法。

一、应付票据的概念

应付票据是指企业购买材料、商品和接受劳务供应等开出承兑的商业汇票，包括商业承兑汇票和银行承兑汇票。

二、应付票据的核算

为了反映和监督应付票据的发生和偿付业务，企业应设置"应付票据"科目。

对于带息的应付票据，期末应当计提按票面利率折算的当期"应付利息"，计入"财务费用"，并通过"应付利息"科目贷方进行核算，到期承兑时连同应付票据本金一并支付。

应付票据（负债类）

到期支付的应付票据本息	增加的应付票据及计提的利息
	持有尚未到期的应付票据本息

（1）企业购买材料、商品开出商业承兑汇票时。
借：原材料（库存商品）
　　应交税费——应交增值税（进项税额）
　贷：应付票据
（2）企业开出商业汇票抵付原欠货款时。
借：应付账款
　贷：应付票据
（3）企业开出承兑的商业汇票，如为带息票据，应于期末计算应付利息。
借：财务费用
　贷：应付利息
（4）应付票据到期付款时。
①不带息票据：
借：应付票据
　贷：银行存款
②带息票据：
借：应付票据
　　应付利息
　　财务费用（未计提的利息）
　贷：银行存款

（5）到期无力付款。

①对于商业承兑汇票：

借：应付票据
　　应付利息
　　财务费用（未计提的利息）
　　贷：应付账款

②对于银行承兑汇票：

借：应付票据
　　应付利息
　　财务费用（未计提的利息）
　　贷：短期借款

任务解答

根据上述所掌握的知识，对任务设置分析处理如下。

【任务设置-1】属于应付票据发生业务，由于到期无力支付货款，应做如下处理（见记字第【40058】【50066】【60055】【70088】号记账凭证）。

4月30日购入材料时：

借：原材料——丁材料	100 000
应交税费——应交增值税（进项税额）	17 000
贷：应付票据——南京虹光公司	117 000

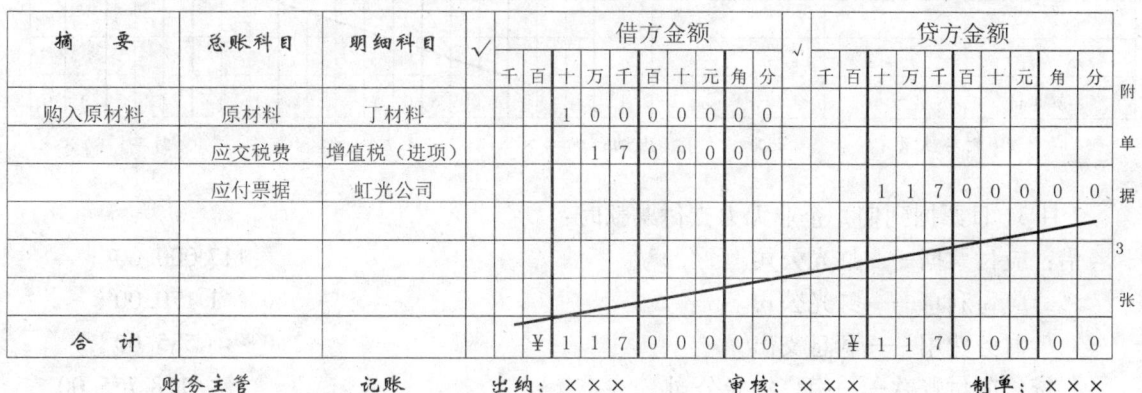

记　账　凭　证

2016年04月30日　　　　（记）字第40058号

摘要	总账科目	明细科目	√	借方金额 千百十万千百十元角分	√	贷方金额 千百十万千百十元角分	
购入原材料	原材料	丁材料		1 0 0 0 0 0 0 0			附
	应交税费	增值税（进项）		1 7 0 0 0 0 0			单
	应付票据	虹光公司				1 1 7 0 0 0 0 0	据
							3
							张
合　计				¥ 1 1 7 0 0 0 0 0		¥ 1 1 7 0 0 0 0 0	

财务主管　　　　记账　　　　出纳：×××　　　　审核：×××　　　　制单：×××

5月和6月分别计提利息时：117 000×6%÷12＝585.00（元）

借：财务费用	585.00
贷：应付利息——虹光公司	585.00

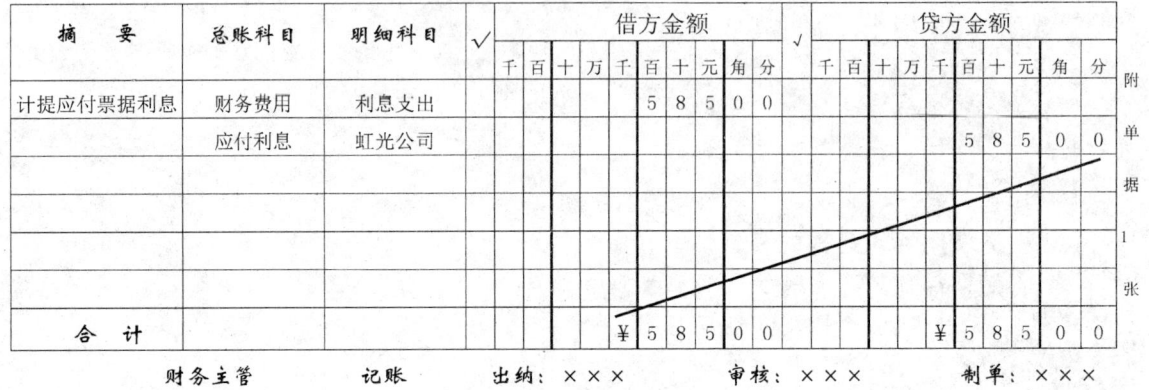

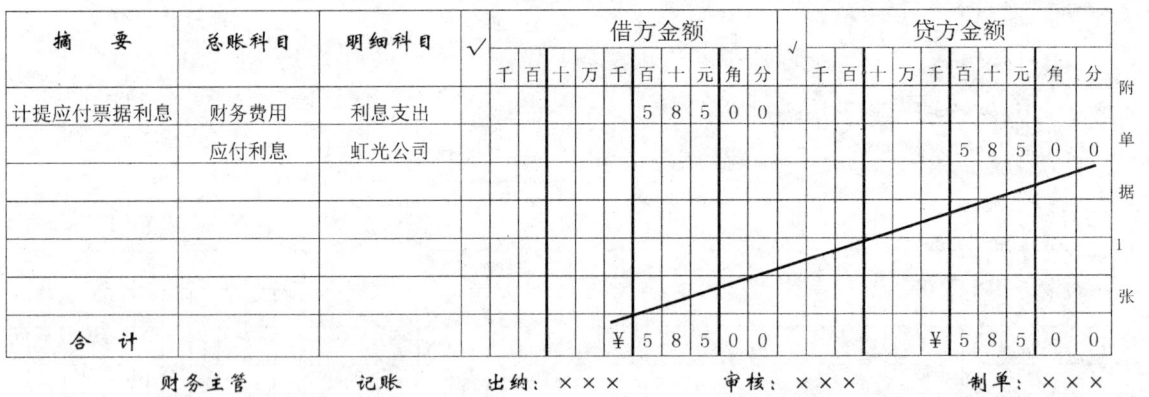

7月31日票据到期，企业无力支付票款时：

借：应付票据——虹光公司	117 000.00
应付利息——虹光公司	1 170.00
财务费用——利息支出	585.00
贷：应付账款——南京虹光公司	118 755.00

记 账 凭 证

2016 年 07 月 31 日　　　　　　　　（记）字第 70088 号

摘　要	总账科目	明细科目	√	借方金额 千 百 十 万 千 百 十 元 角 分	√	贷方金额 千 百 十 万 千 百 十 元 角 分
结转应付票据	应付票据	虹光公司		1 1 7 0 0 0 0 0		
	应付利息	虹光公司		1 1 7 0 0 0		
	财务费用	利息支出		5 8 5 0 0		
	应付账款	虹光公司				1 1 8 7 5 5 0 0
合　计				￥ 1 1 8 7 5 5 0 0		￥ 1 1 8 7 5 5 0 0

附单据 2 张

财务主管　　　　记账　　　　出纳：×××　　　　审核：×××　　　　制单：×××

技能训练

【技能训练-1】2015 年 9 月 25 日，吉林中天纺织厂以商业承兑汇票抵偿天津棉纺织股份有限公司的货款。

商业承兑汇票

贰零壹伍年零玖月贰拾伍日　　　汇票号码 01509025

付款人	全　称	吉林中天纺织厂	收款人	全　称	天津棉纺织股份有限公司
	账　号	6222024561-01		账　号	6101145879-32
	开户银行	工行建设支行		开户银行	工行朝阳支行
出票金额		人民币（大写）：壹拾叁万伍仟壹佰元整			亿 千 百 十 万 千 百 十 元 角 分 ￥ 1 3 5 1 0 0 0 0
汇票到期日（大写）		贰零壹伍年壹拾贰月贰拾	付款人开户行	行号	
交易合同号码		09501		地址	长春建设街190号
承兑人人签章				备注：票面利率6%	

此联持票人开户行随托收凭证寄付款人开户行作为借方凭证附件

【技能训练-2】2015 年 12 月 25 日上述票据到期，吉林中天纺织厂无力承兑"商业票据"。

任务 6-3-3　预收账款的核算

目标定位

（1）理解预收账款的概念。
（2）掌握预收账款的核算方法。

任务设置

【任务设置-1】2016年7月20日，中天公司与海洋公司签订销售合同，价款 800 000 元，增值税 136 000 元，合同规定购货方海洋公司需预付全部款项的 40%，余下的 60% 货款待收到货物后再行支付，7月20日收到海洋公司交来的预付款，7月25日向海洋公司发运商品和收到海洋公司补付的货款时，中天公司如何进行账务处理？

基本技能

为完成上述任务需要了解预收账款的概念，掌握预收账款的核算方法。

一、预收账款的概念

预收账款是企业按照合同规定，向购货单位预收的款项。它是购销双方协议商定，在销货方没有提供商品的情况下，预先收取一部分货款而产生的一项负债，需要以后用商品、劳务等偿付。

二、预收账款核算

企业应设置"预收账款"账户，反映预收账款的发生和结清等变动情况。

"预收账款"属于负债类账户，但由于核算过程中不仅可能出现贷方余额，也可能出现借方余额，因此，预收账款账户是一个具有双重性质的账户。当出现借方余额时，为债权类结算账户，当出现为贷方余额时，则为债务类结算账户。

预收账款（负债类）	
销售产品的价款和退回多收的余款	预收的货款和购货单位补付的货款
尚未收回的发出商品或提供劳务的价款	尚未发出商品或提供劳务的预收款

具体核算方法如下：
（1）预收时。
借：银行存款

贷：预收账款
（2）发出产品，销售实现时。
借：预收账款
　　贷：主营业务收入
　　　　应交税费——应交增值税（销项税额）
（3）收到购货单位补付的货款时。
借：银行存款
　　贷：预收账款
（4）退回多收的余款时。
借：预收账款
　　贷：银行存款

任务解答

【任务设置-1】属于预收款业务，应做如下处理（见记字第【70065】【70085】【70088】号记账凭证）。

收到海洋公司交来预付款时：

借：银行存款　　　　　　　　　　　　　　　　　　　　　　　374 400
　　贷：预收账款——海洋公司　　　　　　　　　　　　　　　　374 400

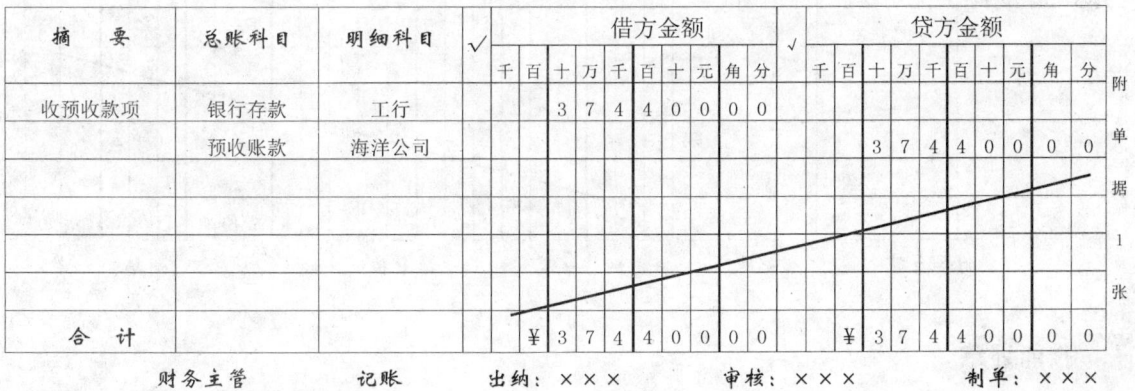

按合同规定向海洋公司发出商品，销售业务实现时：

借：预收账款——海洋公司　　　　　　　　　　　　　　　　　936 000
　　贷：主营业务收入　　　　　　　　　　　　　　　　　　　　800 000
　　　　应交税费——应交增值税（销项税额）　　　　　　　　　136 000

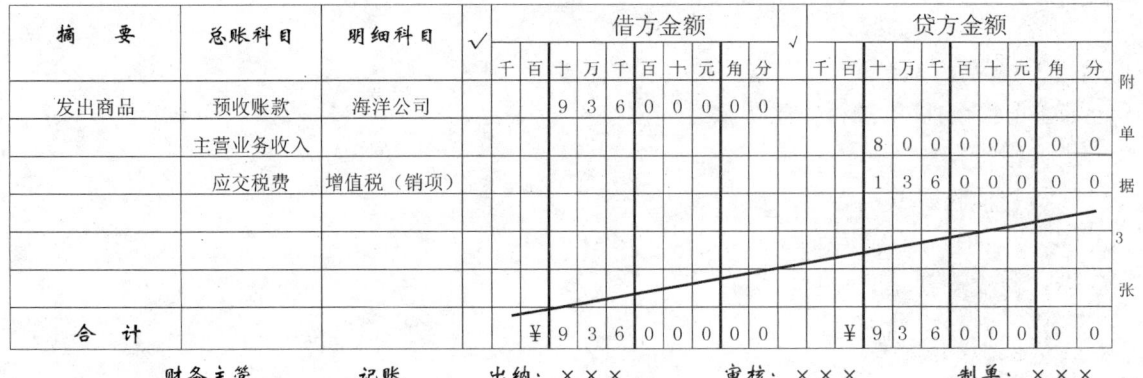

收到海洋公司剩余货款时：
借：银行存款　　　　　　　　　　　　　　　　　561 600
　　贷：预收账款——海洋公司　　　　　　　　　　　　　　561 600

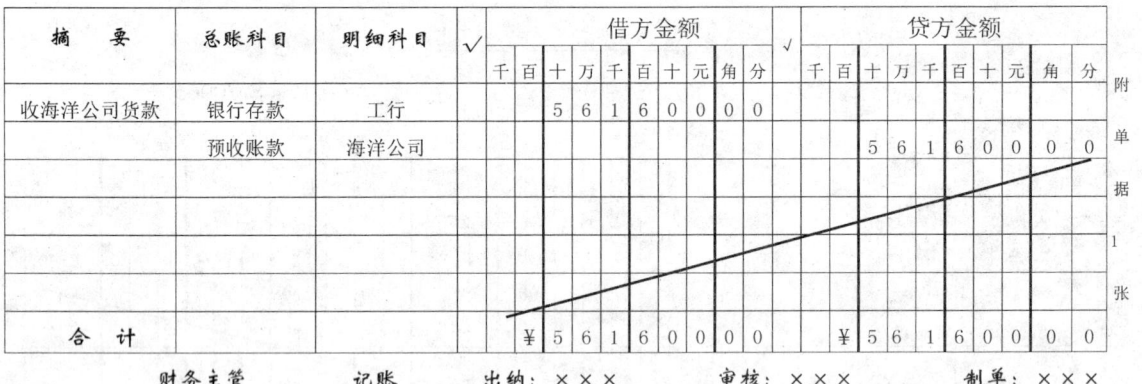

技能训练

【技能训练-1】吉林中天纺织厂于 2016 年 6 月 24 日收到河北棉纺厂预付的购货款。

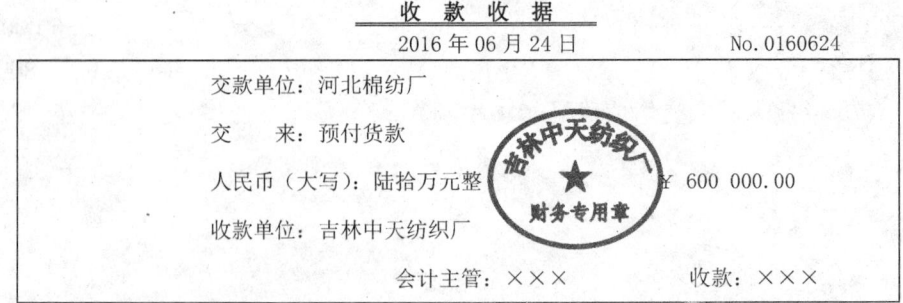

中国工商银行　电汇凭证（收账通知）　3

委托日期 2016 年 06 月 24 日　　　　第 0160624 号

付款人	全称	河北棉纺厂	收款人	全称	吉林中天纺织厂
	账号	67589123-04		账号	6222024561-01
	汇出地点	廊坊市人民路 238 号		汇入地点	长春市建设街 290 号
	汇出行名称	廊坊工行人民支行		汇入行名称	工行建设支行

金额　人民币（大写）陆拾万元整　　￥600000000

汇款用途：纯棉布、西服布

附加信息及用途：预付购货款

上列款项请在本人的账户内支付，并按照汇兑结算规定汇给收款人。

汇款人签章

复核　　　记账

此联是收款人开户银行交给收款人的收账通知

任务 6-3-4　应付股利和应付利息的核算

▎目标定位

（1）理解应付股利的概念，掌握应付股利的核算。
（2）理解应付利息的概念，掌握应付利息的核算。

▎任务设置

【任务设置-1】中天商贸有限公司由甲、乙两个法人股东于 2015 年 2 月共同投资设立，投资额分别占注册资本的 40% 和 60%，2015 年度该公司实现净利润 8 000 000 元，经过股东大会批准，决定 2015 年度分配股利 5 000 000 元，股利通过银行存款方式支付，如何进行账务处理？

【任务设置-2】中天纺织公司于 2016 年 1 月 2 日从工商银行取得 1 年期流动资金贷款 2 000 000 元，年利率为 6%，按季度付息，到期还本，中天公司第一季度应该如何进行账务处理？

▎基本技能

为完成上述任务需要了解应付股利和应付利息的概念，掌握应付股利和应付利息的核算方法。

一、应付股利

1. 应付股利的概念

应付股利是指根据股东大会或类似机构审议批准的利润分配方案，确定分配给投资者的现金股利或利润。

2. 应付股利的核算

设置"应付股利"账户,核算企业确定分配给投资者的现金股利或利润。

应付股利(负债类)	
实际支付的现金股利	应支付的现金股利或利润
	尚未支付的现金股利或利润

具体核算方法如下:

(1) 根据股东大会审议批准的利润分配方案按应支付的现金股利。

借:利润分配——应付股利
　　贷:应付股利

(2) 实际支付股利。

借:应付股利
　　贷:银行存款

二、应付利息

1. 应付利息的概念

应付利息是指企业按照合同规定应支付的利息,包括短期借款、分期付息到期还本的长期借款、企业债券等应支付的利息。

2. 应付利息的核算

设置"应付利息"账户,核算企业按照合同的约定应支付的利息。

应付利息(负债类)	
实际支付的利息	按合同约定应支付的利息
	应付未付的利息

具体核算方法如下:

(1) 采用合同约定的利率计算确定的利息费用。

借:在建工程(符合资本化条件)
　　财务费用(符合费用化条件)
　　贷:应付利息

(2) 实际支付利息。

借:应付利息
　　贷:银行存款

任务解答

根据上述所掌握的知识，对任务设置分析处理如下。

【任务设置-1】属于股利分配业务，应做如下处理（见记字第【150088】【010056】号记账凭证）。

12月31日分配时：

借：利润分配——应付股利　　　　　　　　　　　　　　　　　　5 000 000
　　贷：应付股利——甲股东　　　　　　　　　　　　　　　　　　2 000 000
　　　　　　　　——乙股东　　　　　　　　　　　　　　　　　　3 000 000

记 账 凭 证

2015 年 12 月 31 日　　　　　　　　　　（记）字第 150088 号

摘　要	总账科目	明细科目	√	借方金额 千 百 十 万 千 百 十 元 角 分	√	贷方金额 千 百 十 万 千 百 十 元 角 分	
分配股利	利润分配	应付股利		5 0 0 0 0 0 0 0 0			附单据1张
	应付股利	甲股东				2 0 0 0 0 0 0 0 0	
		乙股东				3 0 0 0 0 0 0 0 0	
合　计				¥ 5 0 0 0 0 0 0 0 0		¥ 5 0 0 0 0 0 0 0 0	

财务主管　　　　记账　　　　出纳：×××　　　　审核：×××　　　　制单：×××

2016年1月5日发放时：

借：应付股利——甲股东　　　　　　　　　　　　　　　　　　2 000 000
　　　　　　——乙股东　　　　　　　　　　　　　　　　　　3 000 000
　　贷：银行存款　　　　　　　　　　　　　　　　　　　　　　5 000 000

记 账 凭 证

2016 年 01 月 05 日　　　　　　　　　　（记）字第 010056 号

摘　要	总账科目	明细科目	√	借方金额 千 百 十 万 千 百 十 元 角 分	√	贷方金额 千 百 十 万 千 百 十 元 角 分	
发放上年度股利	应付股利	甲股东		2 0 0 0 0 0 0 0 0			附单据1张
		乙股东		3 0 0 0 0 0 0 0 0			
	银行存款	工行				5 0 0 0 0 0 0 0 0	
合　计				¥ 5 0 0 0 0 0 0 0 0		¥ 5 0 0 0 0 0 0 0 0	

财务主管　　　　记账　　　　出纳：×××　　　　审核：×××　　　　制单：×××

【任务设置-2】 属于短期借款的利息计提与支付业务，应做如下处理（见记字第【010099】【020088】【030077】号记账凭证）。

1月31日及2月28日分别计提应付利息时：

每月应计提的利息为 2 000 000×6%÷12 = 10 000.00（元）

借：财务费用——利息支出　　　　　　　　　　　　　　　　10 000.00
　　贷：应付利息　　　　　　　　　　　　　　　　　　　　　　10 000.00

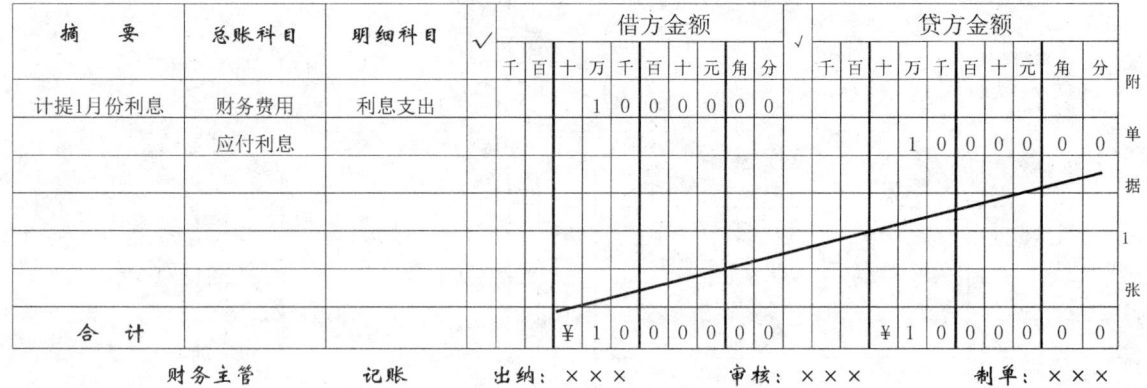

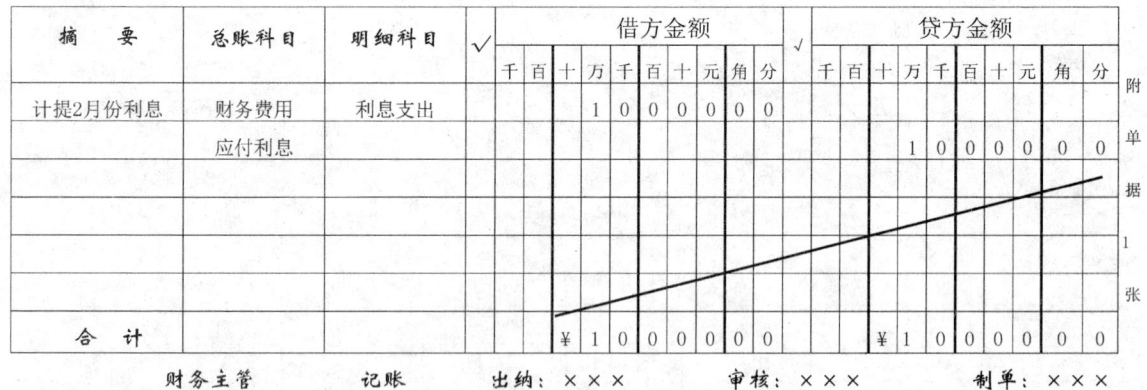

3月31日支付第一季度利息时：

借：应付利息　　　　　　　　　　　　　　　　　　　　　　20 000
　　财务费用——利息支出　　　　　　　　　　　　　　　　10 000
　　贷：银行存款——工行　　　　　　　　　　　　　　　　30 000

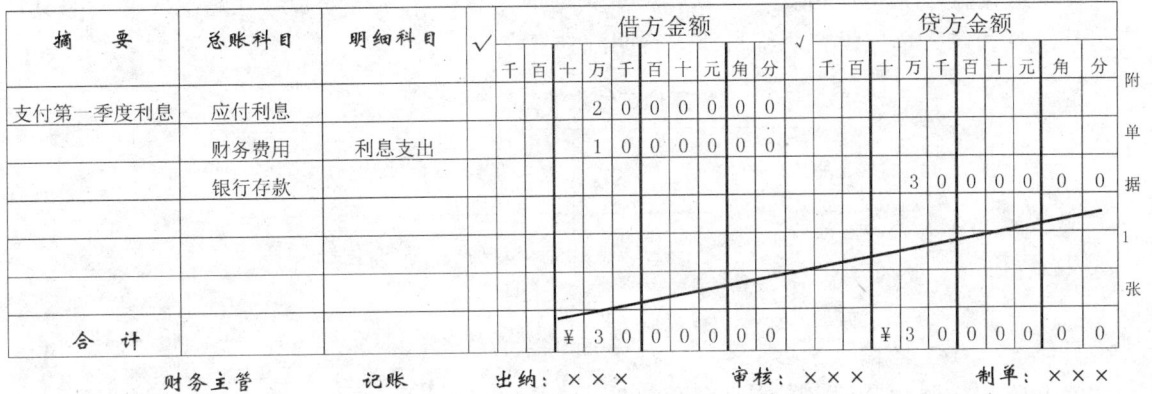

技能训练

【技能训练-1】中天公司 2015 年 2 月 10 日向银行贷款 5 000 000 元，贷款期限为 5 年，合同约定的年利率 3.5%，利息按年支付，请做出取得借款、每年计算利息和支付利息的会计处理。

任务 6-3-5 其他应付款的核算

目标定位

（1）理解其他应付款的概念，掌握其他应付款的核算内容。
（2）掌握其他应付款的核算。

任务设置

【任务设置-1】2016 年 1 月 1 日，中天公司以经营租赁方式从宏远公司租入办公设备一批，每月租金 5 000 元，按月计提、按季支付，3 月 31 日，中天公司以银行存款支付应付租金，根据以上业务资料编制相应的记账凭证。

基本技能

一、其他应付款的概念

其他应付款是指企业除了应付账款、应付票据、预收账款、应付职工薪酬、应缴税费等流动负债外，还会发生一些应付、暂收其他单位和个人的款项。

其中包括：应付经营租入固定资产和包装物的租金、职工过期未领的工资、存入保证金等。

二、其他应付款的核算

企业应设置"其他应付款"科目，核算其他应付款的增减变动及结存情况，并按照其他应付款项目和对方单位设置明细科目进行明细核算。

其他应付款（负债类）

偿还或转销的其他应付款	发生的各种应付暂收款项
	应付未付的其他应付款项

具体核算方法如下：

（1）出租包装物、固定资产收取的押金。
借：银行存款
　　贷：其他应付款——存入保证金

（2）租入设备应付租金。
借：制造费用——租赁费
　　管理费用——租赁费
　　贷：其他应付款——××公司租赁费

（3）支付设备租金。
借：其他应付款——××公司租赁费
　　贷：银行存款

（4）过期未领工资交回财会。
借：库存现金
　　贷：其他应付款——××过期未领工资

任务解答

根据上述所掌握的知识，对任务设置分析处理如下。

【任务设置-1】属于其他应付款业务，应做如下处理（见记字第【010026】【030056】号记账凭证）。

1月、2月末分别计提当期应付租入固定资产租金：
借：管理费用——租赁费　　　　　　　　　　　　　　　　　　5 000
　　贷：其他应付款——宏远公司租赁费　　　　　　　　　　　　　　5 000

记 账 凭 证

2016 年 01 月 31 日　　　（记）字第 010026 号

摘要	总账科目	明细科目	√	借方金额 千百十万千百十元角分	√	贷方金额 千百十万千百十元角分
计提1月份租赁费	管理费用	租赁费		5 0 0 0 0 0		
	其他应付款	宏远公司				5 0 0 0 0 0
合　计				¥　5 0 0 0 0 0		¥

财务主管　　　记账　　　出纳：×××　　　审核：×××　　　制单：×××

附单据1张

3月31日支付租金：

借：其他应付款——宏远公司租赁费　　　　　　　10 000
　　管理费用——租赁费　　　　　　　　　　　　 5 000
　　贷：银行存款——工行　　　　　　　　　　　　　　　15 000

记 账 凭 证

2016 年 03 月 31 日　　　（记）字第 030056 号

摘要	总账科目	明细科目	√	借方金额 千百十万千百十元角分	√	贷方金额 千百十万千百十元角分
支付租赁费	其他应付款	宏远公司		1 0 0 0 0 0 0		
	管理费用	租赁费		5 0 0 0 0 0		
	银行存款	工行				1 5 0 0 0 0 0
合　计				¥　1 5 0 0 0 0 0		¥　1 5 0 0 0 0 0

财务主管　　　记账　　　出纳：×××　　　审核：×××　　　制单：×××

附单据1张

技能训练

【技能训练-1】吉林色织布厂收到中天纺织厂以转账方式支付的租赁包装物押金。

收 款 收 据

2016 年 06 月 30 日　　　　　　　　　　No.00160630

交款单位：吉林中天纺织厂
交　　来：出租包装物押金
人民币（大写）：贰仟元整　　　　　　 ¥ 2 000.00 元
收款单位：吉林色织布厂

会计主管：×××　　　收款：×××

```
          中国工商银行
          转账支票存根
          IV 00169611

     附加信息
     _____
     _____
     出票日期 2016 年 06 月 30 日
     收款人：吉林色织布厂
     金　额：￥ 2 000.00
     用　途：支付包装物押金
     单位主管：×××　会计：×××
```

【技能训练-2】中天公司因业务拓展需要，向沈阳恒泰公司租入办公用房和生产设备，租金分别为每月 10 000 元和 20 000 元，按季度支付，请根据所发生的业务做出中天公司每月计提应付租金和支付租金的会计处理，并编制相应的记账凭证。

任务 6-4　应交税费的核算

任务 6-4-1　应交增值税的核算

目标定位

（1）理解增值税的概念，纳税人、税率和增值税的特点。
（2）掌握一般纳税人和小规模纳税人增值税核算的特点。
（3）掌握一般纳税人和小规模纳税人增值税的计算和核算。

任务设置

【任务设置-1】中天公司为增值税的一般纳税人，2016 年 6 月销售一批服装，不含税的销售额 1 000 000 元；购进甲种原材料取得增值税专用发票，注明价款 600 000 元，进项税额 102 000 元，材料已验收入库，计算当期应交增值税。

【任务设置-2】中天公司为增值税小规模纳税企业，公司 5 月份销售商品取得含税销售额 72 500 元，增值税的征收率 3%，计算该公司应交增值税额。

【任务设置-3】中天公司 8 月份购买甲种原材料一批，增值税专用发票注明价款 1 000 000 元，增值税 170 000 元，材料验收入库，价税款用银行存款支付，根据以上业务资料进行相应的账务处理。

【任务设置-4】中天公司为增值税一般纳税人，适用的增值税率17%。8月份销售产品取得不含税销售收入3 000 000元，增值税510 000元，销售款已存入银行，根据以上业务资料进行相应的账务处理。

【任务设置-5】8月份，中天公司接受其股东恒大公司投入的乙种原材料一批，增值税专用发票注明价款2 000 000元，增值税340 000元，根据以上业务资料进行相应的账务处理。

【任务设置-6】中天公司一批库存材料因意外火灾毁损，有关增值税专用发票确认的成本10 000元，增值税1 700元，根据以上业务资料进行相应的账务处理。

【任务设置-7】中天公司2016年10月领用A产品一批，用于建造职工文体中心，该批产品的实际成本20 000元，不含税售价30 000元；领用B产品一批，作为职工福利发放，该批产品的实际成本30 000元，不含税售价40 000元，根据以上业务资料进行相应的账务处理。

【任务设置-8】假设中天公司为小规模纳税企业，增值税的征收率3%，本期发生以下经济业务：

（1）企业购入A原材料一批，取得增值税专用发票注明货款30 000元，增值税5 100元，材料验收入库，款项已通过银行存款支付；

（2）企业销售产品一批，所开出的增值税普通发票中注明含税价41 200元，款项已存入银行。月末以银行存款上缴增值税1 200元，根据以上业务资料进行相应的账务处理。

▶ 基本技能

为完成上述任务需要了解增值税的概念，纳税人、税率、增值税的特点，掌握一般纳税人和小规模纳税人增值税核算的特点，掌握一般纳税人和小规模纳税人增值税的计算和核算。

一、应交增值税的概念

增值税是对我国境内销售货物、提供加工、修理、修配劳务以及进口货物的单位和个人，就其取得的货物和应税劳务的销售额以及进口货物的金额计算税款，并实行税款抵扣制的一种流转税。

我国自2016年5月1日起全面实施"营改增"工作。

二、应交增值税的特点

（1）增值税是价外税，即税金不包括在销售价格之内。

（2）增值税的计税依据是就货物或劳务的增值部分征税，而非全额，目的是避免重复纳税。

（3）增值税的纳税人根据纳税人经营规模大小和会计核算健全程度分为一般纳税人和小规模纳税人。

（4）对不同的纳税人实行不同的计税方法。

（5）实行不同档的税率。

①基本税率17%；
②低税率13%。

人民生活必需品和关系到国计民生的重要产品，如自来水、煤气、暖气、液化气、粮食、食用植物油、化肥、饲料、图书、报纸、杂志、农机、农膜等。

※注：财政部、国家税务总局2011年11月17日正式公布营业税改征增值税试点方案（2012年1月1日起，在上海等地实施）。

2012年7月25日，国务院常务会议决定自2012年8月1日起至年底，将交通运输业和部分现代服务业营业税改征增值税试点范围，由上海市分批扩大至北京、天津、江苏、浙江、安徽、福建、湖北、广东、厦门和深圳10个省（直辖市、计划单列市）。

2013年继续扩大试点地区，并选择部分行业在全国范围试点。

根据试点方案，改革试点的主要税制安排为：在现行增值税17%标准税率和13%低税率基础上，新增11%和6%两档低税率。

①租赁有形动产等适用17%税率；
②交通运输业、建筑业等适用11%税率；
③其他部分现代服务业适用6%税率。

2016年3月18日，国务院常务会议决定自2016年5月1日将全面展开"营改增"工作，将建筑业、房地产业、金融业、生活服务业纳入改制范围。其中：建筑业、房地产业增值税适用税率为11%，金融业、生活服务业增值税适用税率为6%。

这意味着我国现行的增值税17%、13%、11%、6%四档税率没有改变。

三、增值税的计算

（1）一般纳税人增值税的计算。

一般纳税人增值税的计算是根据当期销项税额减去当期进项税额计算确定的。其计算公式如下：

应交增值税＝当期销项税额－当期允许抵扣的进项税额

（2）小规模纳税人增值税的计算。

小规模纳税人企业应纳增值税实行简易办法计算，是按照销售额和规定的3%征收率计算确定，其计算公式如下：

应交增值税＝不含税销售额×征收率

不含税销售额＝含税销售额／（1+征收率）

四、一般纳税人和小规模纳税增值税核算的特点

（1）一般纳税人增值税核算的特点：

①在货物的购进阶段实行价税分离，价款部分计入所购货物成本，增值税部分计入进项税额；

②销售阶段，销售价格不含税，如果定价时含税，应还原为不含税价作为销售收入，向购买方收取的增值税作为销项税额。

(2) 小规模纳税人增值税核算的特点：

①小规模纳税人购进货物所支付的增值税一律计入所购货物成本；

②销售货物只能开增值税普通发票，采用简易方法计算应纳税额，不得抵扣。

五、应交增值税的核算

一般纳税人为了核算企业应交增值税的发生、抵扣、缴纳、退税及转出等情况，应在"应交税费"下设置"应交增值税"明细账户进行核算。

应交税费——应交增值税（负债类）

进项税额	销项税额
已交税金等	进项税额转出
	出口退税等
尚未抵扣或多交的增值税	尚未缴纳的增值税

1. 一般纳税人增值税的核算

(1) 购进货物和销售货物。

①企业购入货物或接受劳务时，按增值税专用发票上注明的增值税，借记"应交税费——应交增值税（进项税额）"账户，记载的应计入采购成本的金额，借记"原材料、库存商品、在途物资"等账户，按应付或实际支付的金额，贷记"银行存款、应付账款"等账户。

借：原材料（库存商品、在途物资）

　　应交税费——应交增值税（进项税额）

贷：银行存款（应付账款、应付票据）

②企业销售货物或提供应税劳务，按实现的营业收入和收取的增值税之和，借记"银行存款、应收账款、应收票据"等账户，按增值税专用发票上注明的增值税，贷记"应交税费——应交增值税（销项税额）"账户，按实现的营业收入，贷记"主营业务收入"账户。

借：银行存款（应收账款、应收票据）

贷：主营业务收入

　　应交税费——应交增值税（销项税额）

(2) 购进免税农产品、废旧物资。

一般纳税人企业购进免税农产品，一般情况下不能扣税，但按税法规定，对于购入的免税农业产品取得合法凭证后，可以按买价的13%计算进项税额，并准予从销项税额中抵扣。

借：原材料　　　　　　　　　　　　　　（买价的87%）

　　应交税费——应交增值税（进项税额）　（买价的13%）

贷：银行存款

一般纳税人企业购入废旧物资回收经营单位销售的免税废旧物资，取得合法凭证后，可以按买价的10%计算进项税额，并准予从销项税额中抵扣。

(3) 企业接受投资、捐赠转入的货物。

企业接受投资、捐赠转入的货物,取得合法增值税专用发票的,按照增值税专用发票上注明的增值税,借记"应交税费——应交增值税(进项税额)";无法取得合法增值税专用发票的,应根据经双方确认的评估机构的评估价值确认货物价值,借记"原材料"等账户,按照货物价值和增值税之和,贷记"实收资本""营业外收入"账户,同时报主管税务机关备案。

借:原材料
　　应交税费——应交增值税(进项税额)
　贷:实收资本
　　营业外收入

(4) 进项税额转出(不予抵扣的项目)。

企业发生的购进生产经营用物资、在产品、产成品发生非正常损失,以及购进物资改变用途等情况,其相应的进项税额不能抵扣,应做转出处理,计入有关账户,借记"在建工程、应付职工薪酬、待处理财产损溢",贷记"应交税费——应交增值税(进项税额转出)"账户。

借:在建工程(应付职工薪酬、待处理财产损溢)
　贷:原材料
　　应交税费——应交增值税(进项税额转出)

(5) 视同销售的会计处理。

企业的有些交易和事项从会计角度看不属于销售行为,不能确认销售收入,但是按照税法规定,应视同对外销售处理,计算应交增值税。按照《增值税暂行条例实施细则》的规定,视同销售主要包括以下7种情况:

①企业货物交付他人代销;
②销售代销货物;
③将自产、委托加工或购买的货物作为投资提供给其他单位或个体经营者;
④将自产、委托加工或购买的货物分配给股东或投资者;
⑤将自产、委托加工的货物用于集体福利或个人消费;
⑥将自产、委托加工或购买的货物无偿赠送他人;
⑦将自产、委托加工的货物用于非应税项目。

具体核算办法如下:

①将自产、委托加工的货物用于非应税项目:

借:在建工程
　贷:库存商品
　　应交税费——应交增值税(销项税额)

②将自产、委托加工或购买的货物作为投资:

借:长期股权投资
　贷:主营业务收入
　　应交税费——应交增值税(销项税额)
借:主营业务成本

贷：库存商品
③将自产、委托加工的货物用于职工福利：
借：应付职工薪酬
　　贷：主营业务收入
　　　　应交税费——应交增值税（销项税额）
借：主营业务成本
　　贷：库存商品
④将自产、委托加工或购买的货物无偿赠送他人：
借：营业外支出
　　贷：库存商品
　　　　应交税费——应交增值税（销项税额）
⑤将自产、委托加工或购买的货物分配给股东或投资者：
借：应付股利
　　贷：主营业务收入
　　　　应交税费——应交增值税（销项税额）
借：主营业务成本
　　贷：库存商品

（6）缴纳增值税的核算。

　　企业按规定缴纳的增值税，借记"应交税费——应交增值税（已交税金）"科目，贷记"银行存款"科目；如果本月缴纳上月应交未交的增值税，应借记"应交税费——应交增值税（未交税金）"科目，贷记"银行存款"科目。

　　应交未交的增值税，在期末应转出。借记"应交税费——应交增值税（转出未交增值税）"科目，贷记"应交税费——应交增值税（未交增值税）"科目。以后实际缴纳时，借记"应交税费——应交增值税（未交增值税）"科目，贷记"银行存款"科目。

2. 小规模纳税人增值税的核算

　　小规模纳税人不能开具增值税专用发票，在购入货物及接受劳务时支付的增值税直接计入有关货物或劳务的成本。小规模纳税人实行简易办法计算应纳增值税额，直接用不含税销售额和规定的增值税征收率计算交纳增值税。

　　（1）小规模纳税人在购入货物及接受劳务时，支付的增值税直接计入有关货物或劳务的成本。

借：原材料（价+税）
　　贷：银行存款

（2）销售货物时，按照规定的征收率计算缴纳增值税。

借：银行存款
　　贷：主营业务收入
　　　　应交税费——应交增值税

（3）缴纳增值税时。

借：应交税费——应交增值税
　　贷：银行存款

任务解答

根据上述所掌握的知识，对任务设置分析处理如下。

【任务设置-1】属于一般纳税人应交增值税的计算，应做如下计算：

当期应交增值税 = 1 000 000×17% - 102 000 = 68 000（元）

【任务设置-2】属于小规模纳税人应交增值税的计算，应做如下计算。

不含税销售额 = 72 500÷（1+3%）= 75 000（元）

应交增值税 = 75 000×3% = 2 250（元）

【任务设置-3】属于一般纳税人增值税进项税额的核算，应做如下处理。

借：原材料	1 000 000
应交税费——应交增值税（进项税额）	170 000
贷：银行存款	1 170 000

【任务设置-4】属于一般纳税人销项税额的核算，应做如下处理。

借：银行存款	3 510 000
贷：主营业务收入	3 000 000
应交税费——应交增值税（销项税额）	510 000

【任务设置-5】属于一般纳税人接受原材料投资业务，应做如下处理。

借：原材料	2 000 000
应交税费——应交增值税（进项税额）	340 000
贷：实收资本	2 340 000

【任务设置-6】属于一般纳税人进项税额转出业务（不予抵扣的项目），应做如下处理。

借：待处理财产损溢——待处理流动资产损溢	11 700
贷：原材料	10 000
应交税费——应交增值税（进项税额转出）	1 700

【任务设置-7】属于一般纳税人视同销售业务的核算，应做如下处理。

领用 A 产品用于建造职工俱乐部时（不确认收入，按成本转账）：

借：在建工程	25 100
贷：库存商品——A 产品	20 000
应交税费——应交增值税（销项税额）	5 100

领用 B 产品作为职工福利发放时（确认收入，结转成本）：

借：应付职工薪酬	468 000
贷：主营业务收入	40 000
应交税费——应交增值税（销项税额）	6 800
借：主营业务成本	30 000
贷：库存商品——B 产品	30 000

【任务设置-8】属于小规模纳税人增值税核算业务，应做如下处理。

借：原材料	35 100
贷：银行存款	35 100

不含税销售额 = 41 200÷（1+3%）= 40 000（元）

应交增值税＝40 000×3%＝1 200（元）
借：银行存款   41 200
    贷：主营业务收入   40 000
        应交税费——应交增值税   1 200
借：应交税费——应交增值税   1 200
    贷：银行存款   1 200

技能训练

【技能训练-1】 2016年6月5日，吉林中天公司购入原材料一批，增值税专用发票注明的价款为500 000元，增值税85 000元，另支付运输部门运费30 000元，材料已验收入库，款项用银行存款支付，根据以上业务资料进行相应的账务处理。

【技能训练-2】 2016年6月10日，吉林中天公司购入免税废旧物资一批，农产品已验收入库，以银行存款支付价款30 000元，根据以上业务资料进行相应的账务处理。

【技能训练-3】 2016年7月11日，吉林中天公司因职工集体福利领用生产用原材料10 000元，该材料应负担增值税进项税1 700元，根据以上业务资料进行相应的账务处理。

【技能训练-4】 2016年7月13日，吉林中天公司因水灾毁损甲材料一批，该材料的实际成本20 000元，该材料的增值税进项税额3 400元，根据以上业务资料进行相应的账务处理。

【技能训练-5】 2016年8月15日，吉林中天公司销售产品一批，货款500 000元，增值税85 000元，增值税专用发票已经开出；同时为购货单位代垫运杂费20 000元，并获得交通运输业增值税专用发票。有关结算单据已交购货方，款项尚未收到，根据以上业务资料进行相应的账务处理。

【技能训练-6】 2016年8月19日，吉林中天公司与阳光公司签订投资协议，吸收阳光公司成为公司股东，阳光公司以原材料一批投入，增值税专用发票上注明价款100 000元，增值税17 000元，根据以上业务资料进行相应的账务处理。

【技能训练-7】 2016年8月23日，吉林中天公司进行厂房改造，领用本企业产品一批，该批产品成本20 000元，售价30 000元，增值税率17%，根据以上业务资料进行相应的账务处理。

【技能训练-8】 2016年8月25日，吉林中天公司以产品一批向宏泰公司进行投资，其成本70 000元，售价90 000元，增值税率17%，根据以上业务资料进行相应的账务处理。

【技能训练-9】 2016年9月1日，吉林中天公司以银行存款缴纳上月增值税100 000元，根据以上业务资料进行相应的账务处理。

【技能训练-10】 易天公司为小规模纳税企业，本月购入原材料一批，取得增值税专用发票注明的价款为18 000元，增值税3 060元，材料验收入库，款项用银行存款支付，根据以上业务资料进行相应的账务处理。

【技能训练-11】 易天公司为小规模纳税企业，本月销售产品一批，所开出的增值税普通发票中注明价款84 460元（含税），增值税的征收率3%，款项已存入银行，根据以上业务资料进行相应的账务处理。

任务 6-4-2　应交消费税的核算

目标定位

（1）理解消费税的概念、特点、征收范围。
（2）掌握消费税的计算和核算。

任务设置

【任务设置-1】中天化妆品厂属于增值税一般纳税人企业，2016年4月销售化妆品1 000 000元，消费税率30%，计算应纳消费税税额。

【任务设置-2】松原炼油厂在2016年5月份销售汽油200吨，销售柴油100吨，汽油消费税税率为0.2元/升，柴油消费税税率0.1元/升，则该厂当月应纳消费税税额为多少？（汽油1吨=1 388升，柴油1吨=1 176升）

【任务设置-3】长春市白酒厂本期销售白酒10 000箱（每箱100元，每箱6瓶，每瓶500克），粮食白酒从量征税的计税单位为0.5元/斤，税率20%，则该企业本期应纳消费税额为多少？

【任务设置-4】中天公司委托外单位对一批材料进行加工，发出材料的成本110 000元，加工费20 000元，增值税3 400元，由受托方代收代缴的消费税2 100元，所有支出均通过银行支付，加工完成的乙材料运到中天公司并验收入库，中天公司在下列情况下应如何进行账务处理？（1）如果乙材料收回后用于连续生产应税消费品；（2）如果乙材料收回后直接用于销售。

基本技能

一、消费税的概念

消费税是对我国境内从事生产、委托加工和进口应税消费品的单位和个人征收的一种税，是国家为了调节消费结构，正确引导消费方向，在普遍征收增值税的基础上，针对部分消费品而征收的一种流转税。

二、消费税的课税对象

（1）过度消费会对人类健康、社会秩序、生态环境等方面造成危害的特殊消费品，如烟、酒、鞭炮、焰火等；
（2）奢侈品和非生活必需品，如化妆品、贵重首饰、珠宝、高尔夫球及球具、游艇、高档手表等；
（3）高能耗及高档消费品，如摩托车、小汽车等；
（4）不能再生和替代的石油类消费品，如成品油中的汽油、柴油、熔剂油、润滑油等；
（5）税基宽广消费普遍，具有一定财政意义的消费品等；

(6) 有利于增进环保意识、引导消费、节约资源的产品,如实木地板、木制一次性筷子等。

三、消费税的计算

消费税的计算一般包括以下3种。

(1) 从价定率。

实行从价定率方法征税的应税消费品,计税依据为应税消费品的销售额。

其计算公式为

应纳税额=销售额×适用税率

(2) 从量定额。

从量定额通常以每单位应税消费品的重量、容积或数量为计税依据,并按每单位应税消费品规定固定税额。我国消费税对白酒、黄酒、啤酒、汽油、柴油等实行了定额税率。

其计算公式为

应纳税额=销售量。单位税额

(3) 复合计征。

我国对包括卷烟、粮食白酒、薯类白酒等在内的商品实行从量定额和从价定率相结合计算应纳税额的复合计征方法。

其计算公式为

应纳税额=销售额×适用税率+销售量×单位税额

※注:由于消费税属于价内税,对于委托加工应税消费品及进口应税消费品的应计算"组成计税价格"后计算应纳消费税额。

应纳消费税额=组成计税价格×消费税率

委托加工应税消费品的"组成计税价格"为

组成计税价格=(材料成本+加工费)÷(1-消费税税率)

进口应税消费品的"组成计税价格"为

组成计税价格=(关税完税价格+关税)÷(1-消费税税率)

四、消费税的核算

设置"营业税金及附加"账户,用来核算企业日常经营活动应负担的税金及附加,包括:消费税、营业税、城市维护建设税和教育费附加等。

营业税金及附加(损益类)

按规定计算缴纳的税金及附加	期末转入"本年利润"数
结转后无余额	

设置"应交税费——应交消费税"账户,用来核算企业按规定应缴纳的消费税。

应交税费——应交消费税（负债类）	
实际缴纳的消费税	按规定应缴纳的消费税
	尚未缴纳的消费税

消费税的核算：

（1）销售应税消费品应缴纳的消费税。

纳税人销售自制应税消费品，在销售实现时，按应交消费税税额借记"营业税金及附加"账户，贷记"应交税费——应交消费税"账户。

（2）自产自用应税消费品的核算。

企业以自产的应税消费品作为股权投资或用于在建工程、非生产机构等其他方面时，按规定应缴纳的消费税，借记"长期股权投资""在建工程"等账户，贷记"应交税费——应交消费税"账户。

（3）委托加工应税消费品的核算。

委托加工的应税消费品，由受托方在向委托方交货时代收代缴消费税。

①委托加工物资收回后，直接用于销售的，应将受托方代收代缴的消费税计入委托物资成本。

借：委托加工物资
　　贷：银行存款

②委托加工物资收回后，用于连续生产应税消费品的，应将受托方代收代缴的消费税计入"应交税费——应交消费税"。

借：应交税费——应交消费税
　　贷：银行存款

（4）进口应税消费品的核算。

企业进口应税物资，在进口环节应交的消费税，计入该物资的成本。

借：原材料（库存商品等）
　　贷：银行存款

任务解答

根据上述所掌握的知识，对任务设置分析处理如下。

【任务设置-1】属于从价定率消费税的计算。

应纳消费税税额 = 1 000 000×30% = 300 000（元）

【任务设置-2】属于从量定额消费税的计算。

应纳消费税额税额 = 200×1 388×0.2+100×1 176×0.1 = 67 280（元）

【任务设置-3】属于复合计征消费税的计算。

应纳消费税税额 = 10 000×100×20%+10 000×6×0.5 = 230 000（元）

【任务设置-4】属于委托加工应税消费品的核算业务，应做如下处理。

乙材料收回后用于连续生产应税消费品时：
借：委托加工物资　　　　　　　　　　　　　　　　　110 000
　　贷：原材料——甲材料　　　　　　　　　　　　　　110 000
借：委托加工物资　　　　　　　　　　　　　　　　　 20 000
　　应交税费——应交增值税（进项税额）　　　　　　 3 400
　　　　　　——应交消费税　　　　　　　　　　　　 2 100
　　贷：银行存款　　　　　　　　　　　　　　　　　 25 500
借：原材料——乙材料　　　　　　　　　　　　　　　130 000
　　贷：委托加工物资　　　　　　　　　　　　　　　 130 000
乙材料收回后直接用于销售时：
借：委托加工物资　　　　　　　　　　　　　　　　　110 000
　　贷：原材料——甲材料　　　　　　　　　　　　　 110 000
借：委托加工物资　　　　　　　　　　　　　　　　　 22 100
　　应交税费——应交增值税（进项税额）　　　　　　 3 400
　　贷：银行存款　　　　　　　　　　　　　　　　　 25 500
借：原材料——乙材料　　　　　　　　　　　　　　　132 100
　　贷：委托加工物资　　　　　　　　　　　　　　　 132 100

技能训练

【技能训练-1】中天公司2016年3月15日销售摩托车15辆，每辆售价20 000元（不含增值税），货款尚未收到，摩托车每辆成本是10 000元，消费税税率10%，计算该企业应缴纳的消费税并做相应的账务处理。

【技能训练-2】2016年6月20日，中天公司从国外进口一批需交纳消费税的商品，商品价值50 000 000元，进口环节缴纳的消费税是10 000 000元，采购的商品验收入库，价税款用银行存款支付，请做出相应的账务处理。

【技能训练-3】中天摩托车制造厂2016年5月销售摩托车50万辆，每辆售价是10 000元，款项通过银行收回，摩托车的增值税率是17%，适用的消费税率是10%，请根据所发生的业务进行销售、计算、缴纳消费税的账务处理。

任务6-4-3　应交城建税和教育费附加的核算

目标定位

（1）理解城市维护建设税和教育费附加的概念。
（2）掌握城市维护建设税和教育费附加的计算和核算。

> 任务设置

【任务设置-1】中天公司2016年6月缴纳增值税30 000元,缴纳消费税360 000元,城市维护建设税税率7%,教育费附加征收率3%,计算应交城市维护建设税和教育费附加并做出相应的账务处理。

> 基本技能

要完成上述任务,需理解城市维护建设税和教育费附加的概念,掌握城市维护建设税和教育费附加的核算。

一、城市维护建设税

城市维护建设税是国家为了加强城市的维护和建设,扩大和稳定城市维护建设的资金来源开征的一种税,它是以纳税人实际缴纳的"增值税、营业税、消费税"三税为计税依据,分别与上述三种税同时缴纳。

※注:目前由于我国于2016年5月1日起已经全面实施"营改增",伴随着营业税的取消,城建及教附的计算基数将不包括营业税。

应交城市维护建设税=(实际缴纳的增值税+实际缴纳的消费税)×适用税率

城市维护建设税按纳税人所在的地区不同,分为以下3档比例税率。

(1)纳税人所在地为市区的,税率7%。
(2)纳税人所在地为县城、镇的,税率为5%。
(3)纳税人所在地不在市区、县城、镇的,税率为1%。

企业进行城市维护建设税的会计处理时:

借:营业税金及附加
　　贷:应交税费——应交城市维护建设税

二、教育费附加

教育费附加是国家为了发展教育事业而征收的附加费用,是地方教育经费的一项来源,由教育部门统筹安排,专门用于改善中小学教学设施和办学条件,它是以纳税人实际缴纳的"增值税、营业税、消费税"三税为计税依据,分别与上述3种税同时缴纳。

教育费附加的征收率3%;
地方教育费附加的征收率2%。

应交教育费附加=(实际缴纳的增值税+实际缴纳的营业税+实际缴纳的消费税)×3%

企业进行教育费附加的会计处理时:

借:营业税金及附加
　　贷:应交税费——应交教育费附加

任务解答

根据上述所掌握的知识,对任务设置分析处理如下。

【任务设置-1】属于计算城市维护建设税及教育费附加业务,应做如下处理。

应交城市维护建设税=(30 000+360 000)×7%=27 300.00(元)

应交教育费附加=(30 000+360 000)×3%=11 700.00(元)

借:营业税金及附加——应交城市维护建设税	27 300
——应交教育费附加	11 700
贷:应交税费——应交城市维护建设税	27 300
——应交教育费附加	11 700

技能训练

【技能训练-1】中天公司为一般纳税人企业,本月实际缴纳增值税3 000 000元,缴纳消费税3 600 000元,城市维护建设税税率7%,教育费附加征收率3%,计算应交城市维护建设税和教育费附加并做出相应的账务处理。

任务6-5 借款业务的核算

目标定位

(1)理解短期借款的概念,掌握短期借款的核算。
(2)理解长期借款、借款费用的概念,掌握借款费用的处理原则和处理方法。

任务设置

【任务设置-1】中天公司2016年1月1日向工商银行贷款1 000 000元,贷款期限为9个月,年利率6%,该款项已进入中天公司账户,该借款的利息按月计提、按季支付,本金到期归还,根据以上业务资料做收款、计提利息及第一季度支付利息的账务处理。

【任务设置-2】中天公司为扩建厂房于2015年1月1日向工商银行借入20 000 000元,期限三年,贷款年利率8%,每年年底归还借款利息,3年期满后一次归还本金,该贷款用于企业扩建厂房。至2015年12月31日共发生料、工、费10 000 000元,2016年3月20日又发生费用1 000 000元,厂房于2016年3月31日完工并交付使用,根据以上业务资料进行相应的账务处理。

基本技能

一、短期借款的概念

短期借款是指企业向银行或其他金融机构借入的期限在一年以内(含一年)的各种借

款，企业因季节性、临时性原因，出现流动资金的暂时性短缺时，可以向开户行或其他金融机构申请短期贷款，以保证企业的经营活动能正常进行。

二、短期借款的核算

企业应设置"短期借款"账户，用于核算企业向银行或其他金融机构等借入的期限在一年以内（含一年）的各种借款。

短期借款（负债类）	
因偿还而减少的短期借款数额	因借入资金而增加的短期借款数额
	尚未偿还的短期借款数额

具体核算方法如下：

（1）企业从银行或其他金融机构取得借款时，应按实际借入的本金数额。

借：银行存款
　　贷：短期借款

（2）借款利息的处理。

①如果借款利息按月支付，或在借款到期归还本金时一并支付，且数额不大的，直接计入"财务费用"。

借：财务费用——利息支出
　　贷：银行存款

②如果借款利息按季支付或半年支付，或是在借款到期归还本金时一并支付，且数额较大的，可采用预提的方法。

每月预提时：

借：财务费用——利息支出
　　贷：应付利息

到期支付时：

借：应付利息——利息支出
　　贷：银行存款

（3）企业归还短期借款，应按实际归还的数额。

借：短期借款
　　贷：银行存款

三、长期借款及借款费用的有关概念

长期借款是指企业向银行或其他金融机构等借入的期限在一年以上（不含一年）的各种借款。一般用于固定资产的购建、改扩建工程、大修理工程以及为了保持长期经营能力等方面。

1. 借款费用的概念及处理方法

借款费用指企业因借入资金而发生的费用,包括因借入资金而发生的利息、折价或溢价的摊销、辅助费用及因外币借款而发生的汇兑差额。

2. 借款费用的处理方法

(1) 属于筹建期间的借款费用计入"管理费用"。

(2) 属于生产经营期间发生的借款费用,并与固定资产的购建有关,满足资本化确认条件的借款费用计入"在建工程"。

(3) 属于生产经营期间发生的借款费用,并与固定资产的购建有关,按规定不予以资本化的借款费用计入"财务费用"。

四、长期借款的核算

企业应设置"长期借款"账户,核算企业向银行或其他金融机构等借入的期限在一年以上(不含一年)的各种借款。

长期借款(负债类)

偿还的长期借款	借入的长期借款
	尚未偿还的长期借款

具体核算方法如下:

长期借款利息的核算一般是根据付息的期间来核算的。可以在"长期借款"科目项下设置"本金"与"利息"明细科目核算,也可以使用"应付利息"科目来进行核算。

(1) 企业借入各种长期借款时。

借:银行存款
　　贷:长期借款——本金

(2) 计提长期借款利息时。

借:在建工程(用于工程建设需要资本化部分)
　　财务费用(非用于工程建设需要费用化部分)
　　贷:长期借款——利息(或:应付利息——长期借款利息)

(3) 归还长期借款本息时。

借:长期借款——本金
　　长期借款——利息(或:应付利息——长期借款利息)
　　贷:银行存款

任务解答

根据上述所掌握的知识,对任务设置分析处理如下。

【任务设置-1】属于短期借款业务,应做如下处理。

1月1日借入款项时:

借：银行存款 1 000 000
　　贷：短期借款 1 000 000
1月末计提当月利息时：每月应计提的利息额为 1 000 000×6%÷12＝5 000（元）
借：财务费用——利息支出 5 000
　　贷：应付利息 5 000
2月末计提利息的处理相同。
3月末支付本季度利息时：
借；应付利息 10 000
　　财务费用——利息支出 5 000
　　贷：银行存款 15 000
第二、三季度利息的处理同上。
10月1日偿还借款本金时：
借：短期借款 1 000 000
　　贷：银行存款 1 000 000

【任务设置-2】属于长期借款业务，应做如下处理。
2015年1月1日借入资金时：
借：银行存款 20 000 000
　　贷：长期借款 20 000 000
2015年12月31日计算"资本化"利息＝10 000 000×8%＝800 000（元）
2015年12月31日计算"费用化"利息＝10 000 000×8%＝800 000（元）
借：在建工程——利息支出 800 000
　　财务费用——利息支出 800 000
　　贷：应付利息 1 600 000
偿还借款利息：
借：应付利息 1 600 000
　　贷：银行存款 1 600 000
2016年3月31日厂房完工交付使用，因此2016年1月1日—3月31日：
用于工程建设"资本化"利息＝11 000 000×8%÷12×3＝220 000（元）
非用于工程建设"费用化"利息＝9 000 000×8%÷12×3＝180 000（元）
借：在建工程——利息支出 220 000
　　财务费用——利息支出 180 000
　　贷：应付利息 400 000
2016年4月计提利息＝20 000 000×8%÷12＝133 333（元）
借：财务费用——利息支出 133 333
　　贷：应付利息 133 333
以后按月计提利息的会计分录与2016年4月相同，偿还借款利息的会计分录同上。
到期还本：
借：长期借款 20 000 000
　　贷：银行存款 20 000 000

技能训练

【技能训练-1】 中天公司建造厂房,2015年6月5日从吉林工商银行建设支行取得长期借款10 000 000元,借款期限3年,年利率6%,每年计息一次,到期一次还本付息。款项取得后支付工程款8 000 000元,该厂房于2016年6月14日完工并交付使用。根据以上业务资料做出取得借款、支付工程款、各年计息、工程完工交付使用及到期还本付息的会计处理。

【技能训练-2】 中鼎医药有限公司因生产经营临时需要,于2016年3月1日从建设银行取得借款200 000元,期限2个月,年利率4.8%,借款利息于到期时连同本金一起归还,根据以上业务资料做取得借款、到期归还本息的会计处理。

项目七

收入、费用、利润的核算

学习总目标
(1) 了解总账会计岗位的工作任务与内容。
(2) 掌握收入的确认原则,了解收入的分类与核算方法。
(3) 掌握现金折扣、商业折扣、销售折让的核算方法。
(4) 掌握费用的特点、分类与核算方法。
(5) 掌握所得税费用的概念、计算及核算方法。
(6) 掌握利润、利润分配的核算方法。

任务 7-1　总账会计岗位

目标定位

（1）了解企业设置总账会计的目的。
（2）了解企业总账会计的工作内容。

任务设置

【任务设置-1】思考一下，企业总账会计负责哪些主要工作？

基本技能

企业在财务核算与管理过程中，对收入、费用、利润的最终核算是由总账会计来完成的，同时总账会计还负责包括资产负债表、利润表、现金流量表在内的财务报告的编制工作。当然企业可以根据业务量设立"费用会计"岗位，具体核算有关"费用"项目。

总账会计的主要工作就是审核、汇总、结转及编报工作。主要工作内容包括：

（1）通过对各种业务的原始凭证、记账凭证、科目汇总表、各种结转凭据的日常审核，保证业务核算的正确性、准确性；

（2）月中、月末对各种账目、凭证、实物等方面工作进行审核及监督检查工作，确保账账、账实、账证相符；

（3）按照企业制定的各项管理标准、定额、实际成本进行包括税金、折旧、摊销、盘亏盘盈等业务在内的核算、计提、处理等业务；

（4）对企业一定时期内形成的各项收入、成本、费用进行核算与结转工作；

（5）登记总账，并根据审核无误的总账、明细账等财务资料编制资产负债表、利润表以及现金流量表，总括地反映企业的经营成果；

（6）定期按照企业管理要求，编制各种内部分析报表，并对重要事项进行财务分析，形成分析报告提交；

（7）负责监督、整理期末财务会计资料、经济资料，并确保完整、齐全、归档管理；

（8）其他业务工作。

任务 7-2　收入的核算

目标定位

（1）理解收入的概念、特点和确认条件。
（2）掌握主营业务收入的核算。

(3) 掌握其他业务收入的核算。

任务设置

【任务设置-1】中天公司于2016年5月15日销售一批应缴纳消费税的商品,增值税专用发票注明的售价200 000元,增值税34 000元,款项尚未收到,其成本为160 000元,假定消费税税率5%,中天公司应如何进行账务处理?

【任务设置-2】中天公司6月1日向中鼎公司销售一批商品,增值税专用发票注明的售价50 000元,增值税8 500元。公司为了及早收回货款,在合同中规定的现金折扣条件为:2/10、1/20、n/30。假定6月10日收到中鼎公司货款,账务处理应如何进行?(计算现金折扣时不考虑增值税)

【任务设置-3】2016年5月18日,中天公司向甲公司销售商品,售价200 000元,增值税34 000元,由于是批量销售给予买方10%的商业折扣,价税款尚未收到。中天公司应如何进行账务处理?

【任务设置-4】中天公司2016年6月05日销售一批商品,增值税专用发票上注明售价30 000元,增值税5 100元,并已确认收入。货到后买方发现商品质量不符合要求,要求在价格上给予10%的折让,中天公司同意并办妥了相关手续,中天公司应如何进行账务处理?

【任务设置-5】中天公司2016年6月20日销售A商品,增值税专用发票上注明售价350 000元,增值税59 500元,该批商品成本是182 000元,A商品已于06月20日发出,并已确认销售收入。2016年6月25日该商品质量出现严重问题,购货方将该批商品全部退回给中天公司,中天公司同意退货并支付了退货款,并按规定向购货方开具了增值税专用发票(红字),中天公司应如何进行账务处理?

基本技能

为完成上述任务,需理解收入的概念、特征,掌握收入的确认条件,掌握主营业务收入和其他业务收入的核算。

一、收入的概念、特点、分类

1. 收入的概念

收入是企业在日常活动中形成的,会导致所有者权益增加,与所有者投入资本无关的经济利益的总流入。

2. 收入的特点

(1) 收入是从企业的日常活动中产生的,而不是从偶发的交易或事项中产生。
(2) 收入可能表现为资产的增加,也可能表现为负债的减少,或者二者兼而有之。
(3) 收入会导致所有者权益增加。
(4) 收入只包括本企业经济利益的总流入,不包括为第三方或客户代收的款项。

3. 收入的分类

按收入的性质不同,分为销售商品收入、提供劳务收入、让渡资产使用权收入等。

(1) 销售商品收入是企业通过销售商品实现的收入,这里所说的商品既包括自产商品、外购商品，也包括已购入不需用的原材料等。

（2）提供劳务收入是企业通过对外提供劳务而实现的收入，如对外提供修理、修配、咨询、代理、培训、中介等所获得的收入。

（3）让渡资产使用权收入是企业对外让渡资产使用权而取得的收入，如金融企业对外贷款所取得的利息收入、对外转让无形资产的使用权的使用费收入等。

二、收入的确认与计量

销售商品收入同时满足下列条件时，才能予以确认收入的实现。

（1）企业已将商品所有权上的主要风险和报酬转移给购货方。

其中，与商品所有权有关的风险是指商品可能发生的减值或毁损等形成的损失，与商品所有权有关的报酬是指商品价值增值或通过使用商品等形成的经济利益，这是确认商品收入实现的重要条件。

判断企业是否已将商品所有权上的主要风险和报酬转移给购货方，应当关注交易的实质而不是形式，同时考虑所有权凭证的转移或实物的交付进行判断。通常情况下，转移商品所有权凭证并交付实物后，商品所有权上的主要风险和报酬随之转移。

（2）企业既没有保留通常与商品所有权相联系的继续管理权，也没有对售出的商品实施有效控制。

企业将商品所有权上的主要风险和报酬转移给购买方后，如仍然保留通常与商品所有权相联系的继续管理权，或仍然对售出的商品实施控制，说明此项交易没有完成，则此项销售不能成立，不应确认相应的销售收入。

（3）与商品销售业务相关的经济利益很可能流入企业。

这种情况主要是指销售商品价款收回的可能性超过50%时，便可认定与商品销售业务相关的经济利益很可能流入企业。当然在分析时应当结合以前和买方交往的直接经验、政府的有关政策、其他方面取得的信息等因素进行综合。

（4）商品销售收入的金额能够可靠地计量。

通常情况下，由于销售商品时数量和价格已经确定，因此销售收入的金额也就能够计量。但由于销售过程中一些不确定因素的影响，也可能导致销售价格发生变动，在新的商品销售价格未确定前不应确认商品销售收入。

（5）与销售商品相关的已发生或将发生的成本能够可靠地计量。

通常情况下，销售商品相关的成本能够合理地计量。但是如果销售商品的成本项目存在外购情况的，就有可能出现不能合理预计的现象，这时候企业不应确认收入，已收到的价款应确认为负债。

销货企业应当按照从购货方已收或应收的合同或协议价款确定商品销售收入的金额，已收或应收的合同或协议价款有失公允的除外。

三、收入的核算

为了正确反映每一会计期间取得的收入，企业应按收入确认原则，在收入确认后，及时将发生的收入金额登记入账。应进行如下账户设置：

设置"主营业务收入"账户,核算企业在销售商品、提供劳务等日常活动中所产生的收入;

主营业务收入(损益类)

销售折让或退回时冲减的收入及期末转入"本年利润"数	企业实现的收入
结转后无余额	

设置"主营业务成本"账户,核算企业在销售商品、提供劳务等日常活动中所发生的实际成本;

主营业务成本(损益类)

本期结转的销售商品、提供劳务的实际成本	期末转入"本年利润"数及销售退回而冲减的主营业务成本
结转后无余额	

设置"营业税金及附加"账户,核算企业日常主要经营活动应负担的税金及附加,包括营业税、消费税、城市维护建设税、教育费附加等。

营业税金及附加(损益类)

企业按规定计算的应交税金及附加	期末转入"本年利润"数
结转后无余额	

(1)一般销售商品业务的处理。

①企业确认本期实现的商品销售收入时,应按实际收到或应收的价款:
借:银行存款(应收账款、应收票据)
　　贷:主营业务收入
　　　　应交税费——应交增值税(销项税额)

②企业按照规定计算出日常销售业务应负担的税金及附加时:
借:营业税金及附加
　　贷:应交税费——应交消费税
　　　　　　　　——城市维护建设税等

③月末,企业应根据本月销售的各种商品的实际成本,计算应结转的主营业务成本:
借:主营业务成本
　　贷:库存商品

(2) 附有现金折扣、商业折扣的商品销售业务的处理。

①现金折扣，是债权人为了鼓励债务人在规定的期限内付款而向债务人提供的债务扣除。销售商品涉及现金折扣的，应当按照扣除折扣前的金额来确认销售商品收入金额，即总价法，现金折扣在实际发生时计入当期损益，作为理财费用。

借：银行存款
　　财务费用
　贷：应收账款

②商业折扣，是企业为了促进商品销售而在商品标价上给予的价格扣除。销售商品涉及商业折扣的，应当按照扣除商业折扣后的金额来确认销售商品收入金额。

借：应收账款（银行存款）
　贷：主营业务收入
　　　应交税费——应交增值税（销项税额）

(3) 销售折让的会计处理。

销售折让是指所售商品由于品种质量等不符合客户要求，而客户仍可继续使用的情况下企业给予客户价格上的减让。

销售折让如发生在确认收入之前，则应在确认销售收入时直接按扣除销售折让后的金额确定；已确认收入的售出商品发生销售折让，应在发生时冲减当期销售商品收入，同时还应冲减已确认的增值税的销项税额。

发生销售折让时：

借：主营业务收入
　　应交税费——应交增值税（销项税额）
　贷：银行存款（应收账款）

(4) 销售退回的账务处理。

销售退回是指企业售出的商品由于质量、品种不符合要求等原因而发生的退货。对于销售退回，企业应分别根据不同情况进行会计处理。

①未确认收入的售出商品发生销售退回。

企业应按已记入"发出商品"科目的商品成本金额，借记"库存商品"科目，贷记"发出商品"科目。

借：库存商品
　贷：发出商品

②已确认收入的售出商品发生退回。

企业应在发生时冲减当期的销售商品收入，同时冲减当期销售商品成本。如该项销售退回已发生现金折扣的，应同时调整相关财务费用的金额；如该项销售退回允许扣减增值税额的，应同时调整"应交税费——应交增值税（销项税额）"科目的相应金额。

企业收到退回产品时：

借：主营业务收入
　　应交税费——应交增值税（销项税额）

贷：银行存款（应收账款）
同时冲减销售成本：
借：库存商品
　　贷：主营业务成本

(5) 其他业务收入的处理。

　　企业在日常活动中还可能发生对外销售不需用的原材料、随同商品对外销售单独计价的包装物、出租无形资产、出租包装物等业务，取得的收入应作为其他业务收入，结转的相关成本作为其他业务成本处理。

　　设置"其他业务收入"科目核算企业除主营业务活动以外的其他经营活动实现的收入。

其他业务收入（损益类）

期末转入"本年利润"数	企业实现的各项其他业务收入
结转后无余额	

　　设置"其他业务成本"科目核算企业除主营业务活动以外的其他经营活动所产生的成本。

其他业务成本（损益类）

企业结转或发生的其他业务成本	期末转入"本年利润"数
结转后无余额	

具体核算方法如下：
①出售不需用材料：
取得收入：
借：银行存款
　　贷：其他业务收入
　　　　应交税费——应交增值税（销项税额）
结转已售材料成本：
借：其他业务成本
　　贷：原材料
②出租包装物：
收到租金：
借：银行存款
　　贷：其他业务收入
　　　　应交税费——应交增值税（销项税额）

每月摊销成本：

借：其他业务成本
　　贷：周转材料——包装物（包装物摊销）

任务解答

根据上述所掌握的知识，对任务设置分析处理如下。

【任务设置-1】 属于一般销售商品业务的核算，应做如下业务处理。

销售商品时：

借：应收账款　　　　　　　　　　　　　　　　　　　　234 000
　　贷：主营业务收入　　　　　　　　　　　　　　　　　　200 000
　　　　应交税费——应交增值税（销项税额）　　　　　　　34 000

借：营业税金及附加　　　　　　　　　　　　　　　　　　10 000
　　贷：应交税费——应交消费税　　　　　　　　　　　　　10 000

月末结转成本时：

借：主营业务成本　　　　　　　　　　　　　　　　　　　160 000
　　贷：库存商品　　　　　　　　　　　　　　　　　　　　160 000

【任务设置-2】 属于附有现金折扣销售业务的核算，应做如下业务处理。

6月1日销售商品时：

借：应收账款——黄河公司　　　　　　　　　　　　　　　58 500
　　贷：主营业务收入　　　　　　　　　　　　　　　　　　50 000
　　　　应交税费——应交增值税（销项税额）　　　　　　　8 500

6月10日收到黄河公司货款时，按照优惠条件黄河公司应该有2%的优惠：

借：银行存款　　　　　　　　　　　　　　　　　　　　　57 500
　　财务费用——理财费用支出　　　　　　　　　　　　　　1 000
　　贷：应收账款——黄河公司　　　　　　　　　　　　　　58 500

【任务设置-3】 属于附有商业折扣销售业务的核算，应做如下业务处理。

销售商品时：

借：应收账款——甲公司　　　　　　　　　　　　　　　　210 600
　　贷：主营业务收入　　　　　　　　　　　　　　　　　　1 800 000
　　　　应交税费——应交增值税（销项税额）　　　　　　　30 600

收到这批货款时：

借：银行存款　　　　　　　　　　　　　　　　　　　　　210 600
　　贷：应收账款　　　　　　　　　　　　　　　　　　　　210 600

【任务设置-4】 属于销售折让业务的核算，应做如下处理。

确认收入时：

借：应收账款　　　　　　　　　　　　　　　　　　　　　35 100
　　贷：主营业务收入　　　　　　　　　　　　　　　　　　30 000

                应交税费——应交增值税（销项税额）　　　　　　　　　　　5 100
销售折让时：
借：主营业务收入　　　　　　　　　　　　　　　　　　　　　3 000
    应交税费——应交增值税（销项税额）　　　　　　　　　　　　510
  贷：应收账款　　　　　　　　　　　　　　　　　　　　　　　3 510

【任务设置-5】属于销货退回业务的核算，应做如下处理。
销售实现时：
借：应收账款　　　　　　　　　　　　　　　　　　　　　　409 500
  贷：主营业务收入　　　　　　　　　　　　　　　　　　　350 000
      应交税费——应交增值税（销项税额）　　　　　　　　　59 500
借：主营业务成本　　　　　　　　　　　　　　　　　　　　182 000
  贷：库存商品　　　　　　　　　　　　　　　　　　　　　182 000
收到货款时：
借：银行存款　　　　　　　　　　　　　　　　　　　　　　409 500
  贷：应收账款　　　　　　　　　　　　　　　　　　　　　409 500
销售退回时：
借：主营业务收入　　　　　　　　　　　　　　　　　　　　350 000
    应交税费——应交增值税（销项税额）　　　　　　　　　　59 500
  贷：银行存款　　　　　　　　　　　　　　　　　　　　　409 500
借：库存商品　　　　　　　　　　　　　　　　　　　　　　182 000
  贷：主营业务成本　　　　　　　　　　　　　　　　　　　182 000

【任务设置-6】属于其他业务收入的核算，应做如下处理。
每月确认收入时：
借：银行存款　　　　　　　　　　　　　　　　　　　　　　　5 000
  贷：其他业务收入　　　　　　　　　　　　　　　　　　　　5 000
每月摊销无形资产时：
借：其他业务成本　　　　　　　　　　　　　　　　　　　　　3 000
  贷：累计摊销　　　　　　　　　　　　　　　　　　　　　　3 000
每月计算应交营业税时：
借：营业税金及附加　　　　　　　　　　　　　　　　　　　　　250
  贷：应交税费——应交营业税　　　　　　　　　　　　　　　　250

技能训练

【技能训练-1】中天纺织厂向天津棉纺织股份有限公司销售棉布。

增值税专用发票

No.01606014

开票日期：2016年06月14日

购货单位	名称：天津棉纺织股份有限公司 纳税人识别号：10114587932011 地址、电话：天津市沿河大街109号 开户行及账号：6101145879-32 工行朝阳支行				密码区	40<+6+14//295/81-283/*<81*+0736025/>06059>907<813266*26<6+61->+3<1>*-<9+5/6>1 3/>>29	
货物及应税劳务名称	规格型号	单位	数量	单价	金额	税率	税额
棉布		米	1 000	50.00	50 000.00	17%	8 500.00
合计					50 000.00		8 500.00
价税合计（大写）	伍万捌仟伍佰元整				（小写）¥：58 500.00		
销货单位	名称：吉林中天纺织厂 纳税人识别号：220104641245610 地址、电话：建设街290号 开户行及账号：工行建设支行6222024561-01				备注		

收款人：×××　　复核：×××　　开票人：×××　　销货单位（盖章）：

商业承兑汇票

出票日期　贰零壹陆年零陆月拾肆日　　汇票号码：01309

付款人	全称	天津棉纺织股份有限公司	收款人	全称	吉林中天纺织厂									
	账号	6101145879-32		账号	6222024561-01									
	开户银行	工行朝阳支行		开户银行	工行建设支行									
出票金额	人民币（大写）：伍万伍仟壹佰元整				亿	千	百	十	万	千	百	十	元	角	分
								¥	5	5	1	0	0	0	0
汇票到期日（大写）	贰零壹陆年拾贰月拾叁日		付款人开户行	行号										
				地址	天津市沿河大街109号									
交易合同号码	013091													
承兑人签章			备注：											

【技能训练-2】 中天纺织厂以托收承付结算方式向天津棉纺织股份有限公司销售产品。

增值税专用发票

No.01606025

开票日期：2016年06月25日

购货单位	名　　称：天津棉纺织股份有限公司 纳税人识别号：10114587932011 地址、电话：天津市沿河大街109号 开户行及账号：6101145879-32工行朝阳支行	密码区	40<+6+14//295/81-283/*<81*+0736025/>0605 9>907<813266*26<6+61-+3<1>*-<9+5/6>1>3/ >>29

货物及应税劳务名称	规格型号	单位	数量	单价	金　额	税率	税额
细绒布		米	2 000	30.00	60 000.00	17%	10 200.00
合　　计					60 000.00		10 200.00

价税合计（大写）	柒万零贰佰元整	（小写）¥：70 200.00

销货单位	名　　称：吉林中天纺织厂 纳税人识别号：220104641245610 地址、电话：建设街290号 开户行及账号：工行建设支行6222024561-01	备注	（吉林中天纺织厂 发票专用章）

收款人：××× 　　复核：××× 　　开票人：××× 　　销货单位（盖章）：

托收凭证（受理回单）

委托日期 2016 年 06 月 25 日

业务类型	委托收款(□邮、□电) 　托收承付(□邮划、□电划)													
付款人	全　称	天津棉纺织股份有限公司	收款人	全　称	吉林中天纺织厂									
	账　号	6101145879-32		账　号	6222024561-01									
	地　址	天津市沿河大街109号	开户行	工行朝阳支行	地　址	长春市建设街	开户行	工行建设支行						
金额	人民币 (大写)	柒万零贰佰元整				千	百	十	万	千	百	十	元	角	分
					¥			7	0	2	0	0	0	0

款项内容	货款	托收凭据名称	增值税专用发票	附寄单证张数	1张

商品发运情况	货已经发出，经查验已验收	合同名称号码	

备注：			
复核　　记账		收款人开户银行签章 2016年06月25日	

【技能训练-3】 中天纺织厂向吉林色织布厂销售多余棉纱。

吉林省增值税专用发票

No.01606028

开票日期：2016年06月30日

购货单位	名　　称：吉林色织布厂 纳税人识别号：220106196608131938 地址、电话：长春市安达街56号 开户行及账号：工行安达支行622024578-59	密码区	40<+6+14//295/81-283/*<81*+0736025/>0605 9>907<813266*26<6+61->+3<1>*-<9+5/6>1>3/ >>29

货物及应税劳务名称	规格型号	单位	数量	单价	金　额	税率	税额
棉纱		千克	2 000	50.00	100 000.00	17%	17 000.00
合　　　计					100 000.00		17 000.00

价税合计（大写）	壹拾壹万柒仟元整	￥117 000.00

销货单位	名　　称：吉林中天纺织厂 纳税人识别号：220104641245610 地址、电话：建设街290号 开户行及账号：工行建设支行6222024561-01	备注	（吉林中天纺织厂 发票专用章）

收款人：×××　　复核：×××　　开票人：×××　　销货单位（盖章）：

中国工商银行进账单（收账通知）　0160602号

2016年06月30日

付款人	全　称	吉林色织布厂	收款人	全　称	吉林中天纺织厂
	账　号	622024578-59		账　号	6222024561-01
	开户银行	工行安达街支行		开户银行	工行建设支行

人民币（大写）	壹拾壹万柒仟元整	千百十万千百十元角分 ￥1 1 7 0 0 0 0 0

票据种类	
票据张数	1

单位主管　会计　复核　记账

收款人开户行盖章

【技能训练-4】 吉林中天纺织厂2016年6月5日销售细绒布20 000米，开具增值税专用发票，收到天津棉纺织有限公司的商业承兑汇票，该公司在确认收入时同时结转产品销售成本，要求根据原始凭证编制相应的记账凭证。

出 库 单

领料部门：销售部门　　　　2016年06月05日　　　　No.0160605

物品名称	单位	应发数量	实发数量	单位成本	金额	备注
细绒布	米	20 000	20 000	20.00	400 000.00	
合计（大写）肆拾万元整					￥400 000.00	

会计：×××　　　　保管：×××　　　　销售员：×××

吉林省增值税统一专用发票　　No.0160605

开票时间：2016年06月05日

购货单位	名　　称：天津棉纺织股份有限公司		密码区	40<+6+14//295/81-283/*<81*+0736025/>0605 9>907<813266*26<6+61->+3<1>*-<9+5/6>1>3/ >>29		
	纳税人识别号：10114587932011					
	地址、电话：天津市沿河大街109号					
	开户行及账号：6101145879-32工行朝阳支行					
货物及应税劳务名称	规格型号	单位	数量	单价	金　额	税率	税额
细绒布		米	20 000	30.00	600 000.00	17%	102 000.00
合　　计					600 000.00		102 000.00
价税合计（大写）　柒拾万零贰仟元整					（小写）￥702 000.00		
销货单位	名　　称：吉林中天纺织厂		备注			
	纳税人识别号：220104641245610					
	地址、电话：建设街290号					
	开户行及账号：工行建设支行6222024561-01					

收款人：　　　　复核：　　　　开票人：　　　　销货单位（盖章）：

商业承兑汇票

贰零壹陆年零陆月零伍日　　汇票号码 10160105

付款人	全　称	天津棉纺织股份有限公司	收款人	全　称	吉林中天纺织厂
	账　号	6101145879-32		账　号	6222024561-01
	开户银行	工行朝阳支行		开户银行	工行建设支行

出票金额	人民币：柒拾万贰仟元整	亿 千 百 十 万 千 百 十 元 角 分 ¥ 7 0 2 0 0 0 0 0

| 汇票到期日（大写） | 贰零壹陆年拾贰月肆日 | 付款人开户行 | 行号 | |
| | | | 地址 | 天津市沿河大街109号 |

交易合同号码	00130166		
本汇票已经本单位承兑，到期无条件支付票款。		备注：	
	承兑人人签章 2016年06月05日		

此联持票人开户行随托收凭证寄付款人开户行作为借方凭证附件

【**技能训练-5**】中天公司2016年5月销售一批商品给乙公司，开出的增值税专用发票注明售价100 000元，增值税17 000元，货到后乙公司发现商品质量不符合合同要求，要求在价格上给予5%的折让。中天公司同意并办妥了相关手续，假定此前中天公司已确认该批商品的销售收入，销售款项尚未收到，中天公司应如何进行账务处理？

【**技能训练-6**】中天公司2016年8月份销售甲产品500件，单价是100元，单位销售成本是70元，增值税率是17%，因商品质量出现严重问题于当年9月份全部退回，货款已退，与退回商品相关的增值税已取得有关凭证，请做出中天公司相应的账务处理。

任务7-3　费用的核算

▎目标定位

（1）理解费用的概念、特点和分类。
（2）掌握费用的核算。

▎任务设置

【**任务设置-1**】中天公司2016年6月5日以银行存款支付广告费8 000元，根据以上业务资料编制相应的记账凭证。

【任务设置-2】中天公司2016年6月份发生如下经济业务：6月6日以银行存款支付业务招待费7 000元，计提管理部门使用的固定资产折旧8 000元，分配管理部门人员工资10 000元，根据业务资料编制相应的记账凭证。

【任务设置-3】中天公司2016年7月份发生如下经济业务：7月21日接工商银行通知，已划拨本月银行借款利息9 500元，存款利息收入4 000元已入账，根据业务资料编制相应的记账凭证。

基本技能

为完成上述任务，需要了解费用的概念、特点和分类，掌握各种费用的核算方法。

一、费用的概念

费用是指企业在日常活动中发生的，会导致所有者权益减少，与向所有者分配利润无关的经济利益的总流出。

二、费用的特点

（1）费用是企业日常活动中发生的经济利益的总流出。

只有企业日常活动中发生的利益的流出才能确认为费用，企业在非日常活动中发生的损失不确认为费用。例如，企业对外的捐赠支出、延期纳税而支付的滞纳金，都不属于企业的费用，只能作为企业的损失确认，计入营业外支出。

（2）费用会导致企业的所有者权益减少。

费用可能表现为资产的减少，例如减少银行存款、存货等，这种减少一般是企业资产的耗费；也可能表现为负债的增加，如增加应付职工薪酬、应交税费等，根据"收入－费用＝利润"这一等式，其利润相应减少了，所以企业的费用最终会减少企业的所有者权益。

（3）费用与向所有者分配利润无关。

企业向所有者分配利润或股利属于企业实现利润的去向，不构成企业的费用。

三、费用的分类

为正确计算产品成本和期间费用，需要按一定标准对企业发生的费用进行分类。目前，常用的有按费用的经济内容、费用的经济用途及费用与产品产量的关系3种分类标准。

1. 费用按经济内容分类

费用按经济内容分类指明了企业发生的是什么费用，具体表现为企业的费用要素。工业企业的费用可分为以下9个费用要素。

（1）外购材料，是工业企业为从事生产经营而耗用的一切从外部购进的原料及主要材料、辅助材料、半成品、包装物、低值易耗品、修理用备件等。

（2）外购燃料，是工业企业为从事生产经营而耗用的一切从外部购进的各种燃料，如焦炭、汽油、石油、液化气等。

（3）外购动力，是工业企业为从事生产经营而耗用的一切从外部购进的各种动力，如电力、蒸汽等。

（4）工资，是工业企业全体职工的工资。

（5）计提的职工福利费，是工业企业按照职工工资的一定比例提取的职工福利费。

（6）折旧费，是工业企业按照规定的折旧方法计算的固定资产折旧。

（7）利息支出，是工业企业因向金融机构存贷款而发生的利息收入与利息支出的差额。

（8）税金，是工业企业从事生产经营管理活动而计入经营管理费用中的各种税金，如房产税、车船使用税、印花税等。

（9）其他支出，是工业企业在生产经营过程中发生的、不包括在以上 8 种费用要素中的费用，如水电费、邮电费、差旅费、报刊费、租赁费、外部加工费、招待等等。

2. 费用按经济用途分类

费用按经济用途分类，表明费用在生产经营过程中是干什么用的，其首先应分为计入产品成本的生产费用和不计入产品成本的期间费用。

（1）计入产品成本的生产费用。

①直接材料，指直接用于产品生产且构成产品实体的原料及主要材料、外购半成品、包装物，直接用于产品生产的燃料和动力以及有助于产品形成的辅助材料等。

②直接人工，指直接参加产品生产的生产工人工资及提取的职工福利费。

③制造费用，指间接用于产品生产而发生的各项费用，主要为基本生产车间或分厂范围内发生的生产费用。

（2）不计入产品成本的期间费用。

①管理费用，指企业行政管理部门为组织和管理生产经营活动而发生的费用，包括行政管理部门管理人员的工资及福利费、办公费、差旅费、折旧费、水电费、修理费、低值易耗品摊销、无形资产摊销、坏账损失、业务招待费、劳动保险费及税金等。

②销售费用，指企业在销售产品或提供劳务过程中发生的各项费用，包括广告费、运输费、装卸费、展览费以及专设销售机构的经费等。

③财务费用，指企业为筹集生产经营资金而发生的各项费用，包括银行借款利息支出、汇兑损益以及金融机构手续费、担保费等。

3. 费用按与产品产量的关系分类

（1）变动费用，指费用总额随产品产量变化而变动的费用，如构成产品实体的原材料费用、与产量有关的燃料动力费用以及生产工人的计件工资等。

（2）固定费用，指在一定的产量范围内，费用总额不随产品产量的变化而变动的费用，如管理人员的工资、直线法下的固定资产折旧、长期借款的利息支出等。

四、费用的核算

（1）销售费用的核算。

为了核算企业在销售商品过程中发生的各项费用，企业应设置"销售费用"账户。

销售费用（成本费用类）

企业在商品销售过程中发生的与销售业务有关的费用	期末转入"本年利润"数
结转后无余额	

借：销售费用
　　贷：银行存款
　　　　应付职工薪酬
　　　　累计折旧等

（2）管理费用的核算。

为核算企业为组织和管理生产经营所发生的各项管理费用，企业应设置"管理费用"账户。

管理费用（成本费用类）

企业发生的各项与企业管理有关的费用	期末转入"本年利润"数
结转后无余额	

借：管理费用
　　贷：银行存款
　　　　应付职工薪酬
　　　　累计折旧等

（3）财务费用的核算。

为核算企业生产经营过程中所发生的各项财务费用，企业应设置"财务费用"账户。

财务费用（成本费用类）

企业发生的各项与筹融资有关费用支出	期末转入"本年利润"数 登记应冲减财务费用的利息收入、汇兑损益等
结转后无余额	

借：财务费用
　　贷：银行存款

※注：由于"管理费用""销售费用""财务费用"三大期间费用为了核算明细项目，一般采用"多栏式明细账"，多栏式明细账簿中没有设置"贷方"发生明细栏，因此，所有记入三大期间费用科目"贷方发生额"的金额，在登记明细账目时候，应用"红字"在费用发生栏中登记，以示冲减之用。

任务解答

根据上述所掌握的知识，对任务设置分析处理如下。

【任务设置-1】属于销售费用核算业务，应做如下处理（见记字第【60035】号记账凭证）。

借：销售费用　　　　　　　　　　　　　　　　　　　　　　　8 000
　　贷：银行存款　　　　　　　　　　　　　　　　　　　　　　　8 000

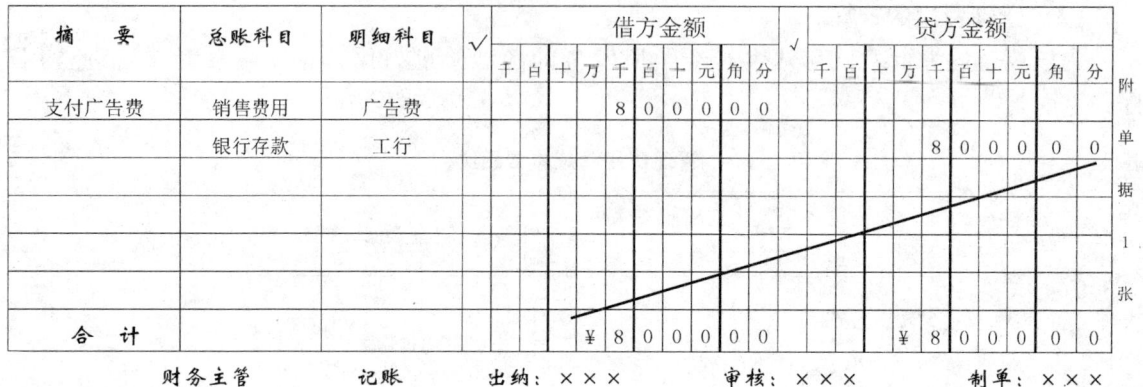

记 账 凭 证

2016 年 06 月 05 日　　　　　（记）字第 60035 号

摘　要	总账科目	明细科目	√	借方金额 千百十万千百十元角分	√	贷方金额 千百十万千百十元角分
支付广告费	销售费用	广告费		8 0 0 0 0 0		
	银行存款	工行				8 0 0 0 0 0
合　计				¥ 8 0 0 0 0 0		¥ 8 0 0 0 0 0

财务主管　　　　记账　　　出纳：×××　　　审核：×××　　　制单：×××

附单据 1 张

【任务设置-2】属于管理费用的核算业务，应做如下处理（见记字第【60040】号记账凭证）。

借：管理费用——业务招待费　　　　　　　　　　　　　　7 000
　　　　　　——折旧费　　　　　　　　　　　　　　　　　8 000
　　　　　　——工资　　　　　　　　　　　　　　　　　　10 000
　　贷：银行存款　　　　　　　　　　　　　　　　　　　　7 000
　　　　应付职工薪酬　　　　　　　　　　　　　　　　　　10 000
　　　　累计折旧　　　　　　　　　　　　　　　　　　　　8 000

记 账 凭 证

2016 年 06 月 06 日　　　　　（记）字第 60040 号

摘　要	总账科目	明细科目	√	借方金额 千百十万千百十元角分	√	贷方金额 千百十万千百十元角分
报销招待费	管理费用	业务招待费		7 0 0 0 0 0		
计提折旧费		折旧费		8 0 0 0 0 0		
计提薪酬		工资		1 0 0 0 0 0 0		
	银行存款	工行				7 0 0 0 0 0
	应付职工薪酬	工资				1 0 0 0 0 0 0
	累计折旧					8 0 0 0 0 0
合　计				¥ 2 5 0 0 0 0 0		¥ 2 5 0 0 0 0 0

财务主管　　　　记账　　　出纳：×××　　　审核：×××　　　制单：×××

附单据 4 张

【任务设置-3】属于财务费用的核算业务，应做如下处理（见记字第【070056】号记账凭证）。

支付利息时:
借:财务费用——利息支出 9 500
　　贷:银行存款 9 500
收到利息收入时:
借:银行存款 4 500
　　贷:财务费用——利息收入 4 500

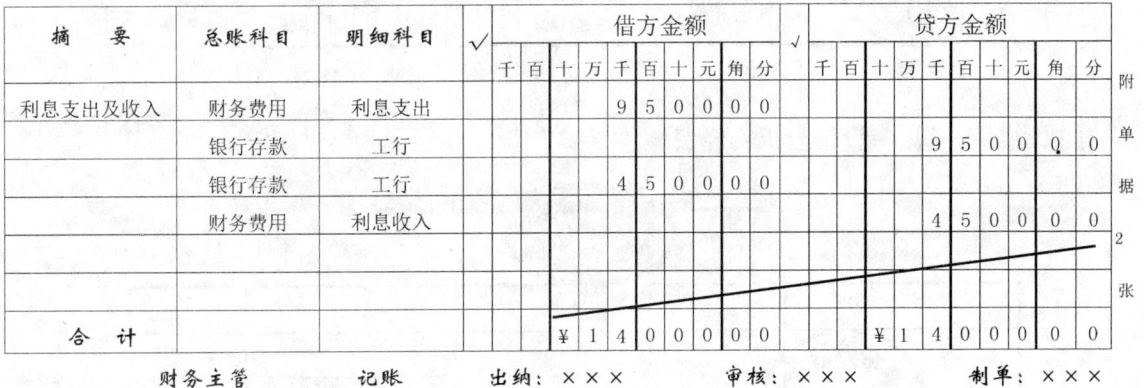

技能训练

【技能训练-1】吉林中天纺织厂支付环保费。

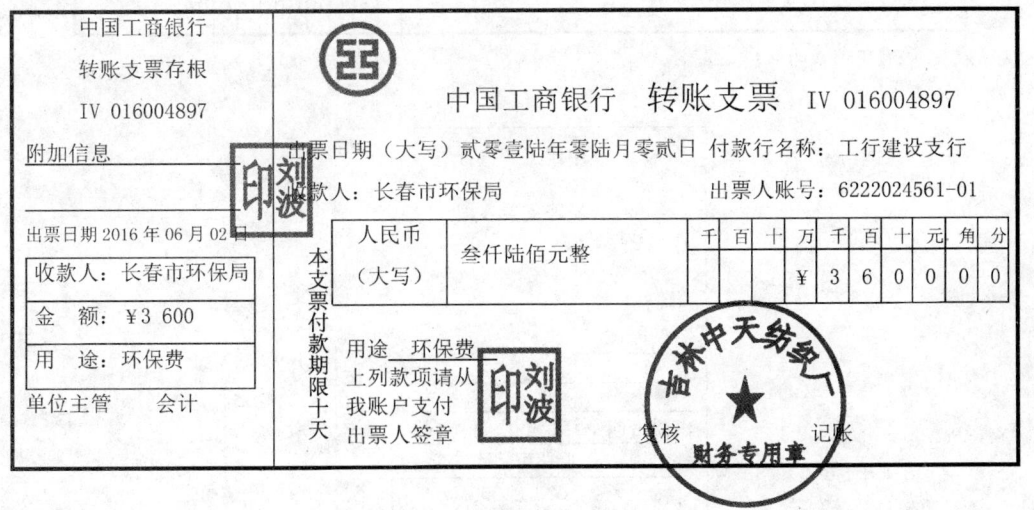

吉林省行政事业性收费专用票据

2016年06月02日 No.0160112

交款单位或个人	吉林中天纺织厂	收费许可证字号	
收费项目名称	收费标准	金额 百十万千百十元角分	备注
水保费		3 6 0 0 0 0	
金 额（大写）：人民币叁仟陆佰元整		¥ 3 6 0 0 0 0	

收费单位　　　　　　　　　　　　收款人（章）×××

【技能训练-2】专设销售机构经费。

吉林省行政事业性收费专用票据

2016年07月05日 No.02160115

交款单位或个人	吉林中天纺织厂	收费许可证字号	
收费项目名称	收费标准	金额 百十万千百十元角分	备注
门市部房屋租金		1 2 0 0 0 0 0	
金 额（大写）：人民币壹万贰仟元整		¥ 1 2 0 0 0 0 0	

收费单位（印章）　　　　　　　　收款人（章）×××

中国工商银行

转账支票存根

IV 016045689

附加信息 _____

出票日期 2016 年 07 月 05 日

收款人：	长春市建设小学
金　额：	¥ 12 000.00
用　途：	支付房屋租金

单位主管：×××　　会计：×××

项目七 收入、费用、利润的核算

【技能训练-3】中天纺织厂支付会计咨询费。

吉林省社会服务业统一发票

客户名称：吉林中天纺织厂　　　　20○○年07月07日　　　　No.2031187

服务项目	单位	数量	单价	金　　　　　额									备注
				百	十	万	千	百	十	元	角	分	
咨询费						1	5	0	0	0	0	0	
合计金额（大写）	人民币壹万伍仟元整			¥		1	5	0	0	0	0	0	

收款单位：　　　　收款：×××　　　　开票：×××

中国工商银行

转账支票存根

IV 016045690

附加信息

出票日期 2016 年 07 月 07 日
收款人：吉林中磊会计师事务所
金　额：¥ 15 000.00
用　途：支付会计咨询费

单位主管：×××　　会计：×××

【技能训练-4】吉林中天纺织厂购买印花税，印花税票已粘贴并注销，相关报销凭证如下。

印花税票报销专用凭证

购买单位：中天纺织厂　　　　2016 年 06 月 20 日

印花税票面值	单位	数量	税　　　　额							备注
			十	万	千	百	十	元	角	
壹角	枚									
贰角	枚									
伍角	枚									
壹元	枚									
贰元	枚	20					4	0	0	
伍元	枚	100				5	0	0	0	
壹拾元	枚	50				5	0	0	0	
伍拾元	枚	10				5	0	0	0	
壹佰元	枚	5				5	0	0	0	
合计人民币（大写）贰仟零肆拾元整			¥			2	0	4	0	0

【技能训练-5】吉林中天纺织厂缴纳城镇土地使用税和车船税，相关凭证、票据已经取得。

应交城镇土地使用税计算表

编制部门：财务部　　　　2016 年 06 月 30 日　　　　　　　单位：元

项目	实际占地面积（平方米）	应税面积（平方米）	土地等级	适用税额	全年应纳税额
土地	90 000	70 000	工业1级	2元/平方米	140 000.00
合计	90 000	70 000	工业1级	2元/平方米	140 000.00

财务主管：×××　　　　会计：×××　　　　核算员：×××

应 交 车 船 税 计 算 表

编制部门：财务部　　　　2016 年 06 月 30 日　　　　　　　单位：元

车船类别	计税标准	数量	单位税额	全年应纳税额
载货汽车	净吨位	50	60.00	3 000.00
小轿车	辆	5	200.00	1 000.00
合计				4 000.00

财务主管：×××　　　　会计：×××　　　　核算员：×××

任务 7-4　利润的核算

目标定位

（1）理解利润的概念、构成。
（2）掌握营业利润、利润总额和净利润的计算。
（3）掌握所得税的有关概念以及所得税的计算与核算。

任务设置

【任务设置-1】中天公司 2015 年度取得主营业务收入 5 000 万元，其他业务收入 1 800 万元，投资净收益 700 万元，营业外收入 250 万元；发生主营业务成本 3 500 万元，其他业务成本 1 400 万元，营业税金及附加 60 万元，销售费用 380 万元，管理费用 340 万元，财务费用 120 万元，资产减值损失 150 万元，公允价值变动净损失 1 000 万元，营业外支出200万元，本年度所得税费用520万元。中天公司应如何计算本年度利润并进行账务处理？

【任务设置-2】中鼎医药公司2015年度实现利润总额300万元，当年因违反税法规定支付罚款和滞纳金7万元，投资收益中有国债利息收入10万元，按税法规定不能在税前列支的向投资者支付的股息9万元，除此之外再无其他纳税调整项目，且假设不存在"递延所得税负债"和"递延所得税资产"。公司1—11月已转应交所得税62万元，实际已预交所得税60万元，所得税税率为25%。中鼎医药公司如何进行年终汇算清缴及账务处理？

【任务设置-3】银龙公司2015年度实现利润总额220万元。当年支付的非广告性赞助支出6万元，超过税法规定标准的业务招待费5万元，投资收益中有国债利息收入3万元。公司递延所得税资产年初数为12万元，年末数为10万元；递延所得税负债年初数为29万元，年末数为37万元。所得税税率为25%，假定该公司年度内未结算、预缴过所得税。如何计算并确定年终所得税费用？如何进行账务处理？

【任务设置-4】宏泰商贸公司2015年实现的净利润500万元，按10%提取法定盈余公积，按8%提取任意盈余公积，把50万元转作资本，决定按全年净利润的30%分配给投资者。上一年度结存的未分配利润100万元。请计算应提取的项目，并进行账务处理？

基本技能

为完成上述任务需要了解利润的概念、构成，掌握营业利润、利润总额、净利润的计算，掌握所得税的有关概念与核算方法。

一、利润的概念及构成

利润是指企业在一定会计期间的经营成果，是企业在一定会计期间内实现的收入减去有关成本、费用后的净额。收入大于相关的成本和费用时，体现为企业获取的利润；收入小于相关的成本和费用时，体现为企业发生的亏损。

企业利润包括营业利润、营业外收支净额等内容，减去所得税费用，即为企业的净利润。计算公式如下：

利润总额＝营业利润＋营业外收入－营业外支出

净利润＝利润总额－所得税费用

营业利润＝主营业务利润＋其他业务利润±公允价值变动损益±投资净收益－资产减值损失－销售费用－管理费用－财务费用

主营业务利润＝主营业务收入－主营业务成本－主营业务税金及附加

其他业务利润＝其他业务收入－其他业务支出

营业利润＝营业收入－营业成本－营业税金及附加±公允价值变动损益±投资净收益－资产减值损失－销售费用－管理费用－财务费用

其中：营业收入＝主营业务收入＋其他业务收入

营业成本＝主营业务成本＋其他业务成本

二、营业外收入与营业外支出

企业在经营活动过程中，还会发生一些与生产经营无关的收入或支出，我们称之为"营业外收入""营业外支出"。

营业外收入：核算企业发生的各项营业外收入，包括违约金、罚款收入、处置非流动资产利得、盘盈利得、捐赠利得。

营业外收入（收入类）	
结转至"本年利润"数	发生的营业外收入或利润
	结转后无余额

营业外支出：核算企业发生的各项营业外支出，包括违约金、罚款支出、处置非流动资产损失、盘亏损失、捐赠支出和非常损失等。

营业外支出（支出类）	
发生的营业外支出或损失	结转至"本年利润"数
结转后无余额	

三、本年利润的核算

企业应设置"本年利润"账户核算企业当期实现的净利润或发生的净亏损，年度终了，将余额转入"利润分配"账户，结转后无余额。

本年利润（所有者权益）	
从各损益类账户转来的成本费用支出及损失	从各损益类账户转来的收入及收益
亏损	利润

具体核算方法如下：
（1）结转各项收入时。
借：主营业务收入
　　其他业务收入
　　投资收益
　　营业外收入
　贷：本年利润

(2) 结转各项费用时。
借：本年利润
　　贷：主营业务成本
　　　　营业税金及附加
　　　　其他业务成本
　　　　销售费用
　　　　管理费用
　　　　财务费用
　　　　营业外支出
(3) 年度终了，应将"本年利润"账户余额转入"利润分配"账户。
若为净利润：
借：本年利润
　　贷：利润分配
若为净亏损：
借：利润分配
　　贷：本年利润

四、所得税费用的核算

（一）所得税的概念

企业所得税是对在我国境内从事生产经营活动和其他经济活动的企业就其生产经营所得和其他所得征收的一种税。它体现了国家与企业之间的分配关系。

经营所得是指企业根据税法规定确认从事生产经营所取得的所得。

其他所得是指企业通过非日常经营活动获得所得，如股利、利息（不含国库券利息）、租金、处置各类资产收益等。

（二）所得税费用的确认和计量

所得税费用是指从企业当期利润总额中扣除的，应当计入当期利润表的所得税费用。它是企业在计算确定当期所得税和递延所得税费用（或收益）的基础上形成的，但不受直接计入所有者权益的交易或事项的所得税影响。

计算公式为

所得税费用（或收益）= 当期所得税 + 递延所得税费用 - 递延所得税收益

1. 当期所得税

当期所得税是指当期应税所得额和适用税率计算确定的当期应缴纳的所得税，也就是应缴纳给税务机关的所得税额。根据我国现行所得税法的规定，企业所得税的基本计算公式为

当期应交所得税 = 当期应纳税所得额 × 适用税率

由于财务会计与税收服务的目的和遵循原则的不同，导致收入、成本费用的计算原则在《会计准则》与《税法》之间形成"差异"，这种差异分为"永久性差异""暂时性差异"两种。因此，按《会计准则》确定的利润总额与税法规定的应纳所得税所得额是不一定相同的。所以，在计算确定当期应纳税所得额时，需要在利润总额（税前会计利润）基础上进行

纳税调整处理，即

当期应纳税所得额＝当期利润总额＋纳税调整增加项目－纳税调整减少项目

（1）纳税调整增加项目主要有：

①超过税法规定标准的业务招待费、广告费、借款利息、业务宣传费支出、捐赠等；

②税法规定不允许税前扣除的项目，如税收滞纳金、罚款、罚金等；

③企业自产产品用于工程建设、非货币性福利的应计税收入；

④固定资产折旧、无形资产摊销等由于会计确认年限短于税法规定年限而形成的差额、赞助支出、未经核定的准备支出等。

（2）纳税调整减少项目主要有：

①取得免税国债利息收益；

②固定资产折旧、无形资产摊销等由于会计确认年限长于税法规定年限而形成的差额等。

2. 递延所得税费用

递延所得税费用是指按照企业会计准则规定应予确认的递延所得税资产和递延所得税负债在期末应有的金额减去相对于原已确认金额的差额，即递延所得税资产和递延所得税负债的当期发生额。

计算公式为

递延所得税费用＝递延所得税负债增加额＋递延所得税资产减少额

＝（期末递延所得税负债－期初递延所得税负债）＋

（期初递延所得税资产－期末递延所得税资产）

递延所得税收益＝递延所得税负债减少额＋递延所得税资产增加额

3. 计税基础

计税基础分为资产的计税基础和负债的计税基础。

（1）资产的计税基础，是指企业收回资产账面价值过程中，计算应纳税所得额时按照税法规定可以从应税经济利益中抵扣的金额，即某一项资产在未来期间计税时按照税法规定可以税前扣除的金额。公式为

资产的计税基础＝未来可税前列支的金额

如果某项资产所产生的未来经济利益无需纳税，则资产的计税基础即为账面价值。

通常情况下，资产在取得时其入账价值与计税基础是相同的，后续计量过程中因企业会计准则与税法规定不同，可能产生资产的账面价值与其计税基础的差异。

（2）负债的计税基础，是指负债的账面价值减去未来期间计算应纳税所得额时按照税法规定可予以抵扣的金额。公式为

负债的计税基础＝负债的账面价值－未来期间按税法规定可予税前扣除的金额

4. 暂时性差异

暂时性差异是指资产、负债的账面价值与其计税基础不同产生的差异。按照暂时性差异对未来期间应税金额的影响，分为应纳税暂时性差异和可抵扣暂时性差异。

（1）应纳税暂时性差异，是指在确定未来收回资产或清偿负债期间的应纳税所得额时，将导致产生的应税金额的暂时性差异。

一般情况是资产的账面价值大于其计税基础和负债的账面价值小于其计税基础时产生的差异。在应纳税暂时性差异产生当期，应确认相关的递延所得税负债。

(2)可抵扣暂时性差异,是指在确定未来收回资产或清偿负债期间的应纳税所得额时,将导致产生可抵扣金额的暂时性差异。

一般情况下是资产的账面价值小于其计税基础和负债的账面价值大于其计税基础时所产生的差异。在可抵扣暂时性差异产生当期,应确认相关的递延所得税资产。

(三)所得税费用核算的账户设置

企业应设置"所得税费用""递延所得税资产""递延所得税负债"等账户进行所得税费用的核算。

1. "所得税费用"账户

该账户核算企业确认的应从当期利润总额中扣除的所得税费用,"所得税费用"账户可按"当期所得税费用"和"递延所得税费用"设置明细账户,进行明细分类核算。

所得税费用(损益类)	
当期应交所得税及发生的递延所得税费用	发生的递延所得税收益及期末转入本年利润账户的所得税费用
期末结转后无余额	

2. "递延所得税资产"账户

该账户核算企业确认的可抵扣暂时性差异产生的递延所得税资产。"递延所得税资产"账户,应按可抵扣暂时性差异等项目设置明细账户,进行明细分类核算。

递延所得税资产(资产类)	
确认及增加的递延所得税资产	确认及减少的递延所得税资产
期末递延所得税资产	

3. "递延所得税负债"账户

该账户核算企业确认的应纳税暂时性差异产生的所得税负债。"递延所得税负债"账户,可按应纳税暂时性差异的项目设置明细账户,进行明细分类核算。

递延所得税负债(负债类)	
确认及减少的所得税负债	确认及增加的递延所得税负债
	期末拥有的递延所得税负债

(四)所得税费用的账务处理

企业按照税法规定计算确定的当期应交所得税。

借:所得税费用——当期所得税费用

贷：应交税费——应交所得税
　（1）确认当期递延所得税资产时，根据递延所得税资产的应有余额大于其账面余额的差额。
　　借：递延所得税资产
　　　贷：所得税费用——递延所得税费用
递延所得税资产应有余额小于其账面余额的差额，做相反的账务处理。
　（2）确认当期递延所得税负债时，根据递延所得税负债的应有余额大于其账面余额的差额。
　　借：所得税费用——递延所得税费用
　　　贷：递延所得税负债
递延所得税负债的应有余额小于其账面余额的差额，做相反的账务处理。
企业发生的所得税费用，应于期末转入本年利润：
　　借：本年利润
　　　贷：所得税费用
企业以银行存款缴纳（或预交）所得税时：
　　借：应交税费——应交所得税
　　　贷：银行存款
根据税法规定，企业所得税实行分月或分季预缴（预缴申报、预缴纳税），按纳税年度进行汇总结算，并进行全年的汇算清缴。

五、利润分配的核算

1. 利润分配的概念

利润分配指企业根据国家有关规定和投资者的决议，对企业净利润所进行的分配。

2. 利润分配的顺序

根据我国有关法规的规定，企业当期实现的净利润加上年初未分配的利润（或减去年初未弥补亏损）和其他转入后的余额为可供分配的利润，可供分配的利润按下列顺序分配：

（1）弥补以前年度亏损，企业发生的亏损，可以用以后年度实现的税前利润进行弥补，但连续弥补期不得超过5年，连续抵补期超过5年的用税后利润弥补；

（2）提取法定盈余公积，是指企业根据有关法律的规定，按照净利润的10%提取的盈余公积，法定盈余公积达到企业注册资本的50%以上时，可以不再提取；

（3）提取任意盈余公积，是指企业按股东大会决议提取的任意盈余公积；

（4）应付股利或利润，是指企业按照利润分配方案分配给股东的现金股利，也包括非股份有限公司分配给投资者的利润；

（5）转作股本的股利，是指企业按照利润分配方案以分派股票股利的形式转作股本的股利。

3. 利润分配的核算

企业设置"利润分配"账户，核算净利润的分配（或亏损的弥补）以及历年结存的未分配利润（或未弥补的亏损）。

项目七 收入、费用、利润的核算

利润分配（所有者权益）	
利润的分配数及年终亏损的转入数	亏损的弥补数及年终利润的转入数
历年累计未弥补的亏损	历年累计未分配的利润

具体核算方法如下：

（1）企业提取盈余公积时。

借：利润分配——提取法定盈余公积
　　　　　　——提取任意盈余公积
　贷：盈余公积——法定盈余公积
　　　　　　　——任意盈余公积

（2）企业经股东大会或类似机构决议分配现金股利或利润时。

借：利润分配——应付股利
　贷：应付股利

（3）分配股票股利，在办完增资手续后。

借：利润分配——转作股本的股利
　贷：股本

（4）年度终了，企业应将"利润分配"科目所属其他明细科目的余额转入"利润分配——未分配利润"明细科目。结转后，"利润分配——未分配利润"科目如为贷方余额，表示累计未分配利润的数额；如为借方余额，则表示累计未弥补的亏损数额。

借：利润分配——未分配利润
　贷：利润分配——提取法定盈余公积
　　　　　　　——提取任意盈余公积
　　　　　　　——应付现金股利或利润

▶ 任务解答

根据上述所掌握的知识，对任务设置分析处理如下。

【任务设置-1】属于年终结转各损益类账户余额，应做如下业务处理。

2015年12月31日，结转各损益类账户的余额：

借：主营业务收入	50 000 000
其他业务收入	18 000 000
投资收益	7 000 000
营业外收入	2 500 000
贷：本年利润	77 500 000
借：本年利润	67 700 000
贷：主营业务成本	35 000 000
营业税金及附加	600 000

其他业务成本	14 000 000
销售费用	3 800 000
管理费用	3 400 000
财务费用	1 200 000
营业外支出	2 000 000
资产减值损失	1 500 000
公允价值变动损益	1 000 000
所得税费用	5 200 000

2015年12月31日，结转本年净利润：

借：本年利润 9 800 000
  贷：利润分配 9 800 000

【任务设置-2】属于年终所得税的计算与核算，应做如下业务处理。

全年应纳税所得额 = 3 000 000 + 70 000 - 100 000 + 90 000 = 3 060 000（元）

全年（当期）应缴所得税 = 3 060 000 × 25% = 765 000（元）

（1）年终结转应交所得税 = 765 000 - 620 000 = 145 000（元）

借：所得税费用——当期所得税费用 145 000
  贷：应交税费——应交所得税 145 000

（2）尚未缴纳的所得税 = 765 000 - 600 000 = 165 000（元），以银行存款实际缴纳所得税时。

借：应交税费——应交所得税 165 000
  贷：银行存款 165 000

（3）年末，将"所得税费用"账户余额转入"本年利润"账户。

借：本年利润 145 000
  贷：所得税费用——当期所得税费用 145 000

该公司本年度净利润 = 3 000 000 - 765 000 = 2 235 000（元）

【任务设置-3】属于年终所得税费用的计算与核算，应做如下处理。

全年纳税所得额 = 2 200 000 + 60 000 + 50 000 - 30 000 = 2 280 000（元）

当期（全年）应交所得税 = 2 280 000 × 25% = 570 000（元）

递延所得税费用 = (370 000 - 290 000) + (120 000 - 100 000) = 100 000（元）

所得税费用 = 570 000 + 100 000 = 670 000（元）

（1）结转当期应缴所得税时。

借：所得税费用——当期所得税费用 570 000
  贷：应交税费——应交所得税 570 000

（2）结转递延所得税费用时。

借：所得税费用——递延所得税费用 100 000
  贷：递延所得税资产 20 000
    递延所得税负债 80 000

（3）以存款缴纳本年所得税时。

借：应交税费——应交所得税 57 000

贷：银行存款　　　　　　　　　　　　　　　　　　　　　　　　57 000
（4）将本年度的所得税费用，转入"本年利润"账户。
借：本年利润　　　　　　　　　　　　　　　　　　　　　　　　670 000
　　贷：所得税费用——当期所得税费用　　　　　　　　　　　　　　570 000
　　　　　　　　　——递延所得税费用　　　　　　　　　　　　　　100 000

【任务设置-4】属于年终利润分配的核算，应做如下业务处理。
本年可供分配的利润=100+500=600（万元）
分配利润：
应提取法定盈余公积=500×10%=50（万元）
应提取任意盈余公积=500×8%=40（万元）
应分配给投资者的利润=500×30%=150（万元）
转增资本=50（万元）
提取法定盈余公积：
借：利润分配——提取法定盈余公积　　　　　　　　　　　　　　500 000
　　贷：盈余公积——提取法定盈余公积　　　　　　　　　　　　　500 000
提取任意盈余公积：
借：利润分配——提取任意盈余公积　　　　　　　　　　　　　　400 000
　　贷：盈余公积——提取任意盈余公积　　　　　　　　　　　　　400 000
分配给投资者利润：
借：利润分配——应付股利　　　　　　　　　　　　　　　　　1 500 000
　　贷：应付股利　　　　　　　　　　　　　　　　　　　　　　1 500 000
转增资本：
借：利润分配——转作资本的利润　　　　　　　　　　　　　　　500 000
　　贷：实收资本　　　　　　　　　　　　　　　　　　　　　　　500 000
年末结转本年实现的净利润和利润分配所属的各个明细账户：
借：本年利润　　　　　　　　　　　　　　　　　　　　　　　5 000 000
　　贷：利润分配——未分配利润　　　　　　　　　　　　　　　5 000 000
借：利润分配——未分配利润　　　　　　　　　　　　　　　　2 900 000
　　贷：利润分配——提取法定盈余公积金　　　　　　　　　　　　500 000
　　　　　　　　——提取任意盈余公积金　　　　　　　　　　　　400 000
　　　　　　　　——应付利润　　　　　　　　　　　　　　　1 500 000
　　　　　　　　——转作资本的利润　　　　　　　　　　　　　　500 000

技能训练

【技能训练-1】吉林中天纺织厂2015年12月31日各损益类账户余额如下表，请你做出相应的账务处理（表7-3-1）。

【技能训练-2】中天纺织厂计算与结转所得税（表7-3-2）。

【技能训练-3】中天纺织厂2015年末进行利润分配（表7-3-3）。

表7-3-1　损益类科目余额表

编制部门：财务部　　　　2013年12月31日　　　　单位：元

科目名称	借方金额	贷方金额
主营业务收入		400 000.00
其他业务收入		200 000.00
投资收益		100 000.00
营业外收入		40 000.00
主营业务成本	250 000.00	
其他业务成本	140 000.00	
营业税金及附加	30 000.00	
管理费用	50 000.00	
财务费用	5 000.00	
销售费用	30 000.00	
营业外支出	30 000.00	
所得税费用	20 000.00	
合计	555 000.00	740 000.00

财务主管：×××　　　　会计：×××　　　　制表：×××

表7-3-2　应交所得税计算表

编制部门：财务部　　　　2015年12月31日　　　　单位：元

本月利润总额	纳税调整增加项目	本月应纳税所得额	税率25%	本月应交所得税
800 000.00	200 000.00	1 000 000.00	25%	250 000.00

财务主管：×××　　　　会计：×××　　　　制表：×××

表7-3-3 利润分配计算表

财务部　　　　　　2015年12月　　　　　　单位：元

项　目	计 提 率	金　额
净利润		1 000 000.00
减：弥补以前年度亏损		0
本期应提取法定盈余公积	10%	100 000.00
加：年初未分配利润		200 000.00
盈余公积不亏		0
可供投资者分配的利润		1 100 000.00
应付给投资者的现金股利		300 000.00
年末未分配利润		800 000.00

财务主管：×××　　　会计：×××　　　制表：×××

项目八

所有者权益的核算

学习总目标
(1) 掌握实收资本、资本公积的概念,取得渠道,确认标准。
(2) 掌握实收资本、资本公积的核算方法。
(3) 掌握盈余公积、未分配利润的核算方法。

任务 8-1　所有者权益概述及投入资本的核算

目标定位

（1）理解所有者权益的概念、构成。
（2）掌握投入资本的概念及投入资本的核算。

任务设置

【任务设置-1】中天公司由甲、乙、丙三个投资者共同出资设立，注册资本 800 万元。其中，甲投资者投入货币资金 480 万元，占公司股份的 60%；乙投资者投入原材料一批，增值税专用发票注明的材料价款为 100 万元，增值税额 17 万元，占公司股份的 15%；丙投资者投入专利权一项，投资各方确认的价值 200 万元，占公司股份的 25%。中天公司如何进行账务处理？

【任务设置-2】中天公司由甲、乙、丙三个法人单位作为投资者共同出资确立，其中，甲公司占 40% 的股份，乙公司和丙公司各占 30% 的股份，现因资本相对过剩，盈利能力下降，经批准中天公司减少注册资本 100 万元，以银行存款支付。中天公司如何进行账务处理？

基本技能

为完成上述任务需要了解所有者权益的概念、构成，掌握投入资本的概念和投入资本的核算方法。

一、所有者权益的概念和特征

所有者权益是指企业资产扣除负债后由所有者享有的剩余权益，其金额为资产减去负债后的余额。所有者权益的来源包括所有者投入的资本，直接计入所有者权益的利得和损失、留存收益等。

所有者权益具有以下基本特征：
（1）所有者投资所形成的资产可供企业长期使用，无需归还，除非企业发生减资、清算等情况，企业不需要偿还所有者权益；
（2）所有者投资所形成的资产是企业清偿债务的物资保证；
（3）所有者凭借所有者权益能够参与企业的利润分配，同时也承担企业的经营风险。

二、所有者权益的构成

所有者权益包括实收资本、资本公积、盈余公积和未分配利润。一般而言，实收资本和资本公积都属于投入资本范畴，是由所有者直接投入的，如所有者的投入资本、资本溢价等；而盈余公积和未分配利润是由企业在生产经营过程中所实现的利润留存在企业所形成的，因此盈余公积和未分配利润统称为留存收益。

三、实收资本的概念及核算

1. 实收资本的概念

实收资本是指企业投资者按照企业章程或合同、协议的规定，实际投入企业的资本。

我国目前实行的是注册资本制，即要求企业的实收资本与注册资本一致。企业实有资金比原注册资金增减超过20%的，应持资金使用证明或验资证明向原登记主管机关申请变更登记。注册资本是企业在工商行政管理局登记的注册资金，是投资者缴纳的出资额。

实收资本按投资主体的不同，可以分为国家资本、法人资本、个人资本和外商资本等。

2. 实收资本的账务处理

为了反映和监督投资者投入资本的增减变动情况，企业应设置"实收资本"账户，对资本增减业务进行会计核算。

实收资本（所有者权益）	
按规定程序减少的注册资本	实收资本的增加
	资本的实有数额

（1）企业接受投资者以人民币货币资金投入的资本，应以实际收到的金额，借记"银行存款"账户，按投资者应享有企业注册资本的份额计算的金额，贷记"实收资本"账户。

（2）企业接受投资者以非现金资产投入的资本，按投资各方确认的价值，借记"固定资产""原材料""库存商品""无形资产"等有关资产账户，按投资者应享有企业注册资本的份额计算的金额，贷记"实收资本"账户。若投资各方确认的价值与享有的份额计算的金额有差异，则按其差额根据股东协议来进行业务处理。

如果作为股东资本投入的，贷记"资本公积——资本溢价"账户；如果作为企业对股东欠款的，贷记"其他应付款——某股东"账户。

（3）企业按法定程序报经批准减少注册资本时，借记"实收资本"账户，贷记"库存现金""银行存款"等账户，并应当将因减资而使股份发生变动的情况，在"实收资本"账户的有关明细账及备查簿中详细记录。

任务解答

根据上述所掌握的知识，对任务设置分析处理如下。

【任务设置-1】属于接受投资者投资业务，应做如下处理。

借：银行存款	4 800 000
原材料	1 000 000
应交税费——应交增值税（进项税额）	170 000
无形资产	2 000 000
贷：实收资本——甲投资者	4 800 000
——乙投资者	1 170 000
——丙投资者	2 000 000

【任务设置-2】属于减少注册资本业务，应做如下处理。

借：实收资本——甲投资者　　　　　　　　　　　　　　　400 000
　　　　　　——乙投资者　　　　　　　　　　　　　　　300 000
　　　　　　——丙投资者　　　　　　　　　　　　　　　300 000
　　贷：银行存款　　　　　　　　　　　　　　　　　　1 000 000

技能训练

【技能训练-1】吉林中天纺织厂 2016 年 2 月 20 日接受大连纺织机械厂投资的全新货车一辆，评估价格 200 000 元，货币资金 500 000 元，已办妥交接手续。

投 资 协 议 书

投资单位：大连纺织机械厂

被投资单位：吉林中天纺织厂

　　经双方协商，吉林中天纺织厂同意接受大连纺织机械厂以全新货车一辆 200 000 元和货币资金投资 500 000 元，投资总额 700 000 元，享有吉林中天纺织厂注册资本 10%的股权，每年按此分配吉林中天纺织厂的净利润。

　　其他条款（略）

投资人：大连纺织机械厂　　　　　　　被投资人：吉林中天纺织厂
2016 年 02 月 20 日　　　　　　　　　2016 年 02 月 20 日

中国工商银行进账单（收账通知）　　第 016003 号
2016 年 02 月 20 日

付款人	全称	大连纺织机械厂	收款人	全称	吉林中天纺织厂
	账号	622010256-66		账号	6222024561-01
	开户银行	工行大连开发区支行		开户银行	工行建设支行
人民币（大写）		伍拾万元整	千百十万千百十元角分 ¥ 5 0 0 0 0 0 0 0		
票据种类					
票据张数	1				
单位主管　会计　复核　记账			收款人开户行盖章		

（此联是收款人的回单或收账通知）

固定资产移交使用验收单

填制部门：资产管理处　　2016 年 02 月 20 日　　No.01602020

投资方	大连纺织机械厂			接受投资方		吉林中天纺织厂	
固定资产名称	规格型号	单位	数量	预计使用年限	评估价值	原始价值	已提折旧
货车	东方58	辆	1	10	200 000.00	200 000.00	
					受资方经办人：×××		

资产管理处：×××　　　运输队：×××　　　财会部门：×××

【技能训练-2】中天纺织厂于 2016 年 03 月 15 日接受松原纺织厂投资。

投 资 协 议 书

投资单位：松原纺织厂

被投资单位：吉林中天纺织厂

　　经双方协商，吉林中天纺织厂同意接受松原纺织厂以货币资金投资，投资额为 3 000 000.00 元，享有吉林中天纺织厂注册资本 20%的股权，每年按此分配吉林中天纺织厂的净利润。

　　其他条款：略

投资人：松原纺织厂　　　　　　　被投资人：吉林中天纺织厂

2016 年 03 月 15 日　　　　　　　2016 年 03 月 15 日

中国工商银行进账单（收账通知）　　　　第 0160315 号

2016 年 03 月 15 日

付款人	全称	松原纺织厂	收款人	全称	吉林中天纺织厂
	账号	622047988-87		账号	6222024561-01
	开户银行	工行松原支行		开户银行	工行建设支行

人民币（大写）	叁佰万元整	千	百	十	万	千	百	十	元	角	分
		¥	3	0	0	0	0	0	0	0	0

票据种类	
票据张数	1

单位主管　　会计　　复核　　记账

收款人开户行盖章：中国工商银行建设支行　转讫　2016.3.15

此联是收款人的回单或收账通知

【技能训练-3】吉林中天纺织厂经股东大会决议，并经有关部门批准，于2016年3月用资本公积转增资本2 000 000元，转增比例为大连纺织机械厂10%，松原纺织厂20%，天津棉纺织股份有限公司40%，鞍山棉纺织厂30%。

吉林中天纺织厂资本公积转增资本方案表

编制部门：财务部　　　　　　　2016年03月31日

项目	金额	项目	金额
为增强公司资本实力，根据公司股东会【2016】111号决议，公司决定用资本公积2 000 000元按原投资各方的投资比例转增资本，具体方案如下：			
转增资本总额	2 000 000.00	天津棉纺织股份有限公司	800 000.00
大连纺织机械厂	200 000.00	鞍山棉纺织厂	600 000.00
松原纺织厂	400 000.00		
		股东会决议另附	

任务8-2　资本公积的核算

目标定位

（1）理解资本公积的概念、内容。
（2）掌握资本公积的核算。

任务设置

【任务设置-1】中天华海有限公司由两位投资者共投资200 000元设立，每人各出资100 000元。一年后，为了扩大经营规模，经批准，该公司注册资本增加到300 000元，并吸收第三位投资者加入，按照投资协议，新投资者需缴入现金110 000元，同时享有该公司三分之一的股权。中天华海有限公司在收到第三位投资者投资时应如何进行账务处理？

【任务设置-2】中天贸易有限责任公司于2016年1月1日向F公司投资8 000 000元，拥有F公司20%的股份，并对该公司有重大影响，因而对F公司的长期股权投资采用权益法核算。2016年12月31日，F公司净损益以外的所有者权益增加了1 000 000元。假定除此以外，F公司所有者权益没有其他变化，中天贸易有限公司的持股比例没有变化，F公司资产的账面价值与公允价值一致，不考虑其他因素，中天贸易公司应如何进行账务处理？

基本技能

为完成上述任务需要了解资本公积的概念、内容,掌握资本公积的核算。

一、资本公积的概念、内容

资本公积是企业收到的投资者出资额超出其在注册资本中所占份额的部分,以及直接计入所有者权益的利得和损失等。资本公积包括资本溢价和直接计入所有者权益的利得和损失等。

二、资本公积的核算

企业应设置"资本公积"账户,用来核算资本公积的增减变动情况。

资本公积（所有者权益类）

用资本公积转增资本	资本溢价、产生的其他综合收益
	实有的资本公积

具体核算方法：

1. 资本溢价的处理

资本公积主要核算的是股东投入超过注册资本部分,也是股东的一种投入。

按照《公司法》规定,股东的投资形式包括：货币资金、实物资产、无形资产等。作为投资的各类实物资产的价值除全新资产外,需要经过资产评估机构进行价值评估,因此投资的资产价值不可能一定与公司"合同"或"出资协议"规定的股东出资额一致,超过规定标准的股东投入作为资本溢价,需要计入"资本公积"核算。

同时由于企业创立时,投资者出资作为注册资本,全部记入"实收资本"账户,企业经过一段时间的生产经营,必然积累了大量的留存收益,企业的净资产往往大于注册资本,这时新的投资者加入,就会与原投资者一起分享这些权益。

因此,新加入的投资者要付出大于原投资者的出资额,才能取得与原投资者相同的投资比例,这就造成企业新的投资者投入的资金会超过其在注册资本中所占的份额。

投资者投入的资本等于按其投资比例计算的出资额,应计入"实收资本"账户,超过的部分应计入"资本公积——资本溢价"。合同中明确规定多投入部分作为对投资股东的负债处理的除外。

借：银行存款
　　贷：实收资本
　　　　资本公积——资本溢价

2. 其他综合收益的处理

其他综合收益是指除资本溢价项目以外所形成的资本公积,主要包括：可供出售金融资产公允价值变动,采用权益法核算长期股权投资,在持股比例不变的情况下,被投资方除净损益以外的其他所有者权益变动所引起的长期股权投资账面价值的变动及可供出售金融资产的公允价值变动差额等。

借：长期股权投资——某公司
　　贷：其他综合收益

3. 资本公积转增资本的处理

资本公积属于非收益转化而形成的公积金，作为一项准资本归由所有者所有，可以按法定程序转增资本，但不得用于弥补公司亏损。企业经股东大会或类似机构决议，用资本公积转增资本时：

借：资本公积
　　贷：实收资本

任务解答

根据上述所掌握的知识，对任务设置分析处理如下。

【任务设置-1】属于资本溢价的核算，应做如下业务处理。

借：银行存款　　　　　　　　　　　　　　　　　　　　　　　　110 000
　　贷：实收资本　　　　　　　　　　　　　　　　　　　　　　100 000
　　　　资本公积——资本溢价　　　　　　　　　　　　　　　　 10 000

【任务设置-2】属于权益法核算长期股权投资时，被投资公司净损益以外其他所有者权益的变动，投资方按持股比例计算增加的资本公积业务，应做如下处理。

中天公司应增加的资本公积=1 000 000×20%＝200 000（元）

借：长期股权投资——F公司　　　　　　　　　　　　　　　　200 000
　　贷：其他综合收益　　　　　　　　　　　　　　　　　　　200 000

技能训练

【技能训练-1】吉林中天纺织厂经股东会决议，并经有关部门批准，于2016年2月用资本公积转增资本2 000 000元，转增比例为大连纺织机械厂10%，松原纺织厂20%，天津棉纺织股份有限公司40%，鞍山棉纺织厂30%。

吉林中天纺织厂资本公积转增资本方案表

编制部门：财务部　　　　2016年02月15日

为增强公司资本实力,根据公司股东会【2016】10号决议,公司决定用资本公积2 000 000元按原投资各方的投资比例转增资本,具体方案如下：

项目	金额	项目	金额
转增资本总额	2 000 000.00	天津棉纺织股份有限公司	800 000.00
大连纺织机械厂	200 000.00	鞍山棉纺织厂	600 000.00
松原纺织厂	400 000.00	股东会决议另附	

【技能训练-2】中天华翰公司原由甲、乙、丙三位,以自然人身份各出资 1 000 000 元,共同投资设立。经过几年的经营,企业留存收益为 2 000 000 元。现投资者 D 要加入该企业,并表示愿出资 1 500 000 元享有与其他三位股东同等的权力,股东会同意并经工商管理部门办妥了增资手续,变更后企业注册资本为 4 000 000 元。企业收到 D 投资者的投资时应如何进行账务处理?

任务 8-3 盈余公积与未分配利润的核算

▶ 目标定位

(1) 理解盈余公积的概念、内容,了解盈余公积的作用。
(2) 掌握盈余公积的核算。
(3) 掌握未分配利润的核算。

▶ 任务设置

【任务设置-1】中天公司 2015 年的净利润 300 万元,按 10% 提取法定盈余公积,按 8% 提取任意盈余公积,根据以上业务资料编制相应的记账凭证。

【任务设置-2】宏远公司 2015 年经营亏损 120 万元,经股东大会决议动用以前年度的盈余公积弥补亏损,根据以上业务资料编制相应的记账凭证。

【任务设置-3】华翰公司因 2015 年业绩不佳,发生亏损。为了维护公司的形象,公司董事会决定动用以前年度的盈余公积发放股利 30 万元,根据以上业务资料编制相应的记账凭证。

▶ 基本技能

为完成上述任务需要了解盈余公积的概念、内容和作用,掌握盈余公积的核算方法。

一、盈余公积的概念、内容

盈余公积是指企业按照规定从净利润提取的积累资金,主要包括法定盈余公积和任意盈余公积。

(1) 法定盈余公积,是指企业按照规定的比例从净利润提取的盈余公积,是国家强制提取的公积金,主要是为了防止企业因过度分配增加经营风险,根据我国《公司法》的规定,有限责任公司和股份有限公司应按照净利润的 10% 提取法定盈余公积,计提的法定盈余公积累计达到注册资本的 50% 时,可不再提取。而非公司制企业可以超过净利润的 10% 提取。

(2) 任意盈余公积,是指企业经股东大会或类似机构批准按规定的比例,从净利润中提取的盈余公积。任意盈余公积是企业出于实际需要或采取谨慎的经营策略,自愿提取的一项公积金。

二、盈余公积的作用

（1）弥补亏损。税前利润弥补亏损，弥补期限不得超过 5 年，5 年后仍有亏损，用税后利润补亏，税后利润不足以补亏的，可动用盈余公积补亏。

（2）转增资本。用盈余公积转增资本时，要按原投资比例转增资本，以保证转增资本后原有的投资比例不变，并且转增资本后留存的盈余公积不少于注册资本的 25%。

（3）发放利润或分配股利。当公司无利润时，就很难发放现金股利给予投资者回报，为维护企业形象，确保企业拥有良好的信誉，对符合条件的企业可用盈余公积发放现金股利且分配股利后的盈余公积不得少于注册资本的 25%。

三、盈余公积的核算

企业应设置"盈余公积"账户对盈余公积的提取、使用及结存情况进行核算和监督。

盈余公积（所有者权益类）

盈余公积的使用数	按规定提取的盈余公积数
	盈余公积的结存数

具体核算方法如下：
(1) 企业提取盈余公积时。
借：利润分配——提取法定盈余公积
　　　　　　——提取任意盈余公积
　贷：盈余公积——法定盈余公积
　　　　　　——任意盈余公积
(2) 盈余公积补亏时。
借：盈余公积
　贷：利润分配——其他转入
(3) 盈余公积转增资本时。
借：盈余公积
　贷：实收资本
(4) 用盈余公积发放利润或分配股利时。
借：盈余公积
　贷：应付股利

四、未分配利润的核算

未分配的利润是指企业实现的净利润经过弥补亏损、提取盈余公积、向投资者分配利润后留存企业的历年结存的净利润。

未分配的利润计算公式如下：

未分配利润=期初未分配的利润+本期净利润-本期已分配的利润

未分配利润的核算应设置"利润分配——未分配的利润"账户,它的核算内容有:

(1) 年终结转全年实现的净利润。

借:本年利润
　　贷:利润分配——未分配的利润

(2) 年终结转全年实现的净亏损。

借:利润分配——未分配的利润
　　贷:本年利润

(3) 年终结转全年已分配的利润。

借:利润分配——未分配的利润
　　贷:利润分配——提取法定盈余公积
　　　　　　　　——提取任意盈余公积
　　　　　　　　——应付股利

结转后"未分配的利润"明细账的贷方余额,反映企业历年积存的未分配利润。如出现借方余额,反映企业历年积存的未弥补的亏损。

任务解答

根据上述所掌握的知识,对任务设置分析处理如下。

【任务设置-1】属于计提盈余公积业务,应做如下处理。

借:利润分配——提取法定盈余公积　　　　　　　　　　　300 000
　　　　　　——提取任意盈余公积　　　　　　　　　　　240 000
　　贷:盈余公积——法定盈余公积　　　　　　　　　　　300 000
　　　　　　　　——任意盈余公积　　　　　　　　　　　240 000

【任务设置-2】属于用盈余公积弥补亏损业务,应做如下处理。

借:盈余公积　　　　　　　　　　　　　　　　　　　　1 200 000
　　贷:利润分配——其他转入　　　　　　　　　　　　　1 200 000

【任务设置-3】属于用盈余公积分配股利业务,应做如下处理。

借:盈余公积　　　　　　　　　　　　　　　　　　　　　300 000
　　贷:应付股利　　　　　　　　　　　　　　　　　　　　300 000

技能训练

【技能训练-1】中天公司经董事会决定用结存的盈余公积100 000元弥补亏损,应如何进行账务处理?

【技能训练-2】中天公司2015年净利润为3 000 000元,分别按净利润的10%和8%提取法定盈余公积和任意盈余公积,应如何进行账务处理?

【技能训练-3】中天公司经批准将法定盈余公积20万元用于转增资本,应如何进行账务处理?

项目九

财务报告的编制

学习总目标
(1) 了解财务报告的内容。
(2) 掌握资产负债表的基本结构与编制方法。
(3) 掌握利润表的基本结构与编制方法。
(4) 掌握现金流量表的基本结构与编制方法。

任务9-1 财务报告概述及资产负债表的编制

目标定位

(1) 了解财务报告的概念、内容、作用及编制要求。
(2) 掌握资产负债表的概念、基本结构和编制方法。

任务设置

【综合案例任务设置-1】中天股份有限公司有关资料如下。

1. 基本资料

中天股份有限公司为一般纳税人,适用的增值税税率为17%,所得税税率为25%,原材料采用计划成本进行核算。该公司2015年12月31日"资产负债表"详见表9-1-1,其中,"应收账款"科目的期末余额为4 000 000元,"坏账准备"科目的期末余额为9 000元,其他诸如存货、长期投资、固定资产、无形资产均未计提资产减值准备。

2. 2016年经济业务

(1) 接开户银行通知,用银行存款支付到期的商业承兑汇票1 000 000元。
(2) 购入原材料一批,收到的增值税专用发票上注明的原材料价款为1 500 000元,增值税进项税额为255 000元,款项已通过银行转账支付,材料尚未验收入库。
(3) 收到原材料一批,实际成本1 000 000元,计划成本950 000元,材料已验收入库,货款已于上月支付。

表9-1-1 资产负债表

编制单位:中天股份有限公司　　　　2015年12月31日　　　　单位:元

科目名称	借方余额	科目名称	贷方余额
流动资产:		流动负债:	
库存现金	63 000.00	短期借款	3 000 000.00
银行存款	14 000 000.00	交易性金融负债	0.00
其他货币资金	0.00	应收票据	2 000 000.00
交易性金融资产	150 000.00	应付账款	9 548 000.00
应收票据	2 460 000.00	预收账款	0.00
应收账款	4 000 000.00	应付职工薪酬	1 100 000.00
坏账准备	9 000.00	应交税费	366 000.00
其他应收款	3 050 000.00	其他应付款	500 000.00
预付账款	1 000 000.00	一年内到期的非流动负债	0.00
应收利息	0.00	其他流动负债	10 000 000.00
应收股利	0.00	流动负债合计	26 514 000.00
存货	25 800 000.00	长期借款	6 000 000.00

(续表)

科目名称	借方余额	科目名称	贷方余额
其他流动资产	0.00	应付债券	0.00
流动资产合计	50 514 000.00	长期借款合计	6 000 000.00
非流动资产：		负债合计	32 514 000.00
长期应收款	0.00	所有者权益（或股东权益）：	
长期股权投资	2 500 000.00	实收资本（或股本）	50 000 000.00
投资性房地产		资本公积	0.00
固定资产	8 000 000.00	盈余公积	1 000 000.00
在建工程	15 000 000.00	未分配利润	500 000.00
工程物资	0.00	所有者权益合计	51 500 000.00
固定资产清理	0.00		
生产性生物资产	0.00		
无形资产	6 000 000.00		
长期待摊费用	0.00		
递延所得税资产	0.00		
其他非流动资产	2 000 000.00		
非流动资产合计	33 500 000.00		
资产总计	84 014 000.00	负债和所有者权益合计	84 014 000.00

（4）用银行汇票支付采购材料价款，公司收到开户银行转来银行汇票多余款收账通知，通知上填写的多余款为2 340元，购入材料及运费998 000元，支付的增值税进项税额为169 660元，材料验收入库，该批材料的计划成本为1 000 000元。

（5）销售产品一批，开出的增值税专用发票上注明的销售价款为3 000 000元，增值税销项税额为510 000元，货款尚未收到。该批产品实际成本1 800 000元，产品已发出。

（6）公司将交易性金融资产——股票投资兑现165 000元，该投资的成本为130 000元，公允价值变动为增值20 000元，处置收益为15 000元，存入银行。

（7）购入不需安装设备一台，收到的增值税专用发票注明的设备价款为854 700元，增值税进项税额145 300元，支付运费、包装费等10 000元。所有款项通过银行存款支付，设备已交付使用。

（8）购入工程物资一批用于厂房建设，收到增值税专用发票上注明价款和增值税进项税额合计1 500 000元，款项已通过银行存款支付。

（9）工程人员应付职工薪酬2 280 000元。

（10）一项工程完工并交付生产使用，且办理竣工手续，固定资产价值14 000 000元。

（11）基本生产车间一台机床报废，原价2 000 000元，已提折旧1 800 000元，清理费用5 000元，残值收入8 000元，均通过银行存款收支。该项固定资产已经清理完毕。

（12）从银行借入三年期借款10 000 000元，借款已存入银行账户。

（13）销售产品一批，开出增值税专用发票销售价款7 000 000元，增值税销项税额

1 190 000元，款项已存入银行。销售产品的实际成本为4 200 000元。

（14）公司将要到期的一张面值为2 000 000元的无息银行承兑汇票（不含增值税），连同解讫通知书和进账单交银行办理转账。收到银行盖章退回的进账单一联。款项银行已收妥。

（15）公司出售一台不需用设备，收到价款3 000 000元，该设备原价4 000 000元，已提折旧1 500 000元。该项设备已由购入单位运走，不考虑相关税费。

（16）取得交易性金融资产（股票投资），价款1 030 000元，交易费用20 000元，已用银行存款支付。

（17）支付工资5 000 000元，其中包括支付在建工程人员的工资2 000 000元。

（18）分配应支付的职工工资3 000 000元（不包括在建工程应负担的工资），其中：生产工人的工资2 750 000元，车间管理人员的工资100 000元，行政人员工资150 000元。

（19）提取职工福利费420 000元（不包括在建工程应负担的福利费280 000元），其中：生产工人385 000元，车间管理人员14 000元，厂部行政管理人员福利费21 000元。

（20）基本生产车间领用原材料，计划成本7 000 000元，领用低值易耗品计划成本500 000元，采用一次摊销法摊销。

（21）结转领用原材料应分摊的材料成本差异，材料成本差异率为5%。

（22）计提无形资产摊销600 000元，以银行存款支付生产车间水电费900 000元。

（23）计提固定资产折旧1 000 000元，其中：生产车间800 000元，管理部门200 000元，计提固定资产减值准备300 000元。

（24）收到应收账款510 000元，存入银行，计提应收账款坏账准备9 000元。

（25）用银行存款支付产品展览费100 000元。

（26）计算并结转本期完工入库产品成本12 824 000元，期末没有在产品，本期生产的产品全部完工入库。

（27）用银行存款100 000元支付广告费。

（28）公司采用商业承兑汇票方式销售产品一批，开出增值税专用发票上注明售价2 500 000元，增值税销项税额425 000元；收到2 925 000元的商业承兑汇票一张，产品实际成本1 500 000元。

（29）公司将上述商业承兑汇票向银行贴现，贴现息为200 000元。

（30）公司本期产品销售应缴纳的教育费附加20 000元。

（31）用银行存款缴纳增值税1 000 000元，教育费附加20 000元。

（32）本期在建工程应负担的长期借款利息2 000 000元，长期借款为分期付息。

（33）提取应计入本期损益的长期借款利息100 000元，长期借款为分期付息。

（34）归还短期借款本金2 500 000元。

（35）支付长期借款利息2 100 000元。

（36）偿还长期借款6 000 000元。

（37）上年度销售产品一批，增值税专用发票注明价款100 000元，增值税销项税额17 000元，购货方开出商业承兑汇票；本期由于购货方发生财务困难，无法按合同偿还债务，经双方协商中天公司同意购货方用产品抵偿该应收票据，用于抵债的产品市价80 000元，增值税率 17%。

（38）持有的交易性金融资产公允价值 1 050 000 元。

（39）结转本期产品销售成本 7 500 000 元。

（40）假设本例中除计提固定资产减值准备 300 000 元造成固定资产账面价值与其计税基础存在差异外，不考虑其他项目的所得税影响，企业按照税法规定计算确定的应交所得税为 948 650 元，递延所得税资产 75 000 元。

（41）将各收支科目结转本年利润。

（42）按照净利润的 10% 提取法定盈余公积。

（43）将利润分配各明细科目的余额转入"未分配利润"明细科目，结转本年利润。

（44）用银行存款缴纳当年应交所得税。

要求：编制中天股份公司 2016 年度经济业务的会计分录，并在此基础上编制 2016 年度"资产负债表"。

基本技能

为完成上述任务需要充分了解财务报告的概念、内容、作用及编制要求，掌握资产负债表的概念、结构及编制方法。

一、财务报告的概念、内容

财务报告是企业对外提供的反映企业某一特定日期财务状况和某一会计期间经营成果和现金流量的文件，包括会计报表、会计报表附注和财务情况说明书。

会计报表是财务报告的主体和核心。

会计报表附注是对会计报表中列示项目的文字描述或明细资料以及对未能在这些报表中列示项目的说明等。

财务情况说明书是对一定会计期间生产经营以及财务成本情况进行说明分析的文字。

二、财务报告的作用

财务报告的作用是使财务报告使用者做出经济决策提供与企业财务状况、经营成果和现金流量等有关的会计信息，主要作用包括如下 3 项。

（1）向投资者和债权人提供企业盈利能力、财务状况等方面的信息，使他们做出准确的决策。

（2）向政府提供有关企业的盈利状况和纳税等方面的信息，为国家的宏观决策提供依据。

（3）向企业管理层提供企业财务状况、经营成果、现金流量等方面的信息，为今后企业进行生产经营决策和改善经营管理提供依据。

三、财务报告的编制要求

（1）数字真实：会计报告中各项指标数字必须根据真实可靠的账簿资料整理编制，这样才能保证企业会计报表所提供的信息是有用的。

（2）内容完整：只有内容完整、全面地反映企业的经济活动，提供完整的会计信息资料，才能满足各有关方面对会计信息的需要，使报表使用者做出正确的抉择。因此，会计报表必须按照统一的规定进行填报。

（3）计算准确：为了保证会计报表资料的准确性，报表的数字必须计算准确，各项指标的计算方法、计算口径应与《企业会计准则》相一致，不准任意增加或减少。

（4）报送及时：为了保证会计报表的及时性，企业在编制会计报告时必须遵守期限规定，做到报送及时，以便有关方面及时掌握企业的财务状况和经营成果。为此，会计部门要同企业的有关部门密切配合，加强日常核算工作，保证在会计期间结束后，及时编制按期报送会计报表。

四、资产负债表

1. 资产负债表的概念

资产负债表是反映企业某一特定日期财务状况的会计报表，它反映了企业在某一特定日期所拥有或控制的经济资源，所承担的现时义务和所有者对企业净资产的要求权。

资产负债表为时点报表、静态报表。

2. 资产负债表的作用

（1）从总体上反映企业的资产总额及这些资产的来源。

（2）揭示企业资产负债的构成，通过资产和负债的对比分析反映企业的偿债能力。

（3）反映所有者在公司中持有的权益以及权益的构成情况。

（4）通过对前后期连续的资产负债表进行比较分析，可以反映企业财务状况的变化趋势。

3. 资产负债表的基本结构

资产负债表是以"资产＝负债＋所有者权益"这一会计等式为基础而编制的，由资产、负债、所有者权益三大会计要素构成。

目前，国际上通用的资产负债表格式只有两种：账户式资产负债表和报告式资产负债表。我国企业资产负债表采用账户式资产负债表。

账户式资产负债表分左右两方，左方列示资产各项目，资产按流动性分别列示流动资产和非流动资产，反映全部资产的分布及存在形态；右方列示负债和所有者权益各项目，按清偿时间分别列示流动负债、非流动负债和所有者权益各项目，反映企业全部负债和所有者权益的内容及构成情况。最后，资产总额＝负债总额＋所有者权益总额。

4. 资产负债表的编制方法

（1）根据总账账户期末余额直接填列。

如交易性金融资产、应收票据、应收利息、应收股利、工程物资、固定资产清理、短期借款、应付票据、应交税费、应付职工薪酬、应付利息、应付股利、实收资本、资本公积、盈余公积、递延所得税资产、递延所得税负债等。

（2）根据总账期末余额分析计算填列。

主要项目填制方法为

"货币资金"项目＝"库存现金"＋"银行存款"＋"其他货币资金"

"存货"项目＝"原材料"＋"材料采购"（或"在途物资"）＋"生产成本"＋"制造费用"＋"周转材料"＋"委托加工物资"＋"自制半成品"＋"库存商品"＋"发出商品"＋"材料成本差异"借方（贷方）－"存货跌价准备"

"固定资产"项目＝"固定资产"－"累计折旧"

"未分配利润"项目，反映企业尚未分配的利润。本项目应根据"本年利润"账户和"利润分配"账户的期末余额计算填列，如果为未弥补的亏损，在本项目内以"－"填列。

"未分配利润"项目＝"利润分配"＋"本年利润"（贷方用正数，借方用负数）

（3）根据明细账期末余额分析计算填列。

主要项目的填制方法如下。

"预付账款"：根据"预付账款"所属各明细账借方余额＋"应付账款"所属明细账借方余额。

"应付账款"：根据"应付账款"所属各明细账贷方余额＋"预付账款"所属明细账贷方余额。

"预收账款"：根据"预收账款"所属各明细账贷方余额＋"应收账款"所属明细账贷方余额。

"应收账款"：根据"应收账款"所属各明细账借方余额＋"预收账款"所属明细账借方余额－"坏账准备"贷方余额。

（4）根据总账和明细账期末余额分析计算填列。

"长期借款"：根据"长期借款"贷方余额－"长期借款"明细账余额（一年内到期的）。

"应付债券"：根据"应付债券"贷方余额－"应付债券"明细账余额（一年内到期的）。

（5）资产负债表各项目的具体填列方法如下。

①货币资金。

反映企业库存现金、银行存款和其他货币资金。本项目应根据"库存现金＋银行存款＋其他货币资金"科目的期末余额计算填列。

②交易性金融资产。

反映企业为交易的目的而持有的债券投资、股票投资、基金投资等交易性金融资产的公允价值。本项目根据"交易性金融资产"科目期末余额直接填列。

③应收票据。

反映企业收到的未到期收款而且也未向银行贴现的商业承兑汇票和银行承兑汇票的余额。本项目根据"应收票据"科目期末余额直接填列。

④应收账款。

反映企业因销售商品、提供劳务等应向购买单位收取的各种款项，减去已计提的坏账准备后的净额。本项目根据"应收账款""预收账款"所属明细科目的借方余额合计，减去"坏账准备"科目后的余额填列。

⑤预付款项。

反映企业按购货合同规定预付给供应单位的款项。本项目根据"应付账款"和"预付账款"所属明细科目的借方余额计算填列。

⑥应收利息。

反映企业应收取的债券投资等的利息。本项目根据"应收利息"科目期末余额直接填列。

⑦应收股利。

反映企业应收取的现金股利和应收取其他单位分配的利润。本项目根据"应收股利"科目期末余额直接填列。

⑧其他应收款。

反映企业除应收票据、应收账款、预付账款、应收股利、应收利息等经营活动以外的其他各种应收、暂付款项。本项目应根据"其他应收款"账户期末借方余额减去"坏账准备"明细科目余额（属于为其他应收款计提的坏账准备）后填列。

⑨存货。

反映企业期末在库、在途和加工中的各种存货的可变现净值。本项目根据"原材料""在途物资"或"材料采购""周转材料""生产成本""库存商品""发出商品""委托加工物资""委托代销商品"等科目余额的合计，减去"存货跌价准备"科目的期末余额填列。材料采用计划成本核算的还应加减材料成本差异。

⑩一年内到期的非流动资产项目。

反映企业将于一年内到期的非流动资产项目金额。本项目应根据有关账户的期末余额分析填列，如1年内到期的长期待摊费用。

⑪可供出售金融资产。

本项目反映企业持有的可供出售金融资产的公允价值，包括划分为可供出售的股票投资、债券投资等金融资产。本项目根据"可供出售金融资产"科目期末余额填列。

⑫持有至到期投资。

反映企业持有至到期投资的净值。本项目根据"持有至到期投资"账户期末余额减去一年内到期的投资部分和"持有至到期投资减值准备"科目余额后填列。

⑬长期股权投资。

反映企业持有的对子公司、联营企业和合营企业的长期股权投资。本项目根据"长期股权投资"科目期末余额减去"长期股权投资减值准备"科目余额填列。

⑭固定资产。

反映企业各种固定资产原值减去累计折旧和固定资产减值准备后的净额。本项目根据"固定资产"账户期末余额减去"累计折旧""固定资产减值准备"期末余额后填列。

⑮在建工程。

反映企业期末各项未完工程的实际支出，包括交付安装的设备价值、未完工程已经耗用的材料、工资和费用等。本项目根据"在建工程"科目期末余额减去"在建工程减值准备"后的净额填列。

⑯工程物资。

反映企业尚未使用的各项工程物资的实际成本。本项目根据"工程物资"科目期末余额填列。

⑰固定资产清理。

反映企业因出售、毁损、报废等原因转入清理但尚未清理完毕时固定资产的净值，以及固定资产清理过程中所发生的清理费用和变价收入等金额。本项目根据"固定资产清理"科目的期末借方余额填列，如"固定资产清理"账户期末为贷方余额，以"-"填列。

⑱无形资产。

反映企业持有的各项无形资产的净值。本项目根据"无形资产"科目期末余额减去"累计摊销""无形资产减值准备"期末余额后填列。

⑲开发支出。

反映企业开发无形资产过程中发生的、尚未形成无形资产成本的支出。本项目反映企业正在进行无形资产研究开发项目满足资本化条件的支出。本项目根据"研发支出——资本化支出"科目的期末余额填列。

⑳商誉。

本项目反映企业合并中形成的商誉价值，应根据"商誉"科目期末余额填列。

㉑长期待摊费用。

反映企业尚未摊销的摊销期在一年以上（不含一年）的各项费用。本项目根据"长期待摊费用"科目期末余额减去将于一年内（含一年）摊销的数额后的金额填列。

㉒递延所得税资产。

反映企业应可抵扣暂时性差异形成的递延所得税资产。本项目根据"递延所得税资产"科目期末余额填列。

㉓短期借款。

反映企业向银行或其他金融机构借入的在一年以下（含一年）的各种借款。本项目根据"短期借款"科目期末余额填列。

㉔交易性金融负债。

反映企业发行短期债券等所形成的交易性金融负债公允价值。本项目根据"交易性金融负债"科目期末余额填列。

㉕应付票据。

反映企业为了抵付货款、购买材料等而开出承兑的商业汇票，包括商业承兑汇票和银行承兑汇票。本项目根据"应付票据"科目余额填列。

㉖应付账款。

反映企业购买材料、商品和接受劳务供应等应付给供应单位的款项。本项目应根据"应付账款""预付账款"所属明细科目的贷方余额计算填列。

㉗预收账款。

反映企业按照销售合同等规定预收购买单位的款项。本项目根据"应收账款""预收账款"所属明细科目的贷方余额计算填列。如"预收账款"科目所属各明细期末有借方余额，应在资产负债表"应收账款"项目内填列。

㉘应付职工薪酬。

反映企业根据有关规定应付给职工的工资、职工福利、社会保险费、住房公积金、工会经费、职工教育经费、非货币性福利、辞退福利等各种薪酬。本项目根据"应付职工薪酬"

科目期末余额填列。

㉙应交税费。

反映企业按照税法规定计算应缴纳的各种税费，包括增值税、消费税、营业税、所得税、土地增值税、资源税、城市维护建设税、房产税、土地使用税、车船使用税、教育费附加等。本项目根据"应交税费"科目期末余额填列。

㉚应付利息。

反映企业按照规定应支付的利息，包括分期付息到期还本的长期借款应支付的利息、企业发行的企业债券应支付的利息等。本项目根据"应付利息"科目期末余额填列。

㉛应付股利。

反映企业分配的现金股利或利润。本项目根据"应付股利"科目期末余额填列。

㉜其他应付款。

反映企业所有应付和暂收其他单位和个人的款项。本项目根据"其他应付款"科目期末余额分析填列。

㉝一年内到期的非流动负债。

反映企业各种非流动负债在一年之内到期的金额，包括一年内到期的长期借款、长期应付款和应付债券。本项目根据有关长期负债账户期末余额填列。

㉞长期借款。

反映企业借入的偿还期在一年以上的各种借款。本项目根据"长期借款"科目扣除一年内到期的长期借款的余额填列。

㉟应付债券。

反映企业尚未偿还的长期债券摊余价值。本项目根据"应付债券"科目期末余额减去一年内到期的部分的金额填列。

㊱长期应付款。

反映企业除长期借款、应付债券以外的各种长期应付款。本项目根据"长期应付款"科目期末余额填列。

㊲专项应付款。

本项目根据"专项应付款"科目期末余额填列。

㊳递延所得税负债。

反映企业根据应纳税暂时性差异确认的递延所得税负债。本项目根据"递延所得税负债"科目期末余额填列。

㊴实收资本。

反映企业各投资者实际投入的资本总额。本项目根据"实收资本"科目期末余额填列。

㊵资本公积。

反映企业资本公积的期末余额。本项目根据"资本公积"科目期末余额填列。

㊶盈余公积。

反映企业盈余公积的期末余额。本项目根据"盈余公积"科目期末余额填列。

㊷未分配利润。

反映企业尚未分配的利润。本项目根据"本年利润"和"利润分配"科目期末余额计算填列，如为未弥补的亏损，在本项目内以"-"填列。

任务解答

根据上述所掌握的知识，对综合案例任务设置分析与业务处理如下。

【综合案例任务设置-1】 根据综合案例任务设置相关业务资料编制会计分录如下。

(1) 借：应付票据　　　　　　　　　　　　　　　　　　　　　1 000 000
　　　贷：银行存款　　　　　　　　　　　　　　　　　　　　　　　1 000 000
(2) 借：材料采购　　　　　　　　　　　　　　　　　　　　　　1 500 000
　　　　应交税费——应交增值税（进项税额）　　　　　　　　　　255 000
　　　贷：银行存款　　　　　　　　　　　　　　　　　　　　　　　1 755 000
(3) 借：原材料　　　　　　　　　　　　　　　　　　　　　　　950 000
　　　　材料成本差异　　　　　　　　　　　　　　　　　　　　　50 000
　　　贷：材料采购　　　　　　　　　　　　　　　　　　　　　　　1 000 000
(4) 借：材料采购　　　　　　　　　　　　　　　　　　　　　　998 000
　　　　银行存款　　　　　　　　　　　　　　　　　　　　　　　2 340
　　　　应交税费——应交增值税（进项税金）　　　　　　　　　　169 660
　　　贷：其他货币资金　　　　　　　　　　　　　　　　　　　　　1 170 000
　　借：原材料　　　　　　　　　　　　　　　　　　　　　　　1 000 000
　　　贷：材料采购　　　　　　　　　　　　　　　　　　　　　　　998 000
　　　　　材料成本差异　　　　　　　　　　　　　　　　　　　　　2 000
(5) 借：应收账款　　　　　　　　　　　　　　　　　　　　　　3 510 000
　　　贷：主营业务收入　　　　　　　　　　　　　　　　　　　　　3 000 000
　　　　　应交税费——应交增值税（销项税额）　　　　　　　　　　510 000
(6) 借：银行存款　　　　　　　　　　　　　　　　　　　　　　165 000
　　　贷：交易性金融资产——成本　　　　　　　　　　　　　　　130 000
　　　　　　　　　　　　　——公允价值变动　　　　　　　　　　20 000
　　　　　投资收益　　　　　　　　　　　　　　　　　　　　　　15 000
(7) 借：固定资产　　　　　　　　　　　　　　　　　　　　　　864 700
　　　　应交税费——应交增值税（进项税额）　　　　　　　　　　145 300
　　　贷：银行存款　　　　　　　　　　　　　　　　　　　　　　　1 010 000
(8) 借：工程物资　　　　　　　　　　　　　　　　　　　　　　1 500 000
　　　贷：银行存款　　　　　　　　　　　　　　　　　　　　　　　1 500 000
(9) 借：在建工程　　　　　　　　　　　　　　　　　　　　　　2 280 000
　　　贷：应付职工薪酬　　　　　　　　　　　　　　　　　　　　　2 280 000
(10) 借：固定资产　　　　　　　　　　　　　　　　　　　　　14 000 000
　　　贷：在建工程　　　　　　　　　　　　　　　　　　　　　　　14 000 000
(11) 借：固定资产清理　　　　　　　　　　　　　　　　　　　200 000
　　　　累计折旧　　　　　　　　　　　　　　　　　　　　　　1 800 000
　　　贷：固定资产　　　　　　　　　　　　　　　　　　　　　　　2 000 000
　　 借：固定资产清理　　　　　　　　　　　　　　　　　　　　5 000

```
        贷：银行存款                                              5 000
      借：银行存款                                                8 000
        贷：固定资产清理                                          8 000
      借：营业外支出——处置固定资产净损失                      197 000
        贷：固定资产清理                                        197 000
(12) 借：银行存款                                           10 000 000
        贷：长期借款                                         10 000 000
(13) 借：银行存款                                            8 190 000
        贷：主营业务收入                                      7 000 000
            应交税费——应交增值税（销项税额）                 1 190 000
(14) 借：银行存款                                            2 000 000
        贷：应收票据                                          2 000 000
(15) 借：固定资产清理                                        2 500 000
        累计折旧                                              1 500 000
        贷：固定资产                                          4 000 000
      借：银行存款                                            3 000 000
        贷：固定资产清理                                      3 000 000
      借：固定资产清理                                          500 000
        贷：营业外收入——处置固定资产净收益                     500 000
(16) 借：交易性金融资产                                      1 030 000
        投资收益                                                 20 000
        贷：银行存款                                          1 050 000
(17) 借：应付职工薪酬                                        5 000 000
        贷：银行存款                                          5 000 000
(18) 借：生产成本                                            2 750 000
        制造费用                                                100 000
        管理费用                                                150 000
        贷：应付职工薪酬——工资                              3 000 000
(19) 借：生产成本                                              385 000
        制造费用                                                 14 000
        管理费用                                                 21 000
        贷：应付职工薪酬——职工福利                            420 000
(20) 借：生产成本                                            7 000 000
        贷：原材料                                            7 000 000
      借：制造费用                                              500 000
        贷：周转材料                                            500 000
(21) 借：生产成本                                              350 000
        制造费用                                                 25 000
        贷：材料成本差异                                        375 000
```

(22) 借：管理费用——无形资产摊销　　　　　　　　　　　　600 000
　　　贷：累计摊销　　　　　　　　　　　　　　　　　　　　　　600 000
　　 借：制造费用——水电费　　　　　　　　　　　　　　　　900 000
　　　贷：银行存款　　　　　　　　　　　　　　　　　　　　　　900 000
(23) 借：制造费用——折旧费　　　　　　　　　　　　　　　　800 000
　　　　管理费用——折旧费　　　　　　　　　　　　　　　　200 000
　　　贷：累计折旧　　　　　　　　　　　　　　　　　　　　　1 000 000
(24) 借：银行存款　　　　　　　　　　　　　　　　　　　　　510 000
　　　贷：应收账款　　　　　　　　　　　　　　　　　　　　　　510 000
　　 借：资产减值损失——坏账准备　　　　　　　　　　　　　　9 000
　　　贷：坏账准备　　　　　　　　　　　　　　　　　　　　　　　9 000
(25) 借：销售费用——展览费　　　　　　　　　　　　　　　　100 000
　　　贷：银行存款　　　　　　　　　　　　　　　　　　　　　　100 000
(26) 借：生产成本　　　　　　　　　　　　　　　　　　　　2 339 000
　　　贷：制造费用　　　　　　　　　　　　　　　　　　　　　2 339 000
　　 借：库存商品　　　　　　　　　　　　　　　　　　　　12 824 000
　　　贷：生产成本　　　　　　　　　　　　　　　　　　　　12 824 000
(27) 借：销售费用——广告费　　　　　　　　　　　　　　　　100 000
　　　贷：银行存款　　　　　　　　　　　　　　　　　　　　　　100 000
(28) 借：应收票据　　　　　　　　　　　　　　　　　　　　2 925 000
　　　贷：主营业务收入　　　　　　　　　　　　　　　　　　2 500 000
　　　　　应交税费——应交增值税（销项税额）　　　　　　　425 000
(29) 借：财务费用　　　　　　　　　　　　　　　　　　　　　200 000
　　　　银行存款　　　　　　　　　　　　　　　　　　　　　2 725 000
　　　贷：应收票据　　　　　　　　　　　　　　　　　　　　2 925 000
(30) 借：营业税金及附加　　　　　　　　　　　　　　　　　　20 000
　　　贷：应交税费——应交教育费附加　　　　　　　　　　　　20 000
(31) 借：应交税费——应交增值税（已交税金）　　　　　　　1 000 000
　　　　　　　　——应交教育费附加　　　　　　　　　　　　　20 000
　　　贷：银行存款　　　　　　　　　　　　　　　　　　　　1 020 000
(32) 借：在建工程　　　　　　　　　　　　　　　　　　　　2 000 000
　　　贷：应付利息　　　　　　　　　　　　　　　　　　　　2 000 000
(33) 借：财务费用　　　　　　　　　　　　　　　　　　　　　100 000
　　　贷：应付利息　　　　　　　　　　　　　　　　　　　　　100 000
(34) 借：短期借款　　　　　　　　　　　　　　　　　　　　2 500 000
　　　贷：银行存款　　　　　　　　　　　　　　　　　　　　2 500 000
(35) 借：应付利息　　　　　　　　　　　　　　　　　　　　2 100 000
　　　贷：银行存款　　　　　　　　　　　　　　　　　　　　2 100 000
(36) 借：长期借款　　　　　　　　　　　　　　　　　　　　6 000 000

	贷：银行存款	6 000 000
(37)	借：库存商品	80 000
	应交税费——应交增值税（进项税额）	13 600
	营业外支出——债务重组损失	23 400
	贷：应收票据	117 000
(38)	借：交易性金融资产——公允价值变动	20 000
	贷：公允价值变动损益	20 000
(39)	借：主营业务成本	7 500 000
	贷：库存商品	7 500 000
(40)	借：所得税费用——当期所得税费用	948 650
	贷：应交税费——应交所得税	948 650
	借：递延所得税资产	75 000
	贷：所得税费用——递延所得税费用	75 000
(41)	借：主营业务收入	12 500 000
	营业外收入	500 000
	投资收益	15 000
	贷：本年利润	13 015 000
	借：本年利润	9 520 400
	贷：主营业务成本	7 500 000
	营业务税金及附加	20 000
	销售费用	200 000
	管理费用	971 000
	财务费用	300 000
	资产减值损失	309 000
	营业外支出	220 400
	借：本年利润	873 650
	贷：所得税费用	873 650
(42)	借：利润分配——提取法定盈余公积	262 095
	贷：盈余公积——法定盈余公积	262 095

提取法定盈余公积 =（13 015 000 - 9 520 400 - 873 650）×10% = 262 095（元）

(43)	借：利润分配——未分配利润	262 095
	贷：利润分配——提取法定盈余公积	262 095
	借：本年利润	2 620 950
	贷：利润分配——未分配利润	2 620 950
(44)	借：应交税费——应交所得税	948 650
	贷：银行存款	948 650

根据所发生的业务资料编制"资产负债表"，如表9-1-2所示。

技能训练

【技能训练-1】 吉林省色织布有限公司2015年12月31日有关账户余额资料如表9-1-3所示，年初余额按上年的资产负债表的期末余额填列，本表略。

要求：根据上述余额资料编制吉林中天纺织厂资产负债表。

表 9-1-2 资产负债表

编制单位：中天股份公司　　2016年12月31日　　　　　单位：元

资产	期末余额	年初余额	负债和所有者权益	期末余额	年初余额
流动资产：			流动负债：		
货币资金	14 504 690.00	14 063 000.00	短期借款	500 000.00	3 000 000.00
交易性金融资产	1 050 000.00	150 000.00	交易性金融负债		
应收票据	343 000.00	2 460 000.00	应付票据	1 000 000.00	2 000 000.00
应收账款	6 982 000.00	3 991 000.00	应付账款	9 548 000.00	9 548 000.00
预付款项	1 000 000.00	1 000 000.00	预收款项		
应收利息			应付职工薪酬	1 800 000.00	1 100 000.00
应收股利			应交税费	907 440.00	366 000.00
其他应收款	3 050 000.00	3 050 000.00	应付利息		
存货	25 827 000.00	25 800 000.00	应付股利		
一年内到期的非流动资产			其他应付款	500 000.00	500 000.00
其他流动资产			一年内到期的非流动负债		
流动资产合计	52 756 690.00	50 514 000.00	其他流动负债	10 000 000.00	10 000 000.00
非流动资产：			流动负债合计	24 255 440.00	26 514 000.00
可供出售金融资产			非流动负债：		
持有至到期投资			长期借款	10 000 000.00	6 000 000.00
长期应收款			应付债券		
长期股权投资	2 500 000.00	2 500 000.00	长期应付款		
投资性房地产			专项应付款		
固定资产	18 964 700.00	8 000 000.00	预计负债		
在建工程	5 280 000.00	15 000 000.00	递延所得税负债		
工程物资	1 500 000.00	0.00	其他非流动负债		
固定资产清理			非流动负债合计	10 000 000.00	6 000 000.00
生产性生物资产			负债合计	34 255 440.00	32 514 000.00
油气资产			所有者权益：		
无形资产	5 400 000.00	6 000 000.00	实收资本	50 000 000.00	50 000 000.00
开发支出			资本公积		
商誉			减：库存股		
长期待摊费用			盈余公积	1 262 095.00	1 000 000.00

（续表）

资产	期末余额	年初余额	负债和所有者权益	期末余额	年初余额
递延所得税资产	75 000.00		未分配利润	2 858 855.00	500 000.00
其他非流动资产	2 000 000.00	2 000 000.00	所有者权益合计	54 120 950.00	51 500 000.00
非流动资产合计	35 619 700.00	33 500 000.00			
资产总计	88 376 390.00	84 014 000.00	负债和所有者权益总计	88 376 390.00	84 014 000.00

表 9-1-3 科目余额表

编制单位：吉林色织布公司　　2015 年 12 月 31 日　　单位：元

科目名称	借方金额	科目名称	贷方金额
库存现金	6 000.00	短期借款	16 000.00
银行存款	8 000.00	应付票据	23 367.00
其他货币资金	747.00	应付账款	52 967.00
应收票据	7 143.00	预收账款	14 086.00
应收账款	15 296.00	应付职工薪酬	4 488.00
坏账准备	-764.00	应交税费	5 262.00
其他应收款	11 487.00	其他应付款	25 991.00
预付账款	5 051.00	预计负债	512.00
材料采购	400.00	长期借款	118 690.00
原材料	80 000.00	注：一年内到期的长期借款	15 198.00
材料成本差异	6.00	应付债券	14 187.00
库存商品	8 000.00	递延所得税负债	16.00
发出商品	10.00	实收资本	86 702.00
委托加工物资	120.00	资本公积	37 121.00
周转材料	500.00	盈余公积	33 434.00
存货跌价准备	-100.00	未分配利润	58 366.00
长期股权投资	15 000.00		
长期股权投资减值准备	-854.00		
固定资产	543 082.00		
累计折旧	-265 611.00		
固定资产减值准备	-6 234.00		
工程物资	555.00		
在建工程	48 073.00		
无形资产	6 000.00		
累计摊销	-76.00		
长期待摊费用	3 657.00		
递延所得税资产	5 701.00		
合计	491 189.00	合计	491 189.00

任务 9-2　利润表的编制

目标定位

（1）了解利润表的概念、基本结构。
（2）掌握利润表的编制方法。

任务设置

【综合案例设置任务-2】编制中天股份公司 2016 年度利润表，资料见任务 9-1 中【综合案例设置任务-1】资料。

基本技能

为完成上述任务需要了解利润表的概念、结构，掌握利润表的编制方法。

一、利润表的概念

利润表是反映企业一定期间生产经营成果的会计报表，该表是根据"收入-费用=利润"会计等式为依据，将一定会计期间的营业收入与同一会计期间相关的营业费用进行配比以计算出企业一定时期的净利润。

利润表为时期报表、动态报表。

二、利润表的作用

（1）通过利润表可以了解企业收入、费用等情况以及生产经营的收益和成本耗费情况，分析企业生产经营的成果。
（2）通过利润表可以了解比较时期的数字，分析企业今后利润的发展趋势和获利能力。

三、利润表的结构及编制方法

利润表是通过一定的表格来反映企业的经营成果，目前利润表的结构有单步式和多步式两种，我国一般采用多步式利润表。

多步式利润表的结构主要包括以下 3 步：

第一步，以营业收入为基础，通过"营业收入-营业成本-营业税金及附加-期间费用-资产减值损失+公允价值变动收益（-公允价值变动损失）+投资收益（-投资损失）"计算出营业利润；

第二步，以营业利润为基础，通过"营业利润+营业外收入-营业外支出"计算出利润总额；

第三步，以利润总额为基础，通过"利润总额-所得税费用"计算出净利润。

四、利润表项目的填列说明

按照我国企业利润表的格式要求，利润表中的"本期金额"栏根据各损益类科目的本期发生额分析填列，"上期金额"栏根据上年同期企业利润表"本期金额"栏内所列数字填列。

如果本年利润表各项目名称和内容同上年同期利润表各项目的名称和内容不一致时，应按照本年度的规定对上年该期企业利润表各项目的名称和金额进行调整。

（1）"营业收入"项目，反映企业的主营业务收入和其他业务收入。本项目根据"主营业务收入"和"其他业务收入"科目的发生额分析计算填列。

（2）"营业成本"项目，反映企业主营业务和其他业务发生的实际成本。本项目根据"主营业务成本"和"其他业务成本"科目的发生额分析计算填列。

（3）"营业税金及附加"项目，反映企业应负担的营业税、消费税、城市维护建设税和教育费附加等。本项目根据"营业税金及附加"科目的发生额分析计算填列。

（4）"销售费用"项目，反映企业在销售商品、提供劳务过程中发生的各项费用，以及企业专设的销售机构经费等。本项目根据"销售费用"科目的发生额分析计算填列。

（5）"管理费用"项目，反映企业行政管理部门组织生产经营活动发生的各项费用。本项目根据"管理费用"科目的发生额填列。

（6）"财务费用"项目，反映企业筹集生产经营资金发生的各项费用。本项目根据"财务费用"科目的发生额分析计算填列。

（7）"资产减值损失"项目，反映企业各项资产发生的减值损失。本项目根据"资产减值损失"科目的发生额填列。

（8）"公允价值变动损益"项目，反映企业交易性金融资产等因公允价值变动形成的应计入当期损益的利得或损失。本项目根据"公允价值变动损益"科目的发生额计算填列，如为净损失，则以"-"号填列。

（9）"投资收益"项目，反映企业以各种方式对外投资取得的收益。本项目根据"投资收益"科目的发生额分析计算填列，如为净损失，则以"-"号填列。

（10）"营业外收入"项目，反映企业发生的与企业生产经营活动没有直接关系的各项收入。本项目根据"营业外收入"科目的发生额填列。

（11）"营业外支出"项目，反映企业发生的与企业生产经营活动没有直接关系的各项支出。本项目根据"营业外支出"科目的发生额填列。

（12）"所得税费用"项目，反映企业确认的应从当期利润总额中扣除的所得税费用。本项目根据"所得税费用"科目的发生额填列。

任务解答

根据上述所掌握的知识，对综合案例任务设置分析处理如下。

【综合案例任务设置-2】属于年度利润表编制业务，编制完成的中天股份公司2016年度"利润表"（表9-2-1）。

技能训练

【技能训练-1】 吉林色织布有限公司 2015 年 12 月 31 日有关账户余额资料如表 9-2-2 所示。

要求：根据上述余额资料编制吉林中天纺织厂利润表。

表 9-2-1 利润表

编制单位：中天股份公司　　　　2016 年 12 月　　　　单位：万元

项　目	本期金额	上期金额
一、营业收入	12 500 000	（略）
减：营业成本	7 500 000	
营业税金及附加	20 000	
销售费用	200 000	
管理费用	971 000	
财务费用	300 000	
资产减值损失	309 000	
加：公允价值变动收益（损失以"—"号填列）		
投资收益（损失以"—"号填列）	15 000	
其中：对联营企业和合营企业的投资收益		
二、营业利润（亏损以"—"号填列）	3 215 000	
加：营业外收入	500 000	
减：营业外支出	220 400	
其中：非流动资产处置损失		
三、利润总额（亏损以"—"号填列）	3 494 600	
减：所得税费用	873 650	
四、净利润（净亏损以"—"号填列）	2 620 950	
五、每股收益		
（一）基本每股收益		
（二）稀释每股收益		

表 9-2-2 科目余额表

编制单位：吉林色织布公司　　　　2015 年 12 月 31 日　　　　单位：元

项　目	借方发生额	贷方发生额
主营业务收入		800 000.00
主营业务成本	700 000.00	
营业税金及附加	18 000.00	
其他业务收入		2 000.00
其他业务成本	1 000.00	
销售费用	30 000.00	
管理费用	25 000.00	

（续表）

项　目	借方发生额	贷方发生额
财务费用	5 000.00	
投资收益		1 000.00
营业外收入		10 000.00
营业外支出	1 000.00	
资产减值损失	5 000.00	
所得税费用	18 000.00	

任务 9-3　现金流量表的编制

目标定位

（1）了解现金流量表的概念、基本结构。
（2）掌握现金流量表的编制方法。

任务设置

【综合案例任务设置-3】根据【综合案例任务设置-1】相关资料，编制中天股份公司2016年度"现金流量表"。

基本技能

为完成上述任务需要了解现金流量表的概念、结构，掌握现金流量表的编制方法。

一、现金流量表的概念

现金流量表是反映企业在一定会计期间现金和现金等价物流入、流出的会计报表，它是动态会计报表。

现金流量是指一定会计期间内企业现金和现金等价物的流入和流出，但企业从银行提取现金，用现金购买短期的国库券等现金和现金等价物之间的转换，不属于现金流量。

编制现金流量表的目的，是为财务报表使用者提供企业一定会计期间的现金和现金等价物流入和流出的信息。以便于财务报表使用者了解和评价企业获得现金和现金等价物的能力，并以此预测企业未来现金流量。

二、现金流量表的编制基础及现金流量的分类

1. 现金流量表的编制基础

现金流量表是以现金的收付为基础编制的，这里的现金是指库存现金、可以随时用于支

付的存款以及现金等价物。

(1) 库存现金，是指企业持有的可随时用于支付的现金，与会计核算中"库存现金"账户所包括的内容一致。

(2) 银行存款，是指企业存放在金融机构可以随时支付的存款，与"银行存款"科目基本一致，但不包括不能随时用于支付的存款。例如，不能随时支取的定期存款等不应作为现金，提前通知金融机构并可支取的定期存款则应包括在现金范围内。

(3) 其他货币资金，是指企业存放在金融机构的外埠存款、银行汇票存款、银行本票存款、信用卡存款、信用证保证金存款和存出投资款等，与"其他货币资金"科目核算内容一致。

(4) 现金等价物，是指企业持有的期限短、流动性高、易于转换为已知金额的现金，价值变动风险很小的短期投资。现金等价物通常指购买在三个月或更短时间内即到期或即可转换为现金的投资。

2. 现金流量的分类

现金流量表将企业一定会计期间产生的现金流量分为3类。

(1) 经营活动产生的现金流量。

经营活动是指企业投资活动和筹资活动以外的所有交易和事项。经营活动产生的现金流量主要包括销售商品或提供劳务、购买商品、接受劳务、支付工资和缴纳税款等流入或流出的现金和现金等价物。经营活动产生的现金流量是企业通过运用所拥有或控制的资产获得的现金流量，主要与企业净利润有关。

通过现金流量表中反映的经营活动产生的现金流入和流出，能说明企业经营活动对现金流入和流出净额的影响程度。

(2) 投资活动产生的现金流量。

投资活动是指企业长期资产的购建和不包括在现金等价物范围内的投资及其处置活动。长期资产是指固定资产、在建工程、无形资产、其他资产等持有期限在一年或超过一个营业周期以上的资产。主要包括购建和处置固定资产、无形资产和其他长期资产、处置子公司及其他营业单位等流入和流出的现金和现金等价物。

通过现金流量表中反映的投资活动产生的现金流量，可以分析企业通过投资获取现金流量的能力，可以判断企业投资活动对现金流量净额的影响程度。

(3) 筹资活动产生的现金流量。

筹资活动是指导致企业资本和债务规模与构成发生变化的活动。其形式主要包括吸收投资、发行股票、分配利润等。这里的债务是指企业对外举债所借入的款项，如发行债券、银行借款等。这里的资本既包括实收资本，也包括资本溢价。这些活动所流入或流出的现金和现金等价物就是筹资活动产生的现金流量。

通过现金流量表中反映的筹资活动产生的现金流量，可以分析企业的筹资能力，以及筹资产生的现金流量对企业现金流量净额的影响程度。

三、现金流量表的结构

我国《企业会计准则——现金流量表》规定，企业现金流量表采用报告式结构，分类反映经营活动产生的现金流量、投资活动产生的现金流量和筹资活动产生的现金流量，最后汇总反映企业某一期间现金及现金等价物净增加额。即现金流量表包括正表和补充资料两部分，具体表样格式如表 9-3-1、表 9-3-2 所示。

表 9-3-1　现金流量表

编制单位：　　　　　　　　　年　月　　　　　　　单位：元

项目	本年金额	上年金额
一、经营活动产生的现金流量		
销售商品、提供劳务收到的现金		
收到税费返还		
收到的其他与经营活动有关的现金		
经营活动现金流入小计		
购买商品、接受劳务支付的现金		
支付给职工及为职工支付的现金		
支付的各项税费		
支付的其他与经营活动有关的现金		
经营活动现金流出小计		
经营活动产生的现金流量净额		
二、投资活动产生的现金流量		
收回投资收到的现金		
取得投资收益收到的现金		
处置固定资产无形资产和其他长期资产收回的现金净额		
处置子公司及其他营业单位收到的现金净额		
收到其他与投资活动有关的现金		
投资活动现金流入小计		
购建固定资产、无形资产和其他长期资产支付的现金		
投资支付的现金		
取得子公司及其他营业单位支付的现金净额		
支付的其他与投资活动有关的现金		
投资活动现金流出小计		
投资活动产生的现金流量净额		
三、筹资活动产生的现金流量		
吸收投资收到的现金		
借款收到的现金		
收到的其他与筹资活动有关的现金		
筹资活动现金流入小计		
偿还债务支付的现金		
分配股利、利润或偿付利息支付的现金		
支付的其他与筹资活动有关的现金		
筹资活动现金流出小计		

(续表)

项目	本年金额	上年金额
筹资活动产生的现金流量净额		
四、汇率变动对现金及现金等价物的影响		
五、现金及现金等价物净增加额		
加：期初现金及现金等价物余额		
六、期末现金及现金等价物余额		

表 9-3-2　现金流量表－补充资料表

编制单位：　　　　　　　　年　月　　　　　　　单位：元

补充资料	本年金额	上年金额
1. 将净利润调节为经营活动现金流量		
净利润		
加：资产减值准备		
固定资产折旧		
无形资产摊销		
长期待摊费用		
处置固定资产、无形资产和其他长期资产的损失（收益以"-"号填列）		
固定资产报废损失（收益以"-"号填列）		
公允价值变动损失（收益以"-"号填列）		
财务费用（收益以"-"号填列）		
投资损失（收益以"-"号填列）		
递延所得税资产减少（增加以"-"号填列）		
递延所得税负债增加（减少以"-"号填列）		
存货的减少（增加以"-"号填列）		
经营性应收项目的减少（增加以"-"号填列）		
经营性应付项目的增加（减少以"-"号填列）		
其他		
经营活动产生的现金流量净额		
2. 不涉及现金收支的重大投资或筹资活动		
债务转为资本		
一年内到期的可转换公司债券		
融资租入固定资产		
3. 现金及现金等价物净变动情况		
现金的期末余额		
减：现金的期初余额		
加：现金等价物的期末余额		
减：现金等价物的期初余额		
现金及现金等价物净增加额		

四、现金流量表的编制方法

现金流量表准则规定企业应当采用直接法编制现金流量表,并在附表中提供按间接法将净利润调整为经营活动现金流量的信息。

因此,编制现金流量表时,列报经营活动现金流量的方法有两种:一是直接法,二是间接法,这两种方法通常也称为编制现金流量表的方法。具体编制现金流量表工作时,既可以采用工作底稿法或 T 型账户法,也可以根据有关科目记录分析填列。

（1）直接法,是指按现金收入和现金支出的主要类别直接反映企业经营活动产生的现金流量,如销售商品、提供劳务收到的现金,购买商品、接受劳务支付的现金等就是按现金收入和支出的类别直接反映的。在直接法下,一般是以利润表中的营业收入为起算点,调节与经营活动有关的项目的增减变动,然后计算出经营活动产生的现金流量。简单说,直接法直接确定每笔涉及现金收支业务的属性,归入按现金流动属性分类形成经营、投资、筹资三部分的现金收支项目。二者的现金流入流出净额合计就得到一个单位整个期间的现金净流量。

（2）间接法,是指以净利润为起算点,调整不涉及现金的收入、费用、营业外收支等相关项目,剔除投资活动对现金流量的影响,据此计算出经营活动产生的现金流量（即以净利润为起算点的倒推法）。

五、现金流量表主要项目说明

1. 经营活动产生的现金流量

（1）"销售商品、提供劳务收到的现金"项目,反映企业本年销售商品、提供劳务收到的现金,以及前期销售商品、提供劳务本期收到的现金（包括应向购买者收取的增值税销项税额）和本期预收的款项,减去本年销售本期退回商品和前期销售本期退回商品支付的现金。企业销售材料和代购代销业务收到的现金,也在本项目反映。

（2）"收到的税费返还"项目,反映企业收到返还的所得税、增值税、营业税、消费税、关税和教育费附加等各种税费返还款。

（3）"收到其他与经营活动有关的现金"项目,反映企业经营租赁收到的租金等其他与经营活动有关的现金流入,金额较大的应当单独列示。

（4）"购买商品、接受劳务支付的现金"项目,反映企业本期购买商品、接受劳务实际支付的现金（包括增值税进项税额）,以及本期支付前期购买商品、接受劳务的未付款项和本期预付款项,减去本期发生的购货退回收到的现金。企业购买材料和代购代销业务支付的现金,也在本项目反映。

（5）"支付给职工以及为职工支付的现金"项目,反映企业实际支付给职工的工资、资金、各种津贴和补贴等职工薪酬（包括代扣代缴的职工个人所得税）。

（6）"支付的各项税费"项目,反映企业本年发生并支付、以前各年发生本年支付以及预交的各项税费,包括所得税、增值税、营业税、消费税、印花税、房产税、土地增值税、车船税、教育费附加等。

（7）"支付其他与经营活动有关的现金"项目,反映企业经营租赁支付的租金、支付的差旅费、业务招待费、保险费、罚款支出等其他与经营活动有关的现金流出,金额较大的应当单独列示。

2. 投资活动产生的现金流量

（1）"收回投资收到的现金"项目，反映企业出售、转让或到期收回除现金等价物以外的对其他企业长期股权投资而收到的现金，但处置子公司及其他营业单位收到的现金净额除外。

（2）"取得投资收益收到的现金"项目，反映企业除现金等价物以外的对其他企业的长期股权投资等分回的现金股利和利息等。

（3）"处置固定资产、无形资产和其他长期资产收回的现金净额"项目，反映企业出售、报废固定资产、无形资产和其他长期资产所取得的现金（包括因资产毁损而收到的保险赔偿收入），减去为处置这些资产而支付的有关费用后的净额。

（4）"处置子公司及其他营业单位收到的现金净额"项目，反映企业处置子公司及其他营业单位所取得的现金，减去相关处置费用以及子公司及其他营业单位持有的现金和现金等价物后的净额。

（5）"购建固定资产、无形资产和其他长期资产支付的现金"项目，反映企业购买、建造固定资产、取得无形资产和其他长期资产所支付的现金（含增值税款等），以及用现金支付的应由在建工程和无形资产负担的职工薪酬。

※注意：为购建固定资产而发生的借款利息资本化部分，以及融资租入固定资产支付的租赁费在筹资活动产生的现金流量中反映。

（6）"投资支付的现金"项目，反映企业取得除现金等价物以外的对其他企业的长期股权投资所支付的现金以及支付的佣金、手续费等附加费用，但取得子公司及其他营业单位支付的现金净额除外。

（7）"取得子公司及其他营业单位支付的现金净额"项目，反映企业购买子公司及其他营业单位购买出价中以现金支付的部分，减去子公司及其他营业单位持有的现金和现金等价物后的净额。

（8）"收到其他与投资活动有关的现金""支付其他与投资活动有关的现金"项目，反映企业除上述（1）至（7）项目外收到或支付的其他与投资活动有关的现金，金额较大的应当单独列示。

3. 筹资活动产生的现金流量

（1）"吸收投资收到的现金"项目，反映企业以发行股票、债券等方式筹集资金实际收到的款项，减去直接支付的佣金、手续费、宣传费、咨询费、印刷费等发行费用后的净额。

（2）"取得借款收到的现金"项目，反映企业举借各种短期、长期借款而收到的现金。

（3）"偿还债务支付的现金"项目，反映企业为偿还债务本金而支付的现金。

（4）"分配股利、利润或偿付利息支付的现金"项目，反映企业实际支付的现金股利、支付给其他投资单位的利润或用现金支付的借款利息、债券利息。

（5）"收到其他与筹资活动有关的现金""支付其他与筹资活动有关的现金"项目，反映企业除上述（1）至（4）项目外收到或支付的其他与筹资活动有关的现金，金额较大的应当单独列示。

4. "汇率变动对现金及现金等价物的影响"项目

（1）企业外币现金流量折算为记账本位币时，采用现金流量发生日的即期汇率或按照系统合理的方法确定的、与现金流量发生日即期汇率近似的汇率折算的金额（编制合并现金流量表时折算境外子公司的现金流量，应当比照处理）。

（2）企业外币现金及现金等价物净增加额按资产负债表日即期汇率折算的金额。

六、现金流量表的作用

（1）现金流量表能够说明企业一定期间内现金流入和流出的原因。现金流量表将现金流量划分为经营活动、投资活动和筹资活动所产生的现金流量，并按照流入现金和流出现金项目分别反映。因此，通过现金流量表能够清晰地反映企业现金流入和流出的原因，即现金从哪里来，又用到哪里去。这些信息是资产负债表和利润表所不能提供的。

（2）现金流量表能够说明企业的偿债能力和支付股利的能力。投资者投入资金、债权人提供企业短期或长期使用的资金，其目的主要是为了获利。通常情况下，报表阅读者比较关注企业的获利情况，并且往往以获得利润的多少作为衡量标准。企业获利多少在一定程度上表明了企业具有一定的现金支付能力。但是，企业一定期间内获得的利润并不代表企业真正具有偿债或支付能力。在某些情况下，虽然企业利润表上反映的经营业绩很可观，但财务困难，不能偿还到期债务，还有些企业虽然利润表上反映的经营成果并不可观，但却有足够的偿付能力。产生这种情况有诸多原因，其中会计核算采用的权责发生制、配比原则等所含的估计因素也是其主要原因之一。现金流量表完全以现金的收支为基础，消除了会计核算中由于会计估计等所产生的获利能力和支付能力。通过现金流量表能够了解企业现金流入的构成，分析企业偿债和支付股利的能力，增强投资者的投资信心和债权人收回债权的信心；通过现金流量表，投资者和债权人可了解企业获取现金的能力和现金偿付的能力，从而使有限的社会资源流向最能产生效益的地方。

（3）现金流量表可以用来分析企业未来获取现金的能力。现金流量表反映企业一定期间内的现金流入和流出的整体情况，说明企业现金从哪里来，又运用到哪里去。现金流量表中的经营活动产生的现金流量，代表企业运用其经济资源创造现金流量的能力；投资活动产生的现金流量，代表企业运用资金产生现金流量的能力；筹资活动产生的现金流量，代表企业筹资获得现金流量的能力。通过现金流量表及其他财务信息，可以分析企业未来获取或支付现金的能力。例如，企业通过银行借款筹得资金，从本期现金流量表中反映为现金流入，但却意味着未来偿还借款时要流出现金。又如，本期应收未收的款项，在本期现金流量表中虽然没有反映为现金的流入，但意味着未来将会有现金流入。

（4）现金流量表可以用来分析企业投资和理财活动对经营成果和财务状况的影响。资产负债表能够提供企业一定日期财务的状况，它所提供的是静态的财务信息，并不能反映财务状况变动的原因，也不能表明这些资产、负债给企业带来多少现金，又用去多少现金；利润表虽然反映企业一定期间的经营成果，提供动态的财务信息，但利润表只能反映利润的构成，也不能反映经营活动、投资和筹资活动给企业带来多少现金，又支付多少现金，而且利润表不能反映投资和筹资活动的全部事项。现金流量表提供一定时期现金流入和流出的动态财务信息，表明企业在报告期内由经营活动、投资和筹资活动获得多少现金，企业获得的这些现金是如何运用的，能够说明资产、负债、净资产变动的原因，对资产负债表和利润表起到补充说明的作用。现金流量表是连接资产负债表和利润表的桥梁。

（5）现金流量表能够提供不涉及现金的投资和筹资活动的信息。现金流量表除了反映企业与现金有关的投资和筹资活动外,还通过补充资料(附注)方式提供不涉及现金的投资和筹资活动方面的信息,使会计报表使用者或阅读者能够全面了解和分析企业的投资和筹资活动。

任务解答

根据上述所掌握的知识,对综合案例任务设置分析处理如下。

【综合案例任务设置-3】属于根据中天股份公司 2016 年度所发生的业务编制"现金流量表"业务,编制结果如表 9-3-3 所示。

表 9-3-3 现金流量表

编制单位:中天股份公司　　　　2016 年 12 月　　　　单位:元

项目	本年金额
一、经营活动产生的现金流量	
销售商品、提供劳务收到的现金	13 425 000
收到税费返还	0
收到的其他与经营活动有关的现金	0
经营活动现金流入小计	13 425 000
购买商品、接受劳务支付的现金	4 967 960
支付给职工及为职工支付的现金	3 000 000
支付的各项税费	1 968 650
支付的其他与经营活动有关的现金	200 000
经营活动现金流出小计	10 136 610
经营活动产生的现金流量净额	3 288 390
二、投资活动产生的现金流量	
收回投资收到的现金	165 000
取得投资收益收到的现金	0
处置固定资产、无形资产和其他长期资产收回的现金净额	3 003 000
处置子公司及其他营业单位收到的现金净额	
收到其他与投资活动有关的现金	
投资活动现金流入小计	3 168 000
构建固定资产、无形资产和其他长期资产支付的现金	4 364 700
投资支付的现金	1 050 000
取得子公司及其他营业单位支付的现金净额	
支付的其他与投资活动有关的现金	
投资活动现金流出小计	5 414 700
投资活动产生的现金流量净额	-2 246 700
三、筹资活动产生的现金流量	
吸收投资收到的现金	0
借款收到的现金	10 000 000

(续表)

项目	本年金额
收到的其他与筹资活动有关的现金	0
筹资活动现金流入小计	10 000 000
偿还债务支付的现金	8 500 000
分配股利、利润或偿付利息支付的现金	2 100 000
支付的其他与筹资活动有关的现金	0
筹资活动现金流出小计	10 600 000
筹资活动产生的现金流量净额	-600 000
四、汇率变动对现金及现金等价物的影响	0
五、现金及现金等价物净增加额	441 690
加：期初现金及现金等价物余额	14 063 000
六、期末现金及现金等价物余额	14 504 690

参考文献

[1] 谭清风，王小华. 财务会计实务［M］. 北京：中国物资出版社，2011.
[2] 程运木，黄董良. 企业财务会计［M］. 北京：中国财政经济出版社，2012.